—— 中国人民大学 ——
习近平新时代中国特色社会主义思想研究院
The Academy of Xi Jinping Thought on Socialism with Chinese Characteristics for a New Era,
Renmin University of China

中国人民大学习近平新时代中国特色社会主义思想研究工程成果

马克思恩格斯列宁思想政治教育思想考论

张 智 等◎著

中国人民大学出版社
·北京·

序

FOREWORD

思想政治教育学科是我国学科之林中一门新兴而重要的学科，它具有突出的实践性和现实性，可以说是一门应用性学科。但这并不意味着它没有自己的理论依据或理论基础，相反它更加依赖和强调自己的理论基础。因此，开展和深化对思想政治教育理论基础的研究，对学科建设和发展来说是极为重要的。

思想政治教育学科的理论基础，用一句话来说就是马克思主义理论，或马克思主义经典作家的重要论述。但对于这样重大的课题，仅用一句话来表达显然是不够的。因为构成思想政治教育学科理论基础的内容是丰富而立体的。大体说来，可以从三个层次上加以把握：一是从宏观上把握马克思主义世界观和方法论对思想政治教育的指导意义，也可以说是马克思主义基本原理、特别是科学社会主义基本原理对思想政治教育的指导意义；二是从中观上把握马克思主义理论中若干与思想政治教育有密切关联的思想和理论观点，比如关于社会存在与社会意识关系的理论、关于人的本质与人的发展的理论、关于社会意识形态的理论等，这些构成思想政治教育学科的理论基石；三是从微观上把握马克思主义经典作家关于思想政治教育的直接论述，把他们直接涉及思想政治教育的具体论述发掘和整理出来，并做出理论归纳和阐释。

在这三个基本层次中，宏观和中观层次上的研究已经比较成熟，并在思想政治教育的教科书中有所体现，但对微观层次的考察则相对来说薄弱得多，而这也正是思想政治教育学科学术进展最有前景的领域之一。学界对这一领域的关注还是不够的。在人们的印象中，马克思主义经典作家对思想政治工作或思想政治教育没有多少论述，它们似乎也不值得专门关注，我们只需要聚焦党和国家领导人关于思想政治教育的论述就够了。这样的印象是不正确的，也不利于思想政治教育学科的发展。可以说，如果不能把经典作家关于思想政治教育的具体论述发掘出来并加以整理和阐释，就不能算是完全奠定了思想政治教育学科的理论基础。

对马克思主义经典作家关于思想政治教育论述的研究，至少可以有两种研究理路或范式：一种是专题式，即围绕一个专题来发掘和整理经典作家的相关论述，并进行理论归纳和阐释；二是文本式，即对经典作家的文本，特别是单篇文本（不论是一部著作，还是一篇论文）进行逐一研究，深入发掘其思想政治教育意蕴。当然，并不是经典作家的每一篇论著都可以被单独写成一篇思想政治教育的解读论文，但至少对那些重要的论著来说，可以进行这种文本式解读和思想政治教育意蕴发掘。这两种研究理路都是有益的、必要的，它们可以共同推进思想政治教育在微观层次上的理论基础研究。

关于这两种研究理路，我和我的团队都有尝试和探索。关于前者，我们编写了《马克思主义经典作家论思想政治教育》，根据思想政治教育原理的学科架构和知识要点，专题式地系统梳理了马克思、恩格斯、列宁关于思想政治教育的论述。关于后者，我们也尝试性地做了一些初步探索。2008 年，我在《思想政治教育研究》上发表了《〈共产党宣言〉中的思想政治教育论断》，后来又在 2010 年第六期《中国人民大学学报》上发表了《〈黑格尔法哲学批判导言〉一文的思想政治教育意蕴》，以及后来几篇相近的文章，这种尝试算是开了一个小小的先河，表明这种研究方式是可行的。我高兴地看到，类似的研究逐步开展起来，并已经开始结出硕果。

张智自兰州大学来到中国人民大学跟我做博士后研究，就是我学术团队中的重要成员，同时在留校工作以后也成为一名具有敏锐学术眼光和独立研究领域的青年学者。他不仅对新时代思想政治教育理论与实践有重点性研究，而且十分注意对思想政治教育学科理论基础的探索。他对马克思、恩格斯、列宁的多篇论著进行了解读，大大推进了这种研究的进展。呈现在读者眼前的这部著作，就是他近年来从思想政治教育角度逐篇解读经典作家论著的学术结晶。我很高兴和感谢他把我的《〈黑格尔法哲学批判导言〉一文的思想政治教育意蕴》一文，作为本书开篇的一个引子，同时也很乐意为他的这部著作写下本序。希望他把这种研究继续下去，为进一步夯实思想政治教育学科的理论基础做出自己的贡献。

刘建军

于中国人民大学

2023 年 2 月 28 日

目录

CONTENTS

01 马克思主义思想政治教育开篇之作

——卡·马克思《〈黑格尔法哲学批判〉导言》解读

思政金句

批判的武器当然不能代替武器的批判，物质力量只能用物质力量来摧毁；但是理论一经掌握群众，也会变成物质力量。理论只要说服人，就能掌握群众；而理论只要彻底，就能说服人。所谓彻底，就是抓住事物的根本。而人的根本就是人本身。

——马克思.《黑格尔法哲学批判》导言//马克思，恩格斯.马克思恩格斯文集：第1卷.北京：人民出版社，2009：11.

《〈黑格尔法哲学批判〉导言》（简称《导言》）是马克思于1843年10—12月为总结他对黑格尔法哲学的批判而写的一篇非常重要的文章，在马克思思想转变过程中具有里程碑意义。在《导言》中，马克思阐明了宗教的社会根源和本质，揭示了德国封建专制制度的社会基础和阶级特征，提出了推翻这一反动制度的战斗任务，论述了革命理论同革命实践相统一的思想，同时首次明确地阐述了无产阶级的历史使命。《导言》气势磅礴，思想丰富。从思想政治教育的视角看，《导言》不仅通过首次提出无产阶级历史使命学说而为无产阶级思想政治教育奠定了基本前提，而且提出了一系列思想政治教育的重要观点和经典命题，从而开启了马克思主义思想政治教育学科的先河。因此，从某种意义上说，《导言》是马克思主义思想政治教育学科的开篇之作。

一、丰富的思想政治教育思想

从思想政治教育的视角来重读马克思的《导言》一文，会发现它有着浓郁的思想政治教育意蕴，包含着丰富的思想政治教育内容。

（一）《导言》首次论述了马克思主义宗教观的基本观点，批判了宗教对人们的思想奴役，为唯物主义和无神论教育、为马克思主义宗教观教育奠定了理论基础

马克思在文中总结和肯定了德国的宗教批判，并结合自己的立场转变和

理论研究提出了自己关于宗教的观点。关于宗教的根源和本质，马克思写道："反宗教的批判的根据是：人创造了宗教，而不是宗教创造人。就是说，宗教是还没有获得自身或已经再度丧失自身的人的自我意识和自我感觉。但是，人不是抽象的蛰居于世界之外的存在物。人就是人的世界，就是国家，社会。这个国家、这个社会产生了宗教，一种颠倒的世界意识，因为它们就是颠倒的世界。……宗教是人的本质在幻想中的实现，因为人的本质不具有真正的现实性。"① 在这里，马克思肯定了德国青年黑格尔派和费尔巴哈的无神论观点及对宗教的批判，重申了关于宗教是人的创造、宗教是人的本质的自我异化的观点，同时进一步揭示了宗教产生的社会根源，把宗教看作颠倒了的人的世界即国家和社会的反映，揭示了反宗教斗争的真正意义在于它是反对"以宗教为精神抚慰的那个世界"② 的斗争。在此基础上，马克思还进一步揭示了宗教的社会作用，特别是宗教对于人们精神生活的多重影响，批判了统治阶级利用宗教信仰奴役人们的精神。他认为，宗教是旧世界的包罗万象的世界观，是这个世界的理论"辩护"、精神"慰藉"、"道德约束"和神圣性来源。马克思意识到了宗教的复杂性，强调了宗教对于人们的抚慰和麻醉功能，认为："宗教里的苦难既是现实的苦难的表现，又是对这种现实的苦难的抗议。宗教是被压迫生灵的叹息，是无情世界的情感，正像它是无精神活力的制度的精神一样。宗教是人民的鸦片。"③ 在谈到路德的宗教改革时，马克思批判了路德"用信念造成的奴役制"，批判他把人们的肉体从锁链中解放出来的同时，又"给人的心灵套上了锁链"④。马克思这些极为丰富的论述，为思想政治教育开展唯物主义和科学无神论教育奠定了理论基础，并提供了多方面的思想启示。

（二）《导言》首次论述了哲学在无产阶级思想政治教育中的地位和作用

马克思在《导言》中写道："哲学把无产阶级当做自己的物质武器，同

①② 马克思，恩格斯．马克思恩格斯文集：第1卷．北京：人民出版社，2009：3.

③ 同①4.

④ 同①12.

样，无产阶级也把哲学当做自己的精神武器；思想的闪电一旦彻底击中这块素朴的人民园地，德国人就会解放成为人。”① “这个解放的头脑是哲学，它的心脏是无产阶级。”② 在这里，马克思认为，哲学当然是指“为历史服务”“为实践服务”的哲学，在无产阶级解放斗争中起着灵魂和旗帜的作用。虽然无产阶级也像历史上的一切被压迫阶级一样，处在社会底层且被剥夺了受教育、学哲学的权利，但是，与以往的被压迫阶级不同的是，它肩负着推翻旧世界、创建新世界的使命。这一使命的完成不能以肤浅和空想的理论为旗帜，必须以能够深刻洞悉社会本质和规律的科学理论为指导，而这样深刻全面的理论是不能缺少哲学基础的。马克思、恩格斯都是大哲学家（当然还不只如此），他们为无产阶级锻造了无比犀利的理论武器，充分说明了哲学在无产阶级革命事业中的作用，也为后来的无产阶级思想政治教育奠基了一种具有哲学意味的传统。哲学教育，特别是马克思主义哲学教育，是无产阶级思想政治教育的重要内容，它与政治教育、思想教育、道德教育以及法治教育等相得益彰。

马克思还论述了哲学对旧世界的揭露和批判作用，以及对无产阶级和人民群众的鼓舞和教育作用。他认为，哲学批判本身不是目的，它服务于推翻旧制度的革命斗争。“批判已经不再是目的本身，而只是一种手段。它的主要情感是愤怒，它的主要工作是揭露。”③ “应当让受现实压迫的人意识到压迫，从而使现实的压迫更加沉重；应当公开耻辱，从而使耻辱更加耻辱。……为了激起人民的勇气，必须使他们对自己大吃一惊。”④ 这可以看作哲学在无产阶级革命宣传中发挥作用的最早论述。

（三）《导言》首次论述了无产阶级作为革命的领导者阶级应该具有的精神气质和必要的舆论工作

马克思认为，担负革命领导者的阶级不仅应该具有坚毅、大胆等普通的

---

① 马克思，恩格斯．马克思恩格斯文集：第1卷．北京：人民出版社，2009：17-18.

② 同①18.

③ 同①6.

④ 同①6-7.

优秀品质，而且应该具有“革命的大无畏精神”，具有“开阔胸怀”，并能够“和人民魂魄相同”[①]。这个阶级要善于鼓动群众，并引起一种全体一致的舆论。“在市民社会，任何一个阶级要能够扮演这个角色，就必须在自身和群众中激起瞬间的狂热。在这瞬间，这个阶级与整个社会亲如兄弟，汇合起来，与整个社会混为一体并且被看做和被认为是社会的总代表；在这瞬间，这个阶级的要求和权利真正成了社会本身的权利和要求，它真正是社会的头脑和社会的心脏。”[②] 马克思的这一思想观点，对于无产阶级在领导人民群众进行社会革命的过程中开展宣传舆论工作具有非常重要的指导意义。

二、精辟的思想政治教育论断

无产阶级思想政治教育的基础内容和重要方式是马克思主义理论教育。揭示对无产阶级和人民群众进行科学理论教育的特点和规律，对于思想政治教育学科极为重要。特别值得注意的是，马克思在《导言》一文中写下了一段关于理论教育的名言：“批判的武器当然不能代替武器的批判，物质力量只能用物质力量来摧毁；但是理论一经掌握群众，也会变成物质力量。理论只要说服人，就能掌握群众；而理论只要彻底，就能说服人。”[③] 这段话十分精辟，包含着一组关于思想政治教育的命题或更确切地说是关于科学理论教育的命题，而且环环相扣，层层递进，形成一簇颇为严整的命题组合。这样一种奇特的理论景观，非常值得从理论现象和思想政治教育的结合上做出阐释。

（一）论断一：理论一经掌握群众，也会变成物质力量

马克思在这篇文章中论述了理论与实践、革命理论与革命实践的关系，强调了理论与实践的统一。这样的观点，当然不仅是思想政治教育方面的观点，而且是马克思主义的基本观点。但是，马克思对这一观点的具体论述，

① 马克思，恩格斯．马克思恩格斯文集：第1卷．北京：人民出版社，2009：15.

② 同①14.

③ 同①11.

则直接体现了思想政治教育的角度。这段十分精彩的名言，实际上讲的是理论向实践转化的过程和机制，即理论能否和如何为人民群众所掌握的问题，亦即理论宣传和理论教育的问题。

马克思认为，理论不能代替实践，精神力量不能代替物质力量。他明确提出，“批判的武器当然不能代替武器的批判，物质力量只能用物质力量来摧毁”。在这里，“批判的武器”和“武器的批判”是马克思青年时期喜爱的一种语言表达，它铿锵有力而又有哲学思辨意味，且其含义是清楚的：前者指的是以理论批判作为斗争武器（理论斗争），是以笔为枪；而后者指的是以武器来进行批判（武装斗争），是以枪为笔。革命斗争可以包括不同的方面，比如理论斗争、政治斗争、军事斗争以及经济斗争等，理论斗争是其中的一个方面。虽然理论斗争很重要，但它不是物质力量，要想真正地改变客观世界，就必须诉诸实践，诉诸物质力量。

但是，理论作为精神力量也可以转化为物质力量。毛泽东关于“物质变精神、精神变物质”[①] 的说法，就其表述方式而言，源于马克思关于“理论一经掌握群众，也会变成物质力量”的论述。值得注意的是，马克思主义所说的物质和精神的相互转化，特别是理论向实践、精神力量向物质力量的转化，是有条件的，是在一定条件下才能实现的。它既不是一种机械的变化，也不是一种神秘的变化，而是一种包含着相应的条件和机制的合理过程。转化的条件当然可以是多方面的，但从根本上讲是理论与群众相结合，为群众所掌握。一种理论只有为群众所掌握，变成他们认识世界和改造世界的武器，才能变成一种实践的力量。

理论为群众所掌握，具体来说包含两个方面的转化：一是转化为群众的目的和信念；二是转化为群众的工具和手段。当科学的理论为群众所掌握时，理论本身就会发生转化，一方面它会从理论形态转化为信念形态，另一方面它也会转化为工具形态。这可以说是理论向实践转化的两个环节。这两个方面是相互联系、缺一不可的。对于马克思主义理论来说，它不仅转化为群众

---

① 中共中央文献研究室．毛泽东文集：第 8 卷．北京：人民出版社，1999：390.

的目的和信念，而且转化为群众认识和改造世界的工具和手段。只有群众认同马克思主义的道理，把它当作自己完全可以信赖的科学理论，马克思主义的方法论价值和实际指导作用才能得到充分发挥。

此外，这里有一个表述问题：理论与群众的结合，是“理论掌握群众”，还是“群众掌握理论”？马克思“理论掌握群众”的说法，是他早期的一种表达方式，体现了德国唯心主义思辨哲学的影响。德国唯心主义思辨哲学把理念和理论当作主体，把群众当作客体；把理论当作精神性能动性原则，把群众当作物质性被动性原则。马克思在写作该文时，思想尚处于转变过程中，该文的一些基本观点标志着他放弃了思辨唯心主义并倾向于批判唯心主义，实现了思想转变，但在一些概念的用法和表述上，还带有一定思辨哲学的痕迹。因此，对于“理论掌握群众”的说法，要有正确的理解。根据唯物史观亦即群众史观的观点，我们应该把这一说法合理地理解为“理论为群众所掌握”，或者按照中国古汉语的一种用法，合理地理解为“理论掌握于群众”。值得注意的是，我国理论界至今仍有“让马克思主义理论掌握群众”或“让中国特色社会主义理论掌握群众”的说法，这当然是不确切的，应该加以改进，在用语上体现人民群众的主体地位。

（二）论断二：理论只要说服人，就能掌握群众

理论怎样才能为群众所接受、所掌握呢？它凭借什么力量来吸引和赢得群众呢？对于这一问题，马克思认为，理论应该通过它的说服力赢得群众，即理论只要说服人，就能掌握群众。这一思想具有丰富的内涵。

首先，理论应该具有真理的力量，它要以理服人。马克思接受的是理性主义教育，他本人也始终坚持理性主义的立场。在关于理论的问题上，马克思反对神秘主义和非理性主义的做法，反对那种不是依靠理论的真理力量和科学力量而是依靠某种神话的魅力、某种玄学思辨的魅力、某种宣讲的激情或雄辩口才、某种随意的许诺等来吸引群众，愚弄群众，控制群众的做法。他认为，应该让群众学习和掌握科学的道理，掌握社会发展的客观规律。马克思在工人运动中开展了科学理论的教育，同那些以宗教先知和救世主自居，

以传教的方式和口吻向群众说话的人物进行了斗争；同那些玩弄德国的哲学思辨，以此来吓唬工人和征服群众的人物进行了斗争；同那些重激情、轻理性，甚至向工人进行蛊惑式宣传鼓动的人物进行了斗争。这对于我们正确把握马克思主义理论教育和思想政治教育的科学本质，反对一切“忽悠群众”的歪理邪说和错误思潮具有重要的启示。

其次，群众是认理服理的，要相信群众具有健全的理智。相信群众，这是马克思主义的一个基本观点。不仅要相信群众具有创造历史的力量，也要相信群众具有掌握真理的能力。虽然广大劳动群众长期处于社会底层，缺少文化知识、理论素养，但他们是认理的，是讲道理和服从道理的。他们通过实际生产实践，通过社会观察和生活体验懂得的道理比理论工作者设想的多得多。而且，他们的思想由于来自现实和实践，往往有健全的性质。理论工作者在烦琐思辨中迷失正途的时候，反而需要诉诸普通群众的生活经验和健全常识来纠正自己的思想。正如毛泽东在《反对本本主义》中所说：“读过马克思主义‘本本’的许多人，成了革命叛徒，那些不识字的工人常常能够很好地掌握马克思主义。”① 虽然马克思主义的学问博大精深，但马克思主义的基本观点和思想精髓是简洁明了的，是能够为群众所理解和掌握的。

最后，向群众宣讲理论，要善于把理论通俗化，在思路和语言上贴近群众。理论教育的关键是要善于把理论通俗化，善于抓住理论最基本的观点向群众讲透彻，讲明白；要善于把理论的道理与群众的切身利益和实际需要结合起来，让他们能够联系自己的生活实际来了解理论。马克思在布鲁塞尔和伦敦给工人讲过课，讲解了他关于政治经济学的基本观点。据威廉·李卜克内西回忆，马克思的讲课很得法，显示了做科学理论普及工作的天赋。“他提出一个问题时，总是力求简短，然后用较长的解释来说明它。尽量不用工人们听不懂的字句。然后他叫听众提问题，如果没有人发问，他就开始考问。他的考问也是很有教学技巧的，任何疏漏或误解都不能逃过他。”② 马克思的

① 毛泽东．毛泽东选集：第1卷．2版．北京：人民出版社，1991：111.

② 中共中央马克思恩格斯列宁斯大林著作编译局．回忆马克思．北京：人民出版社，2005：52.

讲课使有幸参加听讲的人感到了极大的愉快，达到了“说服人”的效果。马克思主义的经典作家，都是大理论家和思想家，同时也都是善于用群众的语言来宣传科学真理的宣传教育家，为后来的思想政治教育者树立了光辉的榜样。

（三）论断三：理论只要彻底，就能说服人

理论具有怎样的品格才能说服人呢？马克思的回答是两个字：彻底。那么，怎样才算是彻底呢？理论的彻底指的是什么呢？马克思指出：“所谓彻底，就是抓住事物的根本。而人的根本就是人本身。”① 也就是说，彻底的理论必须抓住事物的根本，从根本上对事物做出理论的阐明。理论研究不是着力于事物的现象，不是为了装点和粉饰，而是要直面事物本身，深入事物的根本，敢于接触最敏感和尖锐的问题，不怕做出革命性的结论。而马克思关于“人的根本就是人本身”的说法，一方面表明马克思受费尔巴哈人本唯物主义哲学的影响，另一方面表明马克思所理解的彻底的理论应该是以人为本的，是捍卫人的尊严的。马克思写道，“德国理论的彻底性的明证，亦即它的实践能力的明证，就在于德国理论是从坚决积极废除宗教出发的。对宗教的批判最后归结为人是人的最高本质这样一个学说，从而也归结为这样的绝对命令：必须推翻使人成为被侮辱、被奴役、被遗弃和被蔑视的东西的一切关系”②。当然，对人的研究不是归结于抽象的人性，而是深入研究人的世界。马克思指出：“人不是抽象的蛰居于世界之外的存在物。人就是人的世界，就是国家，社会。”③

通读《导言》，就会强烈地领悟到在马克思那里有一种彻底的精神，他不仅在讲到理论时强调彻底，而且在讲到别的事情时也强调彻底。比如，他认为，农民战争是“德国历史上最彻底的事件”，而德国即将来临的革命将是“彻底的革命”，无产阶级身上的锁链是“彻底的锁链”，而思想的闪电将“彻

---

①② 马克思，恩格斯．马克思恩格斯文集：第1卷．北京：人民出版社，2009：11.

③ 同①3.

底击中”人民的园地，等等。可见，马克思十分强调一种彻底的精神。他认为革命应该是彻底的，作为革命先导的理论也必须是彻底的。

今天，我们可以进一步思考马克思主义的彻底性品格。作为无产阶级的世界观，马克思主义体现了无产阶级彻底的革命性，体现了这个阶级及其先锋队的“革命的大无畏精神”。作为马克思、恩格斯创立的科学体系，马克思主义体现了德国人特别是德国学者彻底而严谨的精神，体现了经典作家集人类文明成果之大成的思想境界。此外，马克思主义理论的严整性、透彻性、自我批判精神，特别是致力于改造世界的气魄等，都是它的彻底性的体现。马克思主义不是中庸之道，不是任何人都可以接受的平淡无奇的理论体系，而是有自己明确的价值追求和宏伟的理想，有奋斗精神和尖锐锋芒的思想体系。当下我们在构建社会主义和谐社会的进程中，应该发掘和阐释马克思主义理论宝库中关于和谐的重要思想资源，以更好地发挥马克思主义对构建和谐社会的指导作用，但马克思主义理论本身的彻底性的品质不能丧失，否则就失去了根本，失去了生命的活力。

（四）论断四：理论在一个国家实现的程度，总是取决于理论满足这个国家的需要的程度

在马克思看来，理论的彻底性不仅是思维和逻辑上的问题，还是现实基础和实践需要的问题。理论只有紧紧抓住了社会现实的根本问题，并满足现实斗争的需要，才能为群众所掌握，才能在现实中得到实现。也就是说，理论能否和在多大程度上得到实现，从而变成物质力量，取决于现实和实践对理论的需要以及理论是否能够满足这种需要。马克思写道：“理论在一个国家实现的程度，总是取决于理论满足这个国家的需要的程度。”① 这个命题是关于“理论的实现”问题，实际上也是关于理论教育的问题，是关于理论教育作用的基础和限度的问题。一方面，它表明理论教育的进行必须有自己的现实基础，这个基础就是社会提出的命题以及对于解释和解决这种命题的需要。

① 马克思，恩格斯．马克思恩格斯文集：第1卷．北京：人民出版社，2009：12.

理论教育应该在这样的基础上进行。有了这样的基础，也就有了理论教育的必要性和可能性。另一方面，它表明理论教育的成效是有其限度的，它受社会现实对理论本身的需要以及理论本身满足现实需要的程度的限制。在一个国家中，理论教育究竟能够取得多大成效，自然会受到理论教育的广泛程度、力度和水平的限制，受到开展理论教育的方式、方法的影响，但是，一种理论能否在一个国家生根、开花和结果，根本上取决于该理论能否满足这个国家的需要。马克思主义能够传入中国，落地生根，成为我们立党立国、兴党兴国的根本指导思想，在中国牢牢扎根、与时俱进、指导实践。这虽然与中国马克思主义者和中国共产党人的宣传、传播有很大关系，但更根本的原因是马克思主义揭示了社会发展的客观规律，为中华民族伟大复兴事业提供了科学的理论指导，它符合中国人民求生存谋发展的迫切需要、回答了时代和实践提出的重大问题。可见，理论教育，或者一般地说思想政治教育，其本身不是万能的，它是在一定的社会基础上和一定的历史限度内发挥作用的。在这个基础上和限度内，理论教育工作者和思想政治教育工作者又有着很大的能动性空间。

三、重要的思想政治教育启示

“思想政治教育”作为一个学科，产生于我国 20 世纪 80 年代中期，是满足改革开放新时期加强和改进思想政治工作的需要，是在中国共产党长期积累的思想政治工作丰富经验的基础上，经过学界努力和官方支持而形成的。我们的思想政治教育学科是马克思主义的思想政治教育学科。2005 年，我国在学科体系中设立了马克思主义理论一级学科，思想政治教育被确定为其中的一个二级学科。这就从学科上明确了思想政治教育学科的马克思主义性质。因此，追溯马克思主义思想政治教育学科的起源或渊源，就不能只是从 20 世纪 80 年代中期开始，而是要沿着马克思主义理论发展的传统向上追溯，寻找其最初的源头。特别是如果把马克思主义思想政治教育学科作为一种科学思想来看待，则它的形成要比它作为学科和专业的创立早得多。

通过追溯我们看到，不仅在马克思主义中国化的理论成果中包含着丰富的思想政治教育理论，而且在马克思主义经典著作中也包含着丰富的相关思想和具有指导意义的原则指示。然而，马克思和恩格斯的哪一篇或哪几篇著述属于马克思主义思想政治教育学科的开端？就马克思主义的发展历程和马克思主义经典著作的写作时序而言，马克思的《导言》一文可以说是马克思主义思想政治教育学科的开篇之作。

（一）《导言》是标志着马克思完成从唯心主义向唯物主义、从革命民主主义向共产主义思想转变的主要著作之一

正是从这个时候开始，马克思才是我们所熟知的那个作为唯物主义者和共产主义者的马克思。《导言》中阐述的关于思想政治教育的思想，是马克思在完成世界观转变后关于思想政治教育的最早论述。在此之前，马克思（以及恩格斯）在习作以及理论探索中，也可能提出过一些具有思想政治教育含义的思想观点和见解，比如马克思中学作文中关于青年职业观的思想、恩格斯早年文学创作中关于爱国教育的思想等。这些思想对思想政治教育学科来说无疑是很重要的内容，但只能算作马克思主义思想政治教育学科前史中的内容，属于经典作家早期作品中的思想政治教育资源，而不能算作马克思主义思想政治教育学科的开端。

（二）《导言》首次提出了无产阶级历史使命的学说，为无产阶级思想政治教育奠定了理论前提

尽管在该文中，马克思关于无产阶级历史使命的学说是以比较原初的形式、某种晦涩的思辨语言来表述的，但其核心思想已经出现。无产阶级历史使命的学说在马克思主义理论体系中具有十分重要的意义，正因为如此，有的学者将之称为马克思的“第三个伟大发现”。对思想政治教育来说，无产阶级历史使命的学说具有直接的奠基意义。思想政治教育是无产阶级实现自己历史使命的题中应有之义。可以说，马克思提出无产阶级历史使命的学说时，事实上也就提出了无产阶级思想政治教育的思想。

（三）《导言》形成了唯物史观的最初观点，初步为思想政治教育提供了科学观点的指导

马克思在批判黑格尔法哲学的过程中，形成了关于政治国家与市民社会关系的新见解，即：不是政治国家决定市民社会，而是市民社会决定政治国家。马克思在回顾历史唯物主义创立过程时说过："为了解决使我苦恼的疑问，我写的第一部著作是对黑格尔法哲学的批判性的分析，这部著作的导言曾发表在 1844 年巴黎出版的《德法年鉴》上。我的研究得出这样一个结果：法的关系正像国家的形式一样，既不能从它们本身来理解，也不能从所谓人类精神的一般发展来理解，相反，它们根源于物质的生活关系，这种物质的生活关系的总和，黑格尔按照 18 世纪的英国人和法国人的先例，概括为'市民社会'，而对市民社会的解剖应该到政治经济学中去寻求。"[①] 可见，在《导言》中，唯物史观关于经济决定政治的最初观点已经出现，而这对于具有强烈政治性的思想政治教育来讲，是非常重要的。在这篇文章中，思想政治教育不仅被奠定在无产阶级的价值立场上，而且初步地建立在唯物史观基本观点的科学基础上。

总言之，《导言》具有极为丰富的思想政治教育意蕴，包含多方面的思想政治教育思想观点，提出了一系列严整的思想政治教育命题。除了上文所详细陈述的相关思想内容之外，尤其值得注意的是，马克思关于"思想的闪电一旦彻底击中这块素朴的人民园地，德国人就会解放成为人"[②] 的论述，实际上是从德国的角度提出了对人民进行先进思想灌输的任务，可以说是列宁"灌输"论的先声。

---

① 马克思，恩格斯．马克思恩格斯文集：第 2 卷．北京：人民出版社，2009：591.

② 马克思，恩格斯．马克思恩格斯文集：第 1 卷．北京：人民出版社，2009：17－18.

02 思想政治教育理论要点的首次阐明

——卡·马克思“巴黎手稿”解读

思政金句

全部历史是为了使“人”成为感性意识的对象和使“人作为人”的需要成为需要而作准备的历史（发展的历史）。

——马克思.1844年经济学哲学手稿//马克思，恩格斯.马克思恩格斯文集：第1卷.北京：人民出版社，2009：194.

如果你想感化别人，那你就必须是一个实际上能鼓舞和推动别人前进的人。

——马克思.1844年经济学哲学手稿//马克思，恩格斯.马克思恩格斯文集：第1卷.北京：人民出版社，2009：247.

"巴黎手稿"[①]（简称"手稿"）是马克思基本完成从唯心主义向唯物主义的转变、从革命民主主义向共产主义的转变后的重要手稿，是马克思在旅居巴黎时期的著述，是青年马克思第一次将国民经济学、德国古典哲学与共产主义理论结合起来建构马克思主义理论体系的尝试，也是他第一次以马克思主义者的身份对资本主义社会的批判[②]。由于"手稿"包含着一些不成熟的思想，学界对其在马克思主义发展史上地位的评价莫衷一是。事实上，"手稿"是马克思思想形成过程中重要的文本，是"新唯物主义"哲学真正的诞生地，它从经济事实出发论述了无产阶级的阶级地位和人类解放道路。在思想政治教育的视域中，"手稿"毋庸置疑是研究思想政治教育理论基础的重要文献。

一、丰富的思想政治教育思想

"手稿"在唯物主义历史观的形成中占有重要的历史地位。以思想政治教育的视角来审视"手稿"，我们发现其中蕴含着丰富的思想政治教育思想。

① "巴黎手稿"是马克思旅居巴黎时期（1843 年 10 月到 1845 年 1 月）的著述。这一时期，马克思钻研英法两国一些卓越学者的著作，开始研究经济学，他阅读了斯密、李嘉图、萨伊、西斯蒙第、斯卡尔培克、穆勒、舒耳茨、麦克库洛赫等人的著作，并做了九本摘录笔记，这些笔记就是一般意义上我们所说的"巴黎手稿"。本文研究主要是以"巴黎手稿"中有代表性和影响力的《1844 年经济学哲学手稿》和《詹姆斯·穆勒〈政治经济学原理〉一书摘要》为分析文本。

② 韩立新．"巴黎手稿"：马克思思想从早期到成熟期的转折点．哲学动态，2014（7）：20－27.

（一）“手稿”中人的本质理论强调人具有活动自由、有意识等特性，奠基了马克思主义思想政治教育的人学基础

马克思在“手稿”中对人的本质进行了崭新界说。他指出，“一个种的整体特性、种的类特性就在于生命活动的性质”①。首先，人的生命活动是自由的活动。活动是人的存在方式，人的自由说到底就是人的活动的自由。其次，人的生命活动是有意识的活动。人把“自己的生命活动本身变成自己意志的和自己意识的对象”②。也就是说，人总是不断地思考自己的生命活动，并根据自己的意识进行自己的生命活动。而人的自由和有意识的特性必然把人引向发展，在《詹姆斯·穆勒〈政治经济学原理〉一书摘要》中，马克思从社会交往的角度说明了人的发展本质，认为“人的本质是人的真正的社会联系，所以人在积极实现自己本质的过程中创造、生产人的社会联系、社会本质”③。

马克思主义思想政治教育的生成和发展是人类“自由的有意识的”特性的呈现，是尊重这一特性的实践活动。在思想政治教育过程中，一方面，教育者是主导者，在整个过程中要体现出主导性、自觉性、创造性和前瞻性；另一方面，受教育者是自由的、有意识的、有目的的现实的人，具有明确的自我意识能力、独特的价值判断能力、强大的自我驱动实践能力，以及反观自省的能力。这意味着马克思主义思想政治教育必须把“自由的有意识的”人作为逻辑起点和最终归宿，教育过程必须合乎人性、适合人性、尊重人的主体性和主观能动性。

（二）“手稿”中人的需要理论阐明人具有精神生产生活的需要，彰显了马克思主义思想政治教育的独特价值

人的需要理论贯穿了“手稿”始终。马克思指出，人的需要是人追求自己对象的本质力量，是人的一种“内在的必然性”④。“全部历史是为了使

---

①② 马克思，恩格斯．马克思恩格斯文集：第1卷．北京：人民出版社，2009：162.

③ 马克思，恩格斯．马克思恩格斯全集：第42卷．北京：人民出版社，1979：24.

④ 同①194.

‘人’成为感性意识的对象和使‘人作为人’的需要成为需要而作准备的历史（发展的历史）。”[①] 人与动物一样有与生俱来的生存性需要，但是作为有意识的类的存在物，人超越了生存需要，以更高层次的学习、交往、道德、审美、教育等发展需要为基本需要。这些需要由人的本质所派生，与人自由自觉的活动相一致，真正符合人的本性。“因为对某种物的需要最明显、最无可争辩地证明：这种物属于我的本质；物的为我的存在、对它的占有，就是我的本质的属性和特点。”[②] 人的需要不仅是人的实践活动的内在驱动力，而且是人的社会关系产生和发展的根源。

思想政治教育源于人的需要并且能够满足人的需要。思想政治教育作为人的社会性和精神性实践活动，满足了个人和社会的发展需要。一方面，思想政治教育通过理论灌输和文明教化，提高了人的思想道德素质和科学文化素养，满足了人的求知、向善、审美等精神需要，促进了人的全面发展；另一方面，思想政治教育通过凝聚社会共识，涵养社会心态，构建社会信任，引导个人更好更快地融入社会生活，为社会的科学治理、良性运转提供了精神支撑，进而推动了社会的全面进步。由此可见，思想政治教育源于人的需要，其过程就是不断满足人的精神生活需要和全面发展需要的实践过程。这也意味着，思想政治教育要从影响和制约个体需要的利益机制出发，既要观照宏观叙事，也要关切微观生活。

（三）“手稿”中劳动实践理论凸显进行劳动教育的重要性和必要性，丰富了马克思主义思想政治教育的内容体系

劳动（实践）是“手稿”中的关键概念。马克思认为劳动将人的意识和感性的外部世界连接起来，是人的本质力量的表现形式。首先，劳动满足人的自身需要。劳动不仅满足人的物质生产需要，而且满足人的精神生产需要。“劳动生产了美”“劳动生产了智慧”，人在劳动中“自由地发挥自己的体力和智力”，人的价值得到充分尊重，人的创造性得到充分发挥，因此人在劳动中

---

① 马克思，恩格斯．马克思恩格斯文集：第1卷．北京：人民出版社，2009：194.

② 马克思，恩格斯．马克思恩格斯全集：第42卷．北京：人民出版社，1979：26.

“肯定自己”“感到幸福”“感到自在”“觉得舒畅”①。其次，人在劳动中发展自身。劳动创造了生产关系，使人由自然人转变成社会人，在改变外部世界的同时也发展自身。自由自觉的劳动，彰显了人的自主意识。正是在劳动中，人才能不断发挥自己的智力、情感、意志等本质力量。

马克思在“手稿”中对劳动价值的阐明，凸显了劳动教育的重要性和必要性。劳动教育是促进人的全面发展的有效手段，但是近年来一些人认识不到劳动的真正价值，对劳动教育产生误解，使得劳动教育在学校中被弱化、在家庭中被软化、在社会中被淡化。事实上，劳动是人的全面发展的需要，而不是谋生的手段；劳动是自由自主地创造幸福生活的源泉，而不是痛苦折磨的根源；劳动是劳动者能力的发挥，而不是生命的耗损。思想政治教育不能忽视劳动对人的塑造作用，要重申劳动价值，弘扬劳动精神，在全社会营造出崇尚劳动的良好风气，通过劳动教育历练人的坚强意志、激发人的创新精神，培养德智体美劳全面发展的社会主义建设者和接班人。

（四）“手稿”中共产主义理论指出要扬弃异化，实现人的本质的复归，指明了马克思主义思想政治教育的重要目的

共产主义理论是“手稿”中最具革命意义的理论。马克思批判了过去种种十分粗陋的共产主义，认为它们都“不过是私有财产的卑鄙性的一种表现形式”②。据此他提出，“共产主义是对私有财产即人的自我异化的积极的扬弃，因而是通过人并且为了人而对人的本质的真正占有”③。在资本主义社会中，异化劳动导致了他人对劳动者劳动产品的占有，而在共产主义社会中，劳动者可以自由地对待自己的劳动产品，彰显人的本质力量。对异化的“物”的扬弃只是表象，真正的共产主义要通过对异化的人的扬弃才能实现。也就是说，真正的共产主义绝不是单纯追求对“物”的占有，而是为了追求人的彻底解放与全面发展，使人成为真正的人。

在“手稿”中，马克思提出要进行无产阶级革命。而“异化的扬弃包括

---

① 马克思，恩格斯．马克思恩格斯文集：第1卷．北京：人民出版社，2009：158－159.

②③ 同①185.

两个方面”[1]，不仅包括物质层面，而且包括精神层面。思想政治教育是无产阶级革命的必要内容，进行无产阶级革命，必然要在人们的精神灵魂深处闹一场革命。马克思说：“革命之所以必需，不仅是因为没有任何其他的办法能够推翻统治阶级，而且还因为推翻统治阶级的那个阶级，只有在革命中才能抛掉自己身上的一切陈旧的肮脏东西，才能胜任重建社会的工作。”[2] 这既是物质生产的革命，也是精神生产的革命。它一方面要消除产生劳动异化的私有制；另一方面则要在实践中改造被异化的人性，在思想上用无产阶级的精神重塑人性的光辉。在共产主义社会中，思想政治教育的目的就是实现人精神领域的革命，将人从异化中解放出来，使其成为一个充分发挥本质的人。在当下中国，思想政治教育的重点就是要坚持用先进思想理论来教育人、引导人、培养人、塑造人。

二、精辟的思想政治教育论断

“手稿”中不仅蕴含着丰富的思想政治教育思想，还包含着一些深刻、严整、科学的思想政治教育论断，为思想政治教育理论和实践提供了理论指引。

（一）论断一：人的肉体生活和精神生活同自然界相联系

马克思在“手稿”中提出：“所谓人的肉体生活和精神生活同自然界相联系，不外是说自然界同自身相联系，因为人是自然界的一部分。”[3] 首先，“人直接地是自然存在物”[4]。人的物质世界和精神世界都依赖自然界。人的精神世界建立在自然界的基础上，自然中的一切存在都是人的感觉的对象，自然是“人的精神的无机界”[5]。其次，自然界是“人的无机的身体”[6]。人通过实践对自然界进行改造，自然表现为人的作品，展现人的精神世界。因此

① 马克思，恩格斯．马克思恩格斯文集：第1卷．北京：人民出版社，2009：186.
② 同①543.
③ 同①161.
④ 同①209.
⑤⑥ 同①161.

自然界也是人的一部分，是“人化的自然”。在实践中，人被对象化，对象被人化，人成了自然的人，自然也成了人的自然，人与自然在双向互动过程中达到统一。

人的精神世界依赖自然界，而人又在实践过程中，把自然界改造为人的精神世界的现实存在。这为我们正确认识和把握人与自然的关系提供了启示。“人与自然是生命共同体，人类必须尊重自然、顺应自然、保护自然。”① 人类缺乏生态意识，是现代生态危机的深层次根源。思想政治教育要将生态意识教育纳入工作视野中，积极培育人与自然和谐共生的生态观，大力弘扬绿水青山就是金山银山的理念，将生态文明意识植根于受教育者心中，引导全社会树立牢固的生态文明价值理念。首先，思想政治教育要培养认知。将科学的生态文明意识灌输给受教育者，让这种观念植根于社会生活，成为社会共识，打破以往对待自然与人关系的精神文化痼疾。其次，思想政治教育要引导行动。将受教育者的视角引入现实生活中，使其在直观认识现实生态危机的基础上，自觉产生生态保护的责任感和使命感，“像保护眼睛一样保护生态环境，像对待生命一样对待生态环境”②。

（二）论断二：感觉在自己的实践中直接成为理论家

马克思在“手稿”中讨论对私有财产的扬弃实现了人的感觉的解放时提出了这一论断。他指出，感觉不是像黑格尔所说那样通过自我批判来成为理性，而是通过感性的对象化活动（实践）成为理论家，来探求人与世界的本质。这里的感觉是一种社会性的关系，实践是感觉能够成为理论家的途径，人通过实践来感受对象，认识世界。马克思认为只有通过真正的感觉才能成为理论家，即只有“眼睛成为人的眼睛，正像眼睛的对象成为社会的、人的、由人并为了人创造出来的对象一样”③，人才能真正成为感觉的主体，只有人

① 习近平．决胜全面建成小康社会　夺取新时代中国特色社会主义伟大胜利：在中国共产党第十九次全国代表大会上的报告．北京：人民出版社，2017：50.

② 中共中央文献研究室．习近平关于全面建成小康社会论述摘编．北京：中央文献出版社，2016：176.

③ 马克思，恩格斯．马克思恩格斯文集：第1卷．北京：人民出版社，2009：190.

化的自然真正成为感觉的客体并且为人所掌握，思辨而又唯物的感性实践才能揭示自然界和人的本质。

马克思关于感觉的论断为思想政治教育提供了实践指引，思想政治教育要关注人的感觉和感性活动，不能忽视感性的独特价值。首先，感性是认识的前提。思想政治教育是一种感性对象性活动，感性连接了人与外部世界，没有感性就没有感性认识的对象，思想政治教育就无法开展。其次，感性具有强烈且直接的效果。相较于理性判断的产生需要进行思考与比较，感性判断是直接快速的，更能真实、生动地反映个人的内心想法。思想政治教育要抓住感性这个突破口，关注受教育者的希望、理想、信念甚至怨意与偏见，利用环境渲染和情绪干预等手段，使用文艺作品、典型事迹、身边榜样等生动具体的感性素材开展教育，以情感人、用情化人，培养丰富的、有全面而深刻感觉的人，以此来提升受教育者的获得感。

（三）论断三：如果你想感化别人，那你就必须是一个实际上能鼓舞和推动别人前进的人

马克思在“手稿”中批判货币颠倒的特性时提出了这一论断，这是他对理想的社会道德原则的阐释，“你就只能用爱来交换爱，只能用信任来交换信任”①。他指出金钱买不来勇气，也买不来爱情，你想要鼓舞他人的精神世界，就必须拥有振奋人心的特质。人在自然中不断进行对象化的互动活动，正因如此，人与自然发生着千丝万缕的联系，并对对象产生影响，而这些影响是人自身的意识与个人特征所决定的。因此，“如果你想感化别人，那你就必须是一个实际上能鼓舞和推动别人前进的人”②。

马克思的这一论断对我们培养思想政治教育专业人才有重要启示。第一，要提升教育者的科学素养。“传道者自己首先要明道、信道”③，“让有信仰的

①② 马克思，恩格斯．马克思恩格斯文集：第1卷．北京：人民出版社，2009：247.

③ 把思想政治工作贯穿教育教学全过程 开创我国高等教育事业发展新局面．人民日报，2016-12-09 (1).

人讲信仰”①。只有教育者本身的知识水平、理论素养、道德素质、政治素质达到了一定的高度，受教育者才能被吸引、被感化，从而达到思想意识上的共识。第二，要培养教育者的人文精神。思想政治教育本身就是研究人的学科，教育也是积极的情感互动过程。只有教育者有效激发受教育者积极的情感体验，才能将思想政治教育的内容与目标内化为受教育者自身的思想意识与信念。教育者不仅要摆脱刻板的教育模式，而且要摆脱刻板僵化的说教和高高在上的姿态，要深入受教育者的内心世界，通过富有哲理的内容、丰富动人的情感和平和亲切的形象，达到打动人、改造人、培育人的效果。

三、重要的思想政治教育启示

“手稿”中的思想政治教育思想观点不仅为思想政治教育提供了理论基础，而且为思想政治教育的科学化发展提供了重要启示。

（一）“手稿”所蕴含的唯物史观，为思想政治教育指明了基本立场

“手稿”是马克思阐述唯物史观的发端。“手稿”的发表，如马尔库塞所指出的那样：“使关于历史唯物主义的由来、本来含义以及整个‘科学社会主义’理论的讨论置于新的基础之上。”② 唯物史观的初级脉络和基本框架在马克思剖析市民社会的经济基础时形成。首先，他以劳动实践为切入点研究历史，指出劳动和劳动者决定了全部的世界历史，这是唯物史观的前提。其次，他从生产力和生产关系矛盾的角度研究社会历史的发展。人在实践中产生生产关系，异化劳动和私有财产就是资本主义社会生产力和生产关系的表现。最后，他提出共产主义是历史发展的必然结果，其最终目的是实现人的解放。“手稿”在一定程度上揭示了人在社会历史中的决定作用，为思想政治教育指

① 用新时代中国特色社会主义思想铸魂育人 贯彻党的教育方针落实立德树人根本任务．人民日报，2019-03-19（2）.

② 复旦大学哲学系现代西方哲学研究室．西方学者论《1844年经济学—哲学手稿》．上海：复旦大学出版社，1983：93.

明了唯物主义的基本立场。思想政治教育要以人民群众的利益需求为导向，要坚持以人民为中心开展思想政治教育工作，即要明确“思想政治教育的对象是活生生的人。在工作过程中，它无疑要把人放在中心位置，关心人的痛苦、忧愁、烦恼、幸福乃至价值等现实问题，而不是为工作而工作，为完成上级布置的任务而工作”①。当代思想政治教育要眼中有“人”，要注重人文关怀，将现实的人、具体的人培养成有丰富情感、有生活追求、有健全人格的人。

（二）“手稿”所呈现的主客体辩证法思想，为思想政治教育理解和把握教育主客体关系提供了重要启示

在“手稿”中，马克思第一次从唯物主义立场把实践的观点引入认识论，创立了辩证唯物主义的认识论。马克思的实践辩证法与黑格尔的感性辩证法相对立，是基于实践活动的辩证运动，具体表现为主体与客体间的互动，是能动与受动的辩证统一。主体通过实践对客体产生作用，客体在此过程中对主体形成认识，为主体提供反馈，进而进行下一轮的互动。在此循环往复的过程中，客体带有了主体的情感力量，成了主体的一部分，主体也通过本质力量的确证实现了其超越性，主体与客体实现了统一。马克思的主客体辩证法思想为思想政治教育理解和把握教育主客体关系提供了启示。一直以来，由于对主客体关系的僵化理解，学界对思想政治教育客体主动性的认识存在争论。关于思想政治教育主客体关系，学界出现了“主客体转化说”“主客体双角色说”“双主体说”等各种观点。“思想政治教育研究中的主客体争论，起因于如何安顿受教育者的能动性问题，症结在于能否从客体概念中引申出能动属性。”② 马克思的主客体辩证法思想为思想政治教育中客体的能动性和主体的主体性之惑提供了解决思路。主体和客体是相互依存、共同发展的一体关系，而不是对立关系，二者互为对象，互相提供势能，不存在完全的服从关系。因此，思想政治教育要理解主客体关系的灵活性，把握二者关系的

① 邱柏生．关于思想政治教育学科研究的若干问题．思想·理论·教育，2006（7）：34－39.

② 刘建军．思想政治教育主客体难题的哲学求解．教学与研究，2016（2）：22－30.

统一性，并且把这种理念运用到思想政治教育工作中。

（三）“手稿”所实现的从思辨向实证的研究方法转变，为思想政治教育提供了研究方法的重要遵循

在“手稿”中，马克思通过研究政治经济学，在认识论层面向经验主义靠拢，实现了从思辨向实证的研究方法转变。在此之前，马克思把哲学和思辨看作解决一切问题的根本方法，但是随着对现实问题研究的日渐深刻，他开始反思自身的研究方法，力图摆脱思辨的唯心主义和形而上学的束缚，从客观事实出发来研究现实问题。“手稿”研究政治经济学，其对象和性质决定了其研究方法带有实证主义色彩。因此，在《1844年经济学哲学手稿》序言中，马克思直接指出：“我用不着向熟悉国民经济学的读者保证，我的结论是通过完全经验的、以对国民经济学进行认真的批判研究为基础的分析得出的。”[①] 在此，他直接表明了自己实证的批判者的身份。马克思以人的实际经验为基础的实证研究方法为思想政治教育的研究方法提供了基本遵循。思想政治教育学科自创建以来，取得了长足的发展，但是在科学性和实证性方面仍有不足，这制约着学科的全面铺展和纵深发展。实证研究方法是一种解决这一问题的有效措施，它以因果规律和理性为基础，通过素材的收集与展示将结论一目了然地呈现出来，增强研究的科学性与可信度。我们要在科学抽象法[②]的指导下系统灵活地使用实证研究方法，建立丰富的思想政治教育方法系统。在这样的方法系统下，做到在一般规律的基础上分析特殊现象，从整体上推动思想政治教育学科的科学化发展。

---

① 马克思，恩格斯．马克思恩格斯文集：第1卷．北京：人民出版社，2009：111.

② 关于科学抽象法参见：张智．科学抽象法：思想政治教育学研究的主导方法．教学与研究，2016（1）：79-87.

03 思想政治教育基本原则的初步厘定

——卡·马克思和弗·恩格斯《神圣家族》解读

思政金句

“思想”一旦离开“利益”，就一定会使自己出丑。

——**马克思，恩格斯．神圣家族//马克思，恩格斯．马克思恩格斯文集：第1卷．北京：人民出版社，2009：286.**

思想本身根本不能实现什么东西。思想要得到实现，就要有使用实践力量的人。

——**马克思，恩格斯．神圣家族//马克思，恩格斯．马克思恩格斯文集：第1卷．北京：人民出版社，2009：320.**

《神圣家族》是马克思和恩格斯在彻底完成世界观和立场转变的基础上，于 1844 年 9—11 月携手合作的第一部论战性著作。在这部著作中，马克思、恩格斯借批判自我意识哲学，对黑格尔的思辨唯心主义进行了分析批判，对青年黑格尔派哲学做了一次总清算。但是，马克思、恩格斯的清算，不是单纯的清算或一味的批判，而是在批判和清算中正面阐述了他们已经形成的新思想、新观点，把他们的哲学思想又推进了一步。《神圣家族》不仅是科学世界观形成过程中的一个重要里程碑，也是马克思、恩格斯论述思想政治教育的一篇重要文献。悉心研读，历久弥新，其中蕴含着浓郁的思想政治教育思想、包含着严整的思想政治教育论断，对加强和改进思想政治教育具有重要意义。

一、丰富的思想政治教育思想

在《神圣家族》中，马克思和恩格斯以战斗唯物主义的姿态，向旧的错误思想开炮，向新的思想领域突进，批驳了青年黑格尔派和黑格尔本人唯心主义哲学观点，阐述了辩证唯物主义和历史唯物主义的重要原理。从思想政治教育视角重读《神圣家族》，就会发现其中蕴含着极为丰富的思想政治教育思想。

（一）马克思、恩格斯批判了自我意识哲学，阐明了思维和存在、意识和现实的关系，为思想政治教育奠定了唯物主义基础

思维和存在、意识和现实的关系问题是哲学的基础问题，也是思想政治

教育的基础问题。马克思、恩格斯同青年黑格尔派的斗争，主要是围绕这一基础问题开展的。马克思、恩格斯写作《神圣家族》的首要目的是帮助人们打破自我意识哲学的幻想。被马克思斥为“说教有术”的鲍威尔一伙，夸大了思想观念、自我意识的作用。首先，作为黑格尔思辨哲学变种的自我意识哲学用“无限的自我意识”代替了黑格尔的“绝对精神”，吹嘘“精神创造众生，肉体则软弱无能”，认为“‘自我意识’即‘精神’是世界、天空和大地的万能创造者”[①]，一切事物都起源于无限的自我意识并在其中找到自己存在的根据。相反，物质世界只是自我意识的异化形式。“世界不过是自我意识制造出来的形而上学的区别，是它的以太头脑的幻影和它的臆想的结果。”[②] 其次，自我意识哲学把观念夸大为历史的动力，鼓吹单凭自我意识的力量就能改变一切现存的事物。在他们看来：“自我意识即精神就是一切。在它之外没有任何东西。”[③] 自我意识的创造性，全在于批判。“‘批判’变成某种超验的存在物”[④]，“理论”是“一切事物的起源”[⑤]，革命实践是毫无意义的。最后，自我意识哲学否认思想观念的现实基础，把思想观念与现实的人对立起来。鲍威尔一伙认为，思想观念是凌驾于现实生活之上的，它们有自身单独运演的历史轨迹和节奏，并不服从于现实生活的安排，相反，现实生活却必须要服从于思想观念的安排。

马克思、恩格斯对鲍威尔一伙的自我意识哲学予以了猛烈抨击。首先，强调了现实生活对于思想观念世界的先在性和基础性。马克思、恩格斯指出自我意识哲学是“一个形而上学的怪物”，其本质是：“以思辨的黑格尔的形式恢复基督教的创世说。”[⑥] 他们在一切领域贯彻自我意识哲学的结果，只能是同自己臆想的幻影打交道。“把现实的、客观的、在我身外存在着的链条变成只是观念的、只是主观的、只是在我身内存在着的链条，因而也就把一切

---

① 马克思，恩格斯．马克思恩格斯文集：第1卷．北京：人民出版社，2009：343.

②③ 马克思，恩格斯．马克思恩格斯全集：第2卷．北京：人民出版社，1957：178.

④ 马克思，恩格斯．马克思恩格斯文集：第10卷．北京：人民出版社，2009：15.

⑤ 同②129.

⑥ 同②174.

外部的感性的斗争都变成了纯粹观念的斗争。"① 其次，批判了鲍威尔一伙对"纯粹的思维"作用的夸大实际上是遮蔽和扼杀了人的现实需要和利益。鲍威尔一伙指出工人们可以通过思想意识的变革来改变自己的现实生存，认为："一切祸害都只在工人们的'思维'中。"② 马克思、恩格斯深刻洞察了鲍威尔一伙的观点对无产阶级革命实践的消极影响，认为"用'纯粹的思维'即单靠一些议论"是不可能让工人成为"自己的主人"、摆脱"实际上所处的屈辱地位"。而事实上，工人们"非常痛苦地感觉到存在和思维、意识和生活之间的差别"。"必须用实际的和具体的方式来消灭它们，以便使人不仅能在思维中、意识中，而且也能在群众的存在中、生活中真正成其为人。"③

上述可见，马克思、恩格斯在批判自我意识哲学的过程中，实际上已深入浅出地阐明了思维和存在、理论和实践的关系，为思想政治教育提供了直接理论依据。思维是存在的派生物，思想必须立足于现实、从属于利益；理论源于实践，理论必须植根于实践、观照到利益。思想政治教育的真谛和意义绝不是虚幻的臆想或空洞的说教，而是扎根现实生活、深入实践活动的认识和改造、创新和发展。

（二）马克思、恩格斯批判了对"抽象的人的崇拜"，实现了从"抽象的人"到"现实的人"的转变，为思想政治教育奠定了人学基础

对人的看法，向来都是世界观的突出反映④。人的问题是青年黑格尔运动中的一个重要问题。黑格尔用绝对精神代替人，鲍威尔一伙把人看作抽象的自我意识。马克思、恩格斯在完成世界观的转变后，摒弃了黑格尔理性的人的观点，开始对人进行唯物主义的考量。诚如，恩格斯所指出的，"要使我们的'人'成为某种真实的东西"，"必须从个别物中引申出普遍物，而不要从本身中或者像黑格尔那样从虚无中去引申"⑤。也就是说，要科学地认识和

---

① 马克思，恩格斯．马克思恩格斯全集：第2卷．北京：人民出版社，1957：105.

②③ 同①66.

④ 陈先达．陈先达文集：第2卷 马克思早期思想研究．北京：中国人民大学出版社，2006：169.

⑤ 马克思，恩格斯．马克思恩格斯文集：第10卷．北京：人民出版社，2009：25.

把握人，就既不能囿于黑格尔的抽象理性，也不能滞留于黑格尔的“人本身”，而应从现实的人的实际活动和物质生活条件去揭示人的本质，即“对抽象的人的崇拜”必须由关于现实的人及其历史发展的科学来代替。在马克思主义理论的发展史上，“这个超出费尔巴哈而进一步发展费尔巴哈观点的工作，是由马克思于1845年在《神圣家族》中开始的”①。在《神圣家族》中，马克思通过费尔巴哈哲学清楚地认识到宗教、国家和思辨哲学的秘密就在于人，所以他高度评价了“费尔巴哈把形而上学的绝对精神归结为‘以自然为基础的现实的人’，从而完成了对宗教的批判。同时也巧妙地拟定了对黑格尔的思辨以及一切形而上学的批判的基本要点”②。此外，马克思批判了青年黑格尔派在费尔巴哈已经“认识到人是全部人类活动和全部人类关系的本质、基础之后”，“重新把人本身变成某种范畴，变成一系列范畴的原则”③，认为这是“恢复一切陈腐的废物”④。这段话表明马克思已摒弃把自我意识看成人的本质，开启了对“对抽象的人的崇拜”的批判，开始转向了“人本身”。

马克思、恩格斯在批判“对抽象的人的崇拜”的同时，也提出以“现实的、活生生的人”为基点的世界观和历史观。他们深刻地指出，“历史什么事情也没有做”，“创造这一切、拥有这一切并为这一切而斗争的，不是‘历史’，而正是人，现实的、活生生的人。‘历史’并不是把人当做达到自己目的的工具来利用的某种特殊的人格。历史不过是追求着自己目的的人的活动而已”⑤。当然，马克思、恩格斯在《神圣家族》中还没有完全摆脱“抽象的人”的观点，有时仍然把“现实的人”即丧失了自己的对象和自己的物质生活内容的工人叫作“抽象的人”，而把“抽象的人”即重新获得实物世界、实现了自己本质的人叫作“现实的人”。这说明，马克思、恩格斯在《神圣家族》中还没有完全厘清人的本质，但是，马克思、恩格斯已经逐渐向新世界观的出发点靠近了。在完成这一著作的几个月后，马克思大致完成了发挥他的唯

---

① 马克思，恩格斯．马克思恩格斯文集：第4卷．北京：人民出版社，2009：295.
② 马克思，恩格斯．马克思恩格斯全集：第2卷．北京：人民出版社，1957：177.
③ 同②118.
④ 同②119.
⑤ 同②118－119.

物主义历史理论的同时，针对费尔巴哈把人的本质理解为单个人所固有的抽象物，明确提出人的本质“在其现实性上”，“是一切社会关系的总和”① 的著名论断。至此，马克思主义第一次在人类认识史上科学地解答了人的本质问题。

可以说，《神圣家族》实现的从“抽象的人”向“现实的人”的重大转变，为思想政治教育理论研究和实践工作奠定了重要的人学基础，现实的个人及其活动所形成的生活世界是思想政治教育产生和发展的基础、逻辑起点，一切思想政治教育理论和实践都应摒弃“抽象的人”，立足和面向“现实的人”。

（三）马克思、恩格斯批判了精神和群众对立的观点，阐述了精神和群众的关系以及人民群众的历史作用，为思想政治教育奠定了历史唯物主义基础

精神和群众对立的观点是青年黑格尔派哲学的中心观点，是自我意识哲学在历史领域的贯彻。青年黑格尔派蔑视群众，自命为精神的代表，把历史看作自我意识的发展史，将历史的进步完全归结于纯理论的进展和纯思想的冲突，而将作为历史主体的群众看作革命剩下来的渣滓，将其完全排除在历史之外。他们企图通过宣扬“英雄”和“群氓”理论，来消除存在于普遍自我意识之外的一切东西，而其中一项重要工作就是征讨群众。他们认为，精神是同群众毫不相干的独立的本质，是历史进步的唯一积极因素，群众不配有精神，只能是思想的对立物。如果精神得到群众的“崇拜”，那就是最大的不幸。因此，他们宣布，“‘群众’是精神的真正敌人”②，“精神的真正敌人应该到群众中去寻找”③，“现在精神已经知道它应该到哪里去寻找自己的唯一的对头，——就是要到群众的自我欺骗和萎靡不振中去寻找”④。

马克思怒斥了对群众“从道德上去加以侮辱”的鲍威尔一伙，并揭露了他们编制精神和群众对立的思辨方法，即：首先，给精神赋予绝对权限，把

① 马克思，恩格斯．马克思恩格斯文集：第1卷．北京：人民出版社，2009：501.
② 马克思，恩格斯．马克思恩格斯全集：第2卷．北京：人民出版社，1957：105.
③ 同②104.
④ 同②.

精神作为造物主；其次，把精神视作存在于世界以外和群众以外的信条；最后，把精神、进步和群众变成凝固不动的本质、概念，然后又把精神和群众当作一种永久不变的极端对立起来。鲍威尔一伙关于精神和群众对立的观点，“事实上不过是黑格尔历史观的批判的、漫画式的完成”[1]，反映的是代表积极精神的少数杰出人物和代表物质的群众之间的对立，本质上是一种主观唯心主义的历史观。马克思深刻剖析了这种历史观，即：“一方面是群众，他们是消极的、精神空虚的、非历史的、物质的历史因素；另一方面是精神、批判、布鲁诺先生及其伙伴，他们是积极的因素，一切历史行动都是由这种因素产生的。改造社会的事业被归结为批判的批判的大脑活动。”[2] 在批判这种反动谬论的基础上，马克思总结以往历史发展的经验，提出了人民群众是历史创造者的历史唯物主义重要原理，并指出：“历史活动是群众的事业，随着历史活动的深入，必将是群众队伍的扩大。”[3]

马克思、恩格斯关于社会历史发展趋势和人民群众历史使命的论述，从总体上规定了思想政治教育的地位、作用、目的、任务和内容。在历史唯物主义的视野中，群众和精神是统一的。群众既从事物质生产，也从事精神生产，不仅是物质财富的创造者，也是精神财富的创造者。思想政治教育是群众的事业，是教育群众、说服群众、掌握群众的社会实践活动，是为无产阶级的历史使命服务的，它的主题就是帮助人们树立坚定的社会主义信念和崇高的共产主义理想。思想政治教育要有实效性，就必须坚持密切联系群众的原则。既要善于深入群众实践，汲取群众智慧，厚植群众基础；又要善于掌握群众需要，开展思想教育，提高群众觉悟，推动社会进步。

二、精辟的思想政治教育论断

《神圣家族》不仅有丰富的思想政治教育思想，还有一些直接关涉思想政

① 马克思，恩格斯．马克思恩格斯全集：第2卷．北京：人民出版社，1957：108.
② 同①109.
③ 同①104.

治教育的论断，这些论断说理清晰、意蕴丰富，对思想政治教育理论研究和实践工作有着直接的指导意义和重要的现实启示。

（一）论断一："思想"一旦离开"利益"，就一定会使自己出丑

在《神圣家族》第六章"绝对的批判的批判或布鲁诺先生所体现的批判的批判"中，马克思批判鲍威尔将精神和群众对立的反动观点时，提出了一个重要的论断："'思想'一旦离开'利益'，就一定会使自己出丑。"[①] 这就是说，思想不是某种空洞的抽象物，世界上不存在脱离人的现实利益的纯粹的思想，也不存在所谓的完全抽象的"普遍利益"理论。任何一种思想都是从一定的利益出发，基于一定的利益并为一定的利益服务的思想。不受任何利益因素干扰的理论是不存在的。马克思的这一论断深刻阐明了思想政治教育的一对重要范畴——思想与利益的关系，也提出了思想政治教育的一个重要原则，即物质利益原则。正确认识和处理思想与利益的关系问题，是马克思、恩格斯实现自己世界观转变的关键，也是做好思想政治教育，促进教育对象世界观、价值观和人生观转变的关键。

利益问题是马克思主义经典作家高度重视的问题，也是思想政治教育理应观照的命题。早在《莱茵报》时期，马克思就在《关于新闻出版自由和公布省等级会议辩论情况的辩论》中提出，"人们为之奋斗的一切，都同他们的利益有关"[②]。在《神圣家族》中，马克思用"利益"分析了历史和群众的活动，厘清了物质利益与思想动机的关系问题。思想是由物质利益和阶级利益决定的。思想要变成现实，就要掌握群众，而思想要掌握群众，就必须先反映群众的利益。因此，要想做好思想政治教育工作，一方面要依据群众的现实生活建构思想理论，另一方面要切中群众的利益诉求开展教育宣传，而不能超越或脱离群众的物质利益说假大空的话。特别是当前形势下做思想政治教育工作，要高度重视全面深化改革引起的利益关系调整，坚持解决思想问题

---

① 马克思，恩格斯．马克思恩格斯文集：第1卷．北京：人民出版社，2009：286.

② 马克思，恩格斯．马克思恩格斯全集：第1卷．2版．北京：人民出版社，1995：187.

与解决实际问题相结合的原则，做到“改革推进到哪一步，思想政治工作就要跟进到哪一步，有的放矢开展思想政治工作，引导大家争当改革促进派”①。

（二）论断二：思想要得到实现，就要有使用实践力量的人

在第六章中，马克思在批判鲍威尔无限夸大“精神”“思想”的作用时，还第一次阐明了思想在社会生活中发挥作用的原理。马克思指出：“思想永远不能超出旧世界秩序的范围，在任何情况下，思想所能超出的只是旧世界秩序的思想范围。思想本身根本不能实现什么东西。思想要得到实现，就要有使用实践力量的人。”② 这一论断不仅蕴含着思想的本质及其作用原理，而且蕴含着思想政治教育的一个重要理论基石，即社会存在决定社会意识原理的萌芽。任何时代的思想都是从当时社会的物质土壤中产生出来的，虽然思想意识具有相对的独立性和一定的超越性，但是这种独立性和超越性都是有限度的。“一个阶级是社会上占统治地位的物质力量，同时也是社会上占统治地位的精神力量。”③ 思想本身不能成为独立的社会力量，而只能反映现存的社会关系、物质生产和阶级利益。但是，先进的思想是有预见作用的，它能够超出占统治地位的意识形态的范围，恰如恩格斯所说，“经济上落后的国家在哲学上仍然能够演奏第一小提琴”④。当然，先进的思想要成为改造世界的物质力量，还要有以其为指导思想的革命群众。

思想政治教育是教育者将一定的社会主导意识形态灌输和教化给受教育者的社会实践活动。一定的社会主导意识形态能不能被受教育者认同和践行，至少取决于两个因素：一个是思想政治教育灌输和教化的教育内容是不是真实、准确地反映了一定的社会存在；另一个是思想政治教育针对和指向的受教育者是否是代表着群众利益和需要的先进阶级。这也正如毛泽东所说的：“人们的社会存在，决定人们的思想。而代表先进阶级的正确思想，一旦被群

① 习近平主持召开中央全面深化改革领导小组第十二次会议强调 把握改革大局自觉服从服务改革大局 共同把全面深化改革这篇大文章做好．人民日报，2015-05-06（1）．

② 马克思，恩格斯．马克思恩格斯文集：第1卷．北京：人民出版社，2009：320．

③ 同②550．

④ 马克思，恩格斯．马克思恩格斯文集：第10卷．北京：人民出版社，2009：599．

众掌握，就会变成改造社会、改造世界的物质力量。”① 可以讲，马克思的这一论断深刻地告诉我们，要准确认识思想政治教育的本质、地位和作用，要深刻把握思想政治教育传导的思想本质及其作用原理，要始终坚持思想政治教育的人民性和实践性，要防止和克服思想政治教育“无用论”“万能论”，以及实践主体的泛化倾向。思想政治教育应该自觉服从服务于经济社会发展大局，为无产阶级的解放事业服务，为人的自由全面发展服务。

（三）论断三：既然是环境造就人，那就必须以合乎人性的方式去造就环境

在第六章中，马克思在概述法国唯物主义历史，说明唯物主义的基本前提时，对 18 世纪的法国唯物主义者和 19 世纪的空想社会主义者所持的“人的全部发展都取决于教育和外部环境”② 的观点给予了充分肯定，认为这是有一定进步意义的。基于这些唯物主义的观点，马克思指出：“既然人是从感性世界和感性世界中的经验中获得一切知识、感觉等等的，那就必须这样安排经验的世界，使人在其中能体验到真正合乎人性的东西，使他常常体验到自己是人。……既然是环境造就人，那就必须以合乎人性的方式去造就环境。”③ 他的这一论断深刻阐述了环境与人的辩证关系。环境是人赖以生存和发展的各种要素的总和，人的生存和发展、思想和行为都与环境密切相关。一方面，环境对人的生存和发展、思想和行为有重要的影响和制约作用；另一方面，人受环境的影响和制约并不是消极被动的，人能够通过社会实践活动改造和变革环境，使之符合自身发展的需要。这也正如马克思在《神圣家族》之后，写作《关于费尔巴哈的提纲》时所说的：“环境的改变和人的活动的一致，只能被看做是并合理地理解为变革的实践。”④ 人永远是在改造客观世界的同时又改造主观世界的过程中发展的。

① 中共中央文献研究室．毛泽东文集：第 8 卷．北京：人民出版社，1999：320.

② 马克思，恩格斯．马克思恩格斯文集：第 1 卷．北京：人民出版社，2009：333.

③ 同②334－335.

④ 同②504.

马克思关于环境与人关系的论断，是指导思想政治教育正确处理人与环境关系，积极创建以人为本的教育环境的基本理论。人的思想道德素质是在一定的环境里形成和发展的，思想政治教育活动也是在一定的环境中开展的，环境状况对人的思想道德素质形成以及思想政治教育活动的有效开展有着重要的影响。思想政治教育环境是一个外延宽泛的“生态圈”，既包括社会的经济环境、政治环境、文化环境和大众媒介环境等宏观环境，又包含家庭环境、学校环境、社区环境和同辈环境等微观环境。这些环境因素共同作用于受教育者，并对其思想品德产生影响和教化。如何创造和优化思想政治教育环境，使其产生更好的正效应，传递更多的正能量，对于思想政治教育的实效性具有基础性意义。马克思的这一论断实际上提供了一条重要的标准或原则，那就是以“合乎人性的方式”去创造环境、优化环境。思想政治教育的环境只有符合了人性、切合了人的本质、契合了人的需要、统合了人的利益，才能对人的思想和行为产生正向的引导、积极的教化。

（四）论断四：自由、正义、美德只能是“人民”的生命表现，只能是“人民大众”的特性

在第六章中，针对“绝对批判”把法国大革命领导者罗伯斯比尔和圣茹斯特提出的“自由人民”思想描绘为一种“矛盾”的反动观点，马克思从历史唯物主义的角度予以了抨击，指出“绝对批判”的言辞是“绝对的空话”，同时明确提出：“罗伯斯比尔和圣茹斯特所主张的自由、正义、美德只能是‘人民’的生命表现，只能是‘人民大众’的特性。”[①] 马克思的这一论断既是对青年黑格尔派精神和群众对立的反动观点的有力驳斥，也是对历史唯物主义人民群众是历史创造者原理的形象阐述。与鲍威尔把群众视为精神的敌人的观点截然相反，马克思认为群众不仅是精神生产者，也是精神占有者。崇高的精神、先进的价值，只有是“人民”的生命表现时才能被人民所认同和践行，只有“以质朴平淡的方式”、体现“人民大众”的特性时才能得以实

① 马克思，恩格斯．马克思恩格斯文集：第 1 卷．北京：人民出版社，2009：322.

现。这一论断对于理解和把握思想政治教育的教育内容，特别是对社会主义核心价值观的培育和弘扬具有重要的启示意义。

自由、正义、美德是人类社会恒久追求和向往的价值理念。这些价值理念都在不同的时代被宣扬过、被不同的阶级标榜过，但终究在人民群众推动的历史进程中暴露了其虚伪性和局限性。真正能强基固本，凝心聚气的价值观是具有“人民大众”特性的价值观。我们今天在思想政治教育过程中培育和弘扬社会主义核心价值观时，必须要准确认识和把握社会主义核心价值观的“人民大众”特性，即“人民性”。一方面，就社会主义核心价值观 12 个价值理念来说，每个价值理念都是维护当下中国社会发展利益、体现当代中国人生命力的，“寄托着近代以来中国人民上下求索、历经千辛万苦确立的理想和信念，也承载着我们每个人的美好愿景”[①]。另一方面，就培育和弘扬社会主义核心价值观来说，使其成为人们日用而不觉的价值遵循，就必须采用人民大众喜闻乐见的宣传教育形式和方式，而不能脱离人民群众实际，空喊口号、空洞说教。

三、重要的思想政治教育启示

思想政治教育学科是以马克思主义为指导的一门学科，这门学科基本的立场、观点和方法都直接体现了马克思主义科学世界观和方法论。《神圣家族》不仅蕴含着浓郁的思想政治教育思想、包含着严整的思想政治教育论断，而且就整部著作的历史地位、理论重点和写作风格而言，其对思想政治教育的理论图景和方法策略的展开和选择有着重要意义。

（一）《神圣家族》作为马克思、恩格斯科学世界观形成过程中的里程碑，首次确立了马克思主义世界观的基本原则，对确立和把握思想政治教育的学理基础有重要的奠基意义

《神圣家族》是马克思主义科学世界观形成和发展道路上的一个重要里程

① 习近平．习近平谈治国理政：第 1 卷．2 版．北京：外文出版社，2018：169.

碑。列宁曾经指出，马克思在《神圣家族》中，“尖锐而明确地强调指出了自己的全部世界观的基本原则”[①]，这部著作“奠定了革命唯物主义的社会主义的基础”[②]。通览全文，辩证唯物主义和历史唯物主义的理论闪闪发光，很多理论问题在这里实现了重要的突破和创新。其一，首次提出了“生产方式”的概念，揭示了物质生产是历史的发源地。马克思、恩格斯指出，要真正认识某一时期的历史，就必须认识“某一历史时期的工业和生活本身的直接的生产方式”[③]。尽管这里的“生产方式”概念还很笼统，但是已经成为认识历史时期的标志、理解历史发展的钥匙。其二，首次提出了“精神生产”的概念，并将其视为社会生产的重要组成部分。马克思、恩格斯指出，精神生产领域和物质生产领域一样，在确定精神作品的规模、结构和布局时，需要考虑生产该产品所必需的时间。马克思、恩格斯虽然没有明确精神生产的内涵和特质，但是将其与物质生产并列，这已经是重要的理论突破。其三，首次从现实世界中观察人的本质。对于人的本质问题，马克思在此之前已有过精妙的论述。在《神圣家族》中，马克思进一步发表了他关于人的本质的观点，提出“现实的人即生活在现实的实物世界中并受这一世界制约的人”[④]。在这里，他把人的本质同历史的发展、人们在生产过程中形成的社会关系联系起来考察，为之后提出科学的人的本质概念奠定了基础。其四，首次提出了“国家是由市民生活来维系的”[⑤] 观点，指出了“现代国家的自然基础是市民社会以及市民社会中的人”[⑥]，潜在地包含了经济基础决定上层建筑的原理。其五，首次厘清了精神和群众的关系，阐述了人民群众是历史创造者的原理，初步论证了无产阶级历史使命学说。

虽然《神圣家族》是马克思、恩格斯青年时期的一部著述，上述的一些辩证唯物主义和历史唯物主义的理论还不尽完善，但是深入挖掘和准确解读

---

① 列宁．列宁全集：第 55 卷．2 版．北京：人民出版社，1990：20.

② 列宁．列宁专题文集：论马克思主义．北京：人民出版社，2009：56.

③ 马克思，恩格斯．马克思恩格斯全集：第 2 卷．北京：人民出版社，1957：191.

④ 同③245.

⑤ 马克思，恩格斯．马克思恩格斯文集：第 1 卷．北京：人民出版社，2009：322.

⑥ 同⑤312.

这些重要的理论，对于夯实思想政治教育的学理基础还是弥足珍贵的。如上所述，马克思、恩格斯在《神圣家族》中阐释的生产方式、精神生产、人的本质、经济基础决定上层建筑的原理、人民群众是历史创造者的原理、无产阶级历史使命学说等，无一不是思想政治教育学科直接的理论依据。完整准确把握这些马克思主义的基本原理和原则，是当前确保思想政治教育学科健康发展的重要前提。

（二）《神圣家族》作为马克思、恩格斯剖析“思辨结构的秘密”的力作，彻底暴露了思辨哲学及其研究方法的荒谬本质，对深化和革新思想政治教育的研究方法有重要的指导意义

《神圣家族》不仅从本体论上说明了整个世界、人类社会和历史的唯物主义基础，为思想政治教育奠定了唯物主义基础，而且从认识论的角度剖析了“思辨结构的秘密”，颠覆了思辨哲学及其研究方法。马克思以一般果实和个别水果的关系为例，具体地分析了思辨创造的三个步骤：第一步，先从现实的苹果、梨、草莓、扁桃中抽象出“果实”这个一般概念；第二步，想象“果实”这个抽象概念是一种独立存在的本质，是苹果、梨等的真正本质，并且“果实”是苹果、梨等的“实体”；第三步，宣布苹果、梨等具体水果是“果实”这个实体的简单存在形式，是它的样式。马克思以精确和洗练的逻辑和语言，描述了思辨唯心主义的“逻辑推理”，并对之进行了系统的批判，他指出，这实际上是把思维的过程看成“造物”的过程，“这种办法，用思辨的话来说，就是把实体了解为主体，了解为内在的过程，了解为绝对的人格。这种了解方式就是黑格尔方法的基本特征”①。它的秘密就在于把概念独立化、实体化，即把本来是从个别事物中抽象出来的一般当作独立存在的本质，并把它看作客观事物的创造者，而客观具体事物只是一般这个独立存在的本质的简单存在形式。

《神圣家族》中对思辨哲学及其研究方法的批判，是马克思在研究方法上

---

① 马克思，恩格斯．马克思恩格斯文集：第1卷．北京：人民出版社，2009：280.

由思辨向实证转向的集中表现，这种转向最终是在《德意志意识形态》中完成的。马克思将实证方法的理解和应用提到了新的高度，他指出："在思辨终止的地方，在现实生活面前，正是描述人们实践活动和实际发展过程的真正的实证科学开始的地方。"[①] 回到思想政治教育学科的研究来看，马克思实现的从思辨向实证的研究方法转变，对建构当下的思想政治教育学科方法论具有重要的指导意义。思想政治教育学科建设 30 多年来，取得了长足的进步和丰硕的成果，但其科学性、实效性依然有待改善和提升。究其缘由，与思想政治教育学科研究方法的择取和应用不无关联。其中，一个重要成因或者说不足就在于马克思所批判和超越的思辨方法依然被一些思想政治教育理论研究者和实践工作者运用，他们善于炮制一些"乌托邦的词句"，经常做出没有事实根据的臆测、臆断，或是提出模棱两可的空泛议论，这不仅不能解决真问题，有时候还惹出新麻烦。要进一步深化和推进思想政治教育的科学化，就必须择取科学的研究方法和叙述理路，从"观察"和"事实"出发，从"从事实际活动的人"以及"他们的现实生活过程中"出发去研究人、教育人、引导人和塑造人。

（三）《神圣家族》作为马克思、恩格斯合作发表的首部论战性著作，充分展示了马克思主义批判错误思潮的文风话风，对改进和创新思想政治教育的策略艺术有重要的启示意义

《神圣家族》是马克思、恩格斯一起从理论上彻底清算青年黑格尔派哲学这股荒谬而有害的思潮的一部论战性著作。在这部著作中，马克思、恩格斯以战斗唯物主义者的姿态，对《文学总汇报》的鲍威尔一伙的自我意识哲学进行了辛辣、无情、致命的批驳。论战性是这部著作一个鲜明的叙述特点。首先，从批判的对象来看，批判的是一伙人，而不是一个人，批判的是青年黑格尔派的一个分支——以鲍威尔为首的"神圣家族"，批判的对象在出场上有先后顺序问题。马克思、恩格斯的叙述方式是从一般人物到重要人物，即

---

① 马克思，恩格斯．马克思恩格斯文集：第 1 卷．北京：人民出版社，2009：526.

先从一般人物赖哈特、法赫尔·荣格尼茨等到第二号人物埃德加·鲍威尔、施里加等，再到第一号人物鲍威尔。其次，从批判的内容来看，整个批判是由几个分批判组成的歼灭战。战役从外围作战开始，然后不断地向纵深发展。从批判《文学总汇报》的一般文风到批判青年黑格尔派的自我意识哲学；从批判鲍威尔的自我意识哲学到揭露思辨结构的秘密，再到它的认识论的根源和理论来源①。最后，从批判的话语来看，幽默中隐含着嘲讽，犀利中充溢着辛辣，从标题表述到借喻说理，整部著作针锋相对、鞭辟入里。如以“订书匠”称呼赖哈特的拙劣文风，以“MÜHLEIGNER”嘲讽法赫尔的遣词造句水平，以“认识的宁静”来指代批判把一切现实的斗争变成思想斗争，等等。

马克思主义的科学思想基本上都是在同各种形形色色的反马克思主义思潮、错误观点、方法和作风斗争的过程中形成和发展起来的。《神圣家族》这一颇具代表性的论战性著作呈现出的马克思主义批判性，以及马克思、恩格斯面对错误思潮和观点时的态度和应对策略，对今天的思想政治教育工作有着重要的启示。思想政治教育工作要解决现实中的理论困惑，疏导人们的思想问题，需要一定的宣讲策略和叙述艺术。其中重要的一条就是面对错误的思潮和观点时，要敢于亮剑搏击，敢于讲理论争，要找准切入点，掌握话语权，特别是在一些事关大是大非、是非曲直的问题上，要勇于运用批判方法讲道理，使用有“辣味”的话语做工作，从而达到说服群众、教育群众、引导群众的实效。

① 高光．科学世界观形成中的里程碑：《神圣家族》的学习与探讨．北京：求实出版社，1987：26.

04 思想政治教育唯物主义基础的奠基

——卡·马克思和弗·恩格斯《德意志意识形态》“费尔巴哈”章解读

思政金句

这种历史观就在于：从直接生活的物质生产出发阐述现实的生产过程，把同这种生产方式相联系的、它所产生的交往形式即各个不同阶段上的市民社会理解为整个历史的基础，从市民社会作为国家的活动描述市民社会，同时从市民社会出发阐明意识的所有各种不同的理论产物和形式，如宗教、哲学、道德等等，而且追溯它们产生的过程。这样做当然就能够完整地描述事物了（因而也能够描述事物的这些不同方面之间的相互作用）。这种历史观和唯心主义历史观不同，它不是在每个时代中寻找某种范畴，而是始终站在现实历史的基础上，不是从观念出发来解释实践，而是从物质实践出发来解释各种观念形态。

——马克思，恩格斯．德意志意识形态//马克思，恩格斯．马克思恩格斯文集：第1卷．北京：人民出版社，2009：544.

《德意志意识形态》（简称《形态》）是马克思和恩格斯于 1845 年秋至 1846 年 5 月共同撰写的阐述唯物史观和共产主义理论的重要著作。在《形态》中，马克思、恩格斯彻底清算了青年黑格尔派的唯心主义，并系统地批判了费尔巴哈哲学，从而使自己创立的“新唯物主义”与一切旧哲学划清了原则界限。在批判旧哲学的过程中，马克思、恩格斯从正面论证了马克思主义哲学，特别是唯物史观的基本原理。其中，第一卷第一章“费尔巴哈”是马克思、恩格斯系统论述唯物史观的重要文献，是为无产阶级和劳动群众提供了科学世界观和方法论的重要文献。《形态》观点新颖、见解深邃、运思周密，是研究思想政治教育理论基础的重要文献。重温这一经典文献，研究其中丰富的思想政治教育基础理论、严整的思想政治教育科学论断、重要的思想政治教育工作启示，对于推进思想政治教育理论和实践的科学化发展大有裨益。

一、丰富的思想政治教育思想

马克思和恩格斯在“费尔巴哈”章中基本完成了哲学革命，为新世界观同工人运动的结合奠定了思想基础。“费尔巴哈”章作为思想政治教育学科的经典文献，其中蕴含着丰富的思想政治教育思想。

（一）对思想政治教育的理论基石——历史唯物主义做了系统的论证

《形态》在马克思主义发展史上有着极其重要的地位和意义，被誉为历史唯物主义的奠基之作。在“费尔巴哈”章中，马克思和恩格斯以物质生产活动为出发点，全面阐述了历史唯物主义的基本原理。第一，物质生产活动是全部历史的基础。马克思、恩格斯指出：“生产物质生活本身……是一切历史的基本条件。”[①] 唯物史观与唯心史观的区别就在于，是否“从物质实践出发来解释各种观念形态”[②]。第二，社会存在决定社会意识。马克思和恩格斯认为，道德、宗教或其他意识形态不是独立存在的，“不是意识决定生活，而是生活决定意识”[③]。这里的“生活”就是物质生产活动的现实存在。第三，生产力决定生产关系。马克思、恩格斯提出，新的生产力会引起分工的进一步发展，“分工的每一个阶段还决定个人在劳动材料、劳动工具和劳动产品方面的相互关系”[④]。这是人类社会发展最根本的历史辩证法。第四，经济基础决定上层建筑。马克思、恩格斯指出：“市民社会这一名称始终标志着直接从生产和交往中发展起来的社会组织，这种社会组织在一切时代都构成国家的基础以及任何其他的观念的上层建筑的基础。”[⑤] 这里的“市民社会”是对“经济基础”所含内容的不成熟表达。总之，在《形态》中，马克思主义哲学更加明确了自身的实践品格，真正转向现实社会历史实践的研究，阐明物质生存条件的生产和再生产理论，彰显了历史内在矛盾运动过程，完成了对历史唯心主义的批判，正式确立了历史唯物主义。

“费尔巴哈”章首次系统阐述了历史唯物主义基本原理，为思想政治教育提供了重要理论基础。第一，解释了思想政治教育的产生根源。马克思和恩格斯指出：“分工只是从物质劳动和精神劳动分离的时候起才真正成为分工。”[⑥] 精神劳动就此获得相对独立的形式。“生产力、社会状况和意识，彼此之间可能而且一定会发生矛盾”[⑦]，为了解决社会存在与社会意识之间的矛

---

① 马克思，恩格斯．马克思恩格斯文集：第1卷．北京：人民出版社，2009：531.

② 同①544.

③ 同①525.

④ 同①520－521.

⑤ 同①583.

⑥ 同①534.

⑦ 同①535.

盾，对特定人群传授特定意识内容的思想政治教育就产生了。第二，充实了思想政治教育的教育内容。历史唯物主义一直是思想政治教育的首要教育内容。马克思、恩格斯将唯物史观概述为：从直接的物质生产出发来阐述历史现实，把市民社会作为整个历史的基础，从市民社会出发阐明意识的各种理论产物和形式。因此，要“能够完整地描述事物”，思想政治教育必须系统地传授历史唯物主义，提高受教育者的理论修养，涵养受教育者的理论思维。第三，指明了思想政治教育的基本研究方法。如使用以实践为基础的研究方法，立足实践需要研究理论，在实践中检验和发展理论；使用社会系统研究方法，剖析社会有机体内部组成要素的作用关系，考察社会形态的发展变化；使用社会矛盾研究方法，揭示各种社会现象的本质和发展规律，探求解决社会矛盾的途径和方法。总之，历史唯物主义这一伟大发现使思想政治教育获得了坚实的唯物主义基础。作为人类思想政治教育崭新形态的马克思主义思想政治教育的科学性、正义性和实践性由此正式确立。

（二）对思想政治教育的逻辑起点——“现实的个人”做了全面的界定

任何社会历史理论都需要一定的出发点，这个出发点就是理论的逻辑起点，即从什么出发展开理论体系。在这个问题上，青年黑格尔派从想象的“实体”“自我意识”“唯一者”出发，费尔巴哈从想象的抽象的“人”出发。与之不同，马克思、恩格斯提出，“我们开始要谈的前提不是任意提出的，不是教条，而是一些只有在臆想中才能撇开的现实前提。这是一些现实的个人，是他们的活动和他们的物质生活条件”①。由此，历史唯物主义的前提就是“现实的个人”。如何理解这一概念？马克思、恩格斯指出：“这些个人是从事活动的，进行物质生产的，因而是在一定的物质的、不受他们任意支配的界限、前提和条件下活动着的。”② “因而，个人是什么样的，这取决于他们进行生产的物质条件。”③ 通过进一步考察历史活动的基本方面，马克思和恩格

① 马克思，恩格斯．马克思恩格斯文集：第1卷．北京：人民出版社，2009：516－519.
② 同①524.
③ 同①520.

斯提出了人之为人的五个基本方面，即“现实的个人”必须进行的五种生产，包括：物质生产、精神生产、人的自身再生产、社会关系的生产和人与自然关系的生产。因此，对“现实的个人”的研究，必须立即转入社会历史的范围，去研究人的生产活动和社会关系。总之，以“现实的个人”作为理论的逻辑起点，标志着马克思主义哲学实现了从“抽象的人”到“具体的人”的转换，打破了以往思想史和观念史的神秘性和欺骗性，使科学地认识人类社会历史成为可能。这是研究人类历史的唯一正确途径，历史唯物主义的整个理论体系正是在这个基础上建立起来的。

思想政治工作从根本上说是做人的工作。“费尔巴哈”章中关于“现实的个人”的根本观点和研究方法，是科学认识和把握思想政治教育对象的重要理论支撑。要科学地认识“人”、研究“人”与教育“人”，思想政治教育要以“现实的个人”作为理论研究和实践探索的出发点和落脚点。首先，从现实的前提出发，以“现实的个人”为主体，做到眼中有“人”，研究为“人”，以“人”为本；其次，关注“现实的个人”的现实需要，从他们的物质生产活动和物质生活条件出发去寻找思想意识产生的根源和变化的动力，找准研究的切入点和着力点；再次，摒弃重事实轻价值、重科学轻人文、重理论轻实践、重理性轻感性、重规训轻关怀的“无人”教育模式，使现实的人、具体的人、活生生的人凸显于思想政治工作中；最后，帮助“现实的个人”获得精神境界的提升，促进人的全面发展。与此同时，思想政治教育还要充分考察社会生活的历史背景和时代境遇，努力把思想政治教育的理念遵循与行为要求不断日常化、具体化、形象化，在落细、落小、落实上下功夫，促使其成为“现实的个人”日用而不觉的思考方式和行为选择，引导其投身到改造世界的现实实践中。总之，思想政治教育只有深入“现实的个人”的物质实践中，才能对社会现象做出科学的理论解释，充分激发他们的主动性、积极性和创造性，进而发挥出思想政治教育在历史唯物主义指导下应有的吸引力、凝聚力和感染力。

（三）对思想政治教育的核心议题——意识形态问题做了明确的阐释

《形态》科学地考察了意识形态问题，赋予了“意识形态”新的内涵，形成了较为完整的意识形态批判理论。第一，批判了德意志意识形态。马克思和恩格斯指出，德意志意识形态家们主张“宗教、概念、普遍的东西统治着现存世界”①。受这样颠倒的世界观的制约，德意志意识形态不可避免地对现实世界产生了歪曲解释，呈现为一种虚假的意识形态。这种虚假性是指这种颠倒的理论掩盖了现实阶级矛盾，将统治阶级的思想宣扬为代表整个社会利益的普遍观念。第二，揭示了意识形态的产生、本质与生产过程。首先，人真正的意识是伴随物质劳动和精神劳动分工的出现发展起来的。“从这时候起，意识才能摆脱世界而去构造‘纯粹的’理论、神学、哲学、道德等等。”② 从此，意识开始具有相对独立性。其次，意识形态本质上是存在于一定经济基础上的“思想的上层建筑”，反映社会中各个阶级的关系及其利益诉求，并尤其受到统治阶级的支配。这就奠定了意识形态的唯物主义基础。最后，意识形态的生产主体是隶属于统治阶级的“积极的、有概括能力的意识形态家”③，他们通过一系列手段，将统治者的阶级意志转化为全社会普遍的意识，掩盖了国家作为“虚假共同体”的本质，固化了现存的社会关系。第三，提出了无产阶级意识形态的建构问题，即无产阶级要在推动彻底的社会革命过程中实现意识形态本质的转化，褪去意识形态在阶级社会中的虚假性，这样才能使共产主义意识普遍地产生，才能胜任重建社会的工作④。

意识形态作为观念的上层建筑，是人类社会的基本构成要件，是宏观思想政治教育的重要研究对象。意识形态问题是思想政治教育的核心议题，主要原因为：第一，意识形态是思想政治教育的重要研究对象。意识形态在本质上是一定阶级尤其是统治阶级的阶级利益的理论和观念表现，是人类社会的有机组成部分。思想政治教育直接或间接地反映着统治阶级的利益要求和观念意志。因此，意识形态必然成为思想政治教育的重要研究对象。第二，意识形态是思想政治教育产生和存在的前提。原始社会需要通过意识形态教

① 马克思，恩格斯．马克思恩格斯文集：第1卷．北京：人民出版社，2009：515.
② 同①534.
③ 同①551.
④ 同①543.

育强化部落成员的集体意识，来保证生产和繁衍。原初的思想政治教育正是基于这一需要而产生。同样，思想政治教育学科的创建也是出于社会主义意识形态教育的客观需求，根本上是服务于社会主义现代化建设和人的发展。第三，意识形态问题对思想政治教育的研究内容有重要影响。思想政治教育主要是探究人的思想道德形成发展规律和对人进行思想政治教育的规律，其研究领域是一个事实与价值交融的领域，关键内容是解决国家主导意识形态与社会成员思想意识的矛盾。这必然受到主导意识形态的决定性影响。因此，思想政治教育在本质上才被理解为意识形态的灌输和教化。第四，意识形态问题对思想政治教育的研究立场有直接影响。现代社会是多种意识形态交锋又并存的时代，开展人文社会科学研究必然要选定某种意识形态立场。我国是人民民主专政的社会主义国家，我国思想政治教育的学科发展方向及其研究者必须保持坚定的人民立场，以促进人的全面发展和社会的全面进步为唯一的学术旨趣和抱负。

（四）对思想政治教育的实践目标——共产主义理想做了科学的表述

唯物史观一经确立，马克思、恩格斯便从中引出了共产主义的结论，科学地论证了共产主义学说。第一，马克思、恩格斯反对把共产主义看成人类最终的完美状态。“共产主义对我们来说不是应当确立的状况，不是现实应当与之相适应的理想。我们所称为共产主义的是那种消灭现存状况的现实的运动。”① 马克思、恩格斯把共产主义看作人类社会发展的一个必然环节，看作革命运动。第二，资本主义社会生产力与交往形式矛盾的发展必然导致共产主义。马克思、恩格斯指出，生产力的发展必然达到这样的阶段，即生产力在其中得到发展的那个交往形式，开始束缚生产力的发展过程，“这种生产力已经不是生产的力量，而是破坏的力量”②。只有通过公有制取代私有制才能解决这种矛盾。共产主义学说，正是革命的无产阶级的地位、利益和作用的

① 马克思，恩格斯．马克思恩格斯文集：第1卷．北京：人民出版社，2009：539.

② 同①542.

理论表达。第三，马克思、恩格斯对未来共产主义社会做了科学的预见，揭示了人类社会更高形态的基本特征。在共产主义社会里，没有阶级和劳动的异化，没有三大差别，没有旧式分工与资本主义私有制相联系的“自由劳动”。因此，在这个社会里，劳动不再对人构成束缚限制，个人的体力和智力都能得到真正全面的、自由的发展，个人可以依据自己的兴趣在各个部门之间自由选择自己的身份，可以成为“猎人”“畜牧者”“批判家”等。

共产主义是人类最崇高的社会理想，寄托着人类关于美好未来的全部情愫和渴望。思想政治教育的目标就是要让人民群众胸怀共产主义远大理想，积极投身于共产主义革命实践。要实现这一目标，思想政治教育就需要讲准讲深讲活共产主义的道理、哲理、学理。第一，讲清楚共产主义既是崇高的社会理想，也是现实运动的道理。共产主义远大理想既是面向未来的，又是指向现实的，不仅反映了人们对未来社会的美好向往，还是一个从现实的人出发，不断满足人的现实利益需求、推进人的全面发展、推动社会发展进步的历史过程与现实运动。第二，讲清楚共产主义必然取代资本主义的道理。马克思、恩格斯清楚地看到，正像资本主义社会形态取代封建主义社会形态一样，共产主义社会形态也必然会取代资本主义社会形态。历史的这种进步趋势，决不以人们的主观意志为转移，而是由生产力和生产关系的基本矛盾决定的。第三，讲清楚共产主义不是可望而不可即，也不是一蹴而就的道理。共产主义理想是建立在社会发展规律基础上的科学认识，是符合社会发展规律的必然趋势。“共产主义决不是‘土豆烧牛肉’那么简单，不可能唾手可得、一蹴而就……革命理想高于天。实现共产主义是我们共产党人的最高理想，而这个最高理想是需要一代又一代人接力奋斗的。如果大家都觉得这是看不见摸不着的东西，没有必要为之奋斗和牺牲，那共产主义就真的永远实现不了了。我们现在坚持和发展中国特色社会主义，就是向着最高理想所进行的实实在在努力。”① 因此，思想政治教育必须关注人民的实际思想，从真理和实践出发，通过深入细致的思想教育、现实剖析、未来描绘，讲好共产

① 习近平．习近平谈治国理政：第2卷．北京：外文出版社，2017：142-143.

主义的深刻道理，坚定共产主义远大理想，坚定中国特色社会主义共同理想。

二、精辟的思想政治教育论断

《形态》中的“费尔巴哈”章不仅有丰富的思想政治教育基础理论，还有直接关涉思想政治教育的论断。这些论断说理清晰、意蕴丰富，对思想政治教育理论研究和实践工作有着直接的指导价值和启示意义。

（一）论断一：统治阶级的思想在每一时代都是占统治地位的思想

“统治阶级的思想在每一时代都是占统治地位的思想。”① 这是马克思揭示意识形态的本质、特征，揭露唯心主义历史观产生的社会阶级根源的重要论断。第一，在现象层面，统治阶级的思想占统治地位。马克思、恩格斯指出，“一个阶级是社会上占统治地位的物质力量，同时也是社会上占统治地位的精神力量。支配着物质生产资料的阶级，同时也支配着精神生产资料”②。这表明，统治阶级要实现长久统治，就必须在物质领域和意识形态领域都占据统治地位。第二，在本质层面，“占统治地位的思想不过是占统治地位的物质关系在观念上的表现”③。意识形态实质上是统治阶级的思想体系，“是以思想的形式表现出来的占统治地位的物质关系”④。可见，意识形态就是为统治阶级物质关系的存在和发展服务的。第三，在方法层面，统治阶级维持思想统治需要职业思想家。职业思想家是依附于统治阶级的“积极的、有概括能力的意识形态家，他们把编造这一阶级关于自身的幻想当做主要的谋生之道”⑤。首先，把进行统治的个人的思想同这些统治的个人本身分割开来，承认思想在历史上的统治；其次，以某种秩序赋予这种思想统治，证明在相继出现的占统治地位的思想之间存在着某种神秘的联系，使得思想成为“概念的自我规定”，割断思想与其现实基础的联系，进一步把思想独立化、神秘

①②③ 马克思，恩格斯．马克思恩格斯文集：第1卷．北京：人民出版社，2009：550.

④ 同①550－551.

⑤ 同①551.

化；最后，为了消除这种“自我规定着的概念”的神秘外观，把它变成某种人物——“自我意识”“思维着的人”“哲学家”“意识形态家”等[①]。如此，就造成了一定阶级的统治似乎只是某种思想的统治的假象。可见，剥削阶级企图掩盖统治思想的阶级本质，完全是为了掩盖其统治的阶级本质。

这一经典论断揭示了思想政治教育的意识形态本质。第一，意识形态在阶级社会中具有鲜明的阶级性。在阶级社会里，考察任何的社会意识，都必须从当时的社会关系和阶级利益入手。如果不去揭露某种意识背后的阶级利益，那么不仅不能认识社会意识的本质，而且必然会成为剥削阶级欺骗宣传的牺牲品。第二，“统治阶级的思想”与“占统治地位的思想”体现出高度一致性。这种高度一致性需要通过思想政治教育来实现。关键就在于如何实现？马克思、恩格斯指出：“进行革命的阶级……是作为全社会的代表出现的；它以社会全体群众的姿态反对唯一的统治阶级。”[②] 在观念领域，革命阶级可以对人民群众进行思想政治教育，“赋予自己的思想以普遍性的形式，把它们描绘成唯一合乎理性的、有普遍意义的思想”[③]。这是阶级社会发展的一种历史必然。习近平指出：“做好意识形态工作，事关党的前途命运，事关国家长治久安，事关民族凝聚力和向心力。”[④] 中国共产党作为无产阶级政党，就要保证无产阶级思想政治教育可以有效地向人们传播和灌输无产阶级思想价值理念，帮助一切受压迫阶级找到精神归宿和奋斗目标。第三，思想政治教育必须关注现实利益问题。意识形态作为物质实践活动的反映，只有立足于社会物质利益构成的物质关系，才能在人们现实的生活中获得生命力。因此，我们应当切实加强思想政治教育，加大宣传马克思主义，教育引导人民群众正确处理个人利益和社会利益的关系，通过调动人们追求现实利益的迫切愿望和革命热情来有效激发人们强大而持久的“实践力量”，推动社会主义先进思想文化武装人民、教育群众，更好地维护社会主义经济发展和民主政治。

---

① 马克思，恩格斯．马克思恩格斯文集：第1卷．北京：人民出版社，2009：554.

②③ 同①552.

④ 习近平．习近平关于社会主义精神文明建设论述摘编．北京：中央文献出版社，2022：85.

（二）论断二：不是意识决定生活，而是生活决定意识

“不是意识决定生活，而是生活决定意识。”[①] 这个论断揭示了历史唯物主义的实质，也厘定了思想政治教育的性质。“费尔巴哈”章中关于意识的理论包括几个方面：其一，意识是人们社会物质生活的产物。“思想、观念、意识的生产最初是直接与人们的物质活动，与人们的物质交往，与现实生活的语言交织在一起的。”[②] 人们为了生活就要生产，要生产就要有社会交往，而要交往就需要把语言和意识作为手段和工具。其二，意识是人们现实生活过程的反映。马克思、恩格斯指出，“人们是自己的观念、思想等等的生产者”。这里所说的“人们”是指在一定的社会物质生活条件下从事实际活动的现实的人们。“意识在任何时候都只能是被意识到了的存在，而人们的存在就是他们的实际生活过程。”[③] 人们有什么样的社会生活，也就有什么样的意识。其三，人们的意识随着人们的物质生活条件的变化发展而变化发展。“意识起初只是对直接的可感知的环境的一种意识，是对处于开始意识到自身的个人之外的其他人和其他物的狭隘联系的一种意识。”[④] 随着生产力和分工的发展，精神劳动最终与物质劳动分离，意识逐渐获得了相对独立的外观。社会意识相对独立的发展，一方面，促进了人类思维能力和精神生产的发展；另一方面，使意识脱离现实，甚至臆造和歪曲现实。这种歪曲的出现，不仅在于早期人类历史发展的局限性，以及人类自身认知能力和水平的有限性，还在于统治阶级维护其利益。总之，意识内容归根到底是由现实生活和社会关系决定的。意识虽然是人类历史的一个非常重要的因素，但并非历史发展的最根本的因素。

“不是意识决定生活，而是生活决定意识”的论断，第一次科学地揭示了人的思想意识形成和发展的基本规律，为思想政治教育提供了最基本的理论

---

① 马克思，恩格斯．马克思恩格斯文集：第1卷．北京：人民出版社，2009：525.
② 同①524.
③ 马克思，恩格斯．马克思恩格斯全集：第3卷．北京：人民出版社，1960：29.
④ 同①533－534.

依据。因为“生活决定意识”，所以人们社会物质生活的状况及其变化发展决定着人们思想的状况及其变化发展。第一，要深入考察人们社会物质生活的状况及其演变，以此准确地把握人们的思想实际及其变化趋势。马克思、恩格斯指出：“个人是什么样的，这取决于他们进行生产的物质条件。”[①] 这就需要思想政治教育进入人们真实的生产生活场景中做深入细致的调查研究，仔细地观察人、深入地了解人、科学地研究人。第二，要彻底驳倒唯心主义谬论，不能采取简单抛弃的方法，而要深刻地揭露它的认识根源和社会根源[②]。思想政治教育必须向人民说明：唯心主义历史观把精神作为历史的出发点和归宿，始终从观念出发来解释实践。这样，人类历史就变成了一部观念发展史。它的本质是统治阶级的意识，是统治阶级维护自身利益，掩盖剥削实质的一种欺骗人民的错误历史观。第三，要从根本上解决人们的思想问题，就要到人们的物质生活中去探寻产生思想问题的物质根源，并通过改变人们的社会物质生活条件实际地消灭它。正如马克思所指出的，“人们为之奋斗的一切，都同他们的利益有关”[③]。“‘思想’一旦离开‘利益’，就一定会使自己出丑。”[④] 因此，思想政治教育必须坚持解决思想问题与解决实际问题相结合的工作方法，在改变现实生活的同时改变思维和思维的产物，彻底解放受教育者的思想。

（三）论断三：语言也和意识一样，只是由于需要，由于和他人交往的迫切需要才产生的

交往是人们之间生产关系的必然表现。这一论断表明，语言是交往的产物，人们在生产中达到非交往不可的程度，便产生了最初的语言，同时产生了最初的意识。具体而言，是生产劳动创造了语言产生的社会需要，并提供了语言和意识产生发展的生理条件和心理条件。这是人类社会物质生产发展

---

① 马克思，恩格斯．马克思恩格斯文集：第 1 卷．北京：人民出版社，2009：520.

② 陈先达．陈先达文集：第 2 卷 马克思早期思想研究．北京：中国人民大学出版社，2006：260.

③ 马克思，恩格斯．马克思恩格斯全集：第 1 卷．2 版．北京：人民出版社，1995：187.

④ 同①286.

的必然结果。语言和意识是相互依存的。第一，语言是交流思想的工具，离开语言的“纯粹的”意识是不存在的。这就是说，意识的任何表达形式必须借助语言这一载体，这就注定意识从一开始就受物质的“纠缠”，物质在这里表现为振动着的空气层、声音等①。第二，思想是语言的内容，没有不表现思想的语言。语言是思想的直接现实，是一种实践的、既为别人存在也为自身存在的、现实的意识。离开思想的语言和离开语言的思想都是不可思议的。这就表明，语言是人类实践交往的产物，是人的意识的外在表现，是意识形态进入个体头脑和心灵的“容器”。第三，语言的运用直接影响意识形态话语权的归属。语言在传播扩散和实际运用的过程中总是以一定的意识形态为导向，个体接受和使用某种语言，就会自觉地或不自觉地按照一定的意识形态去引导自己如何思考、如何生产、如何交往。从“费尔巴哈”章可见，马克思、恩格斯的话语已经开始扬弃思辨哲学，走向具体的经济、政治、社会领域，创立了独特的意识形态话语体系，为无产阶级掌握意识形态话语权奠定了重要基础。

从这一论断的分析可知，某种意识形态总是有其语言形式和话语范式，而运用何种语言形式和话语范式来表达一定的意识形态又总是主体需要的一种体现。在用思想教育群众、用理论说服群众的过程中，语言的选择和使用也至关重要。在语言选择方面，思想政治教育出于掌握群众、说服群众的目的，必须使用群众愿意听、听得懂、信得过的语言来传播教育内容，这样思想理论才有吸引力和感染力，才能赢得群众的认同。在语言使用方面，思想政治教育需要以群众风格语言为主导，做好话语转换，实现话语在主体间的可通约性，让群众喜欢听、容易懂，从而增强思想政治教育的实效性。这就要求：思想政治教育要运用群众愿听、爱听、想听的话语。习近平曾指出：“要讲符合实际的话不讲脱离实际的话，讲管用的话不讲虚话，讲有感而发的话不讲无病呻吟的话，讲反映自己判断的话不讲照本宣科的话，讲明白通俗

---

① 马克思，恩格斯．马克思恩格斯文集：第1卷．北京：人民出版社，2009：533.

的话不讲故作高深的话。”① 思想政治教育的话语表达要根植群众实践，汲取群众智慧，增进群众交往，说有“魂”、有“根”、有“趣”、有“情”的话。为此，思想政治教育者要提高话语转换的基本能力：要娴熟地掌握各种话语，内容包括思想政治教育主流话语，哲学社会科学常用术语以及生活中的流行话语；要深刻地掌握思想理论，重点就是学懂、弄通、用好马克思主义理论和党的方针政策精神；要训练多元思维，学习掌握辩证法精髓，了解体悟多样的生活方式，实现思维上的圆融灵活。此外，思想政治教育者要做好政治话语学理化、学理话语通俗化、通俗话语趣味化、书面话语口语化、刚性话语柔性化等话语转换。总言之，语言或话语是影响思想政治教育吸引力和实效性的重要因素。注重语言的运用，做好话语转换，牢牢掌握意识形态话语权是无产阶级思想政治教育必须完成的重要任务。

（四）论断四：意识的一切形式和产物不是可以通过精神的批判来消灭的

“意识的一切形式和产物不是可以通过精神的批判来消灭的”② 论断，表明马克思和恩格斯坚持站在现实的基础上解决各种意识形态问题。因为，“只有通过实际地推翻这一切唯心主义谬论所由产生的现实的社会关系，才能把它们消灭”③。由此推知，第一，“历史的动力以及宗教、哲学和任何其他理论的动力是革命，而不是批判”④。这里的“动力”可以理解为发展或者消亡。推动历史发展，促使宗教、哲学等理论观点消亡或更新的动力应当是革命的实践。也就是把现实的物质生产发展作为变化的根本动因和基础，而不是仅仅从词句的角度，把现实的生产关系和反映生产活动的思想理论规定为“自我意识”“幽灵”“怪想”来加以批判否定。第二，人创造环境，环境也创造人。“现实的个人”为满足生存需要而开展劳动实践，创造了最初的物质生活生产资料，这些积累的物质资料形成了历史的物质结果。在代际传承中，前代所形成的生产力、资金和环境不仅会预先规定新一代的生活条件，还会

---

① 习近平．努力克服不良文风　积极倡导优良文风．求是，2010（10）：3－7.

②③④ 马克思，恩格斯．马克思恩格斯文集：第1卷．北京：人民出版社，2009：544.

在新一代人的实践中被不断改变。这就是人的发展与物质生产发展的辩证关系，是意识变化发展的真正原因。第三，全面的变革需要充足的物质因素。全面的革命变革是否可以成功，关键就在于是否具备全面变革的物质因素。这至少包括两个方面：一是生产力水平，二是革命群众。如果还没有达到一定的生产力水平，“还没有形成不仅反抗旧社会的个别条件，而且反抗旧的‘生活生产’本身、反抗旧社会所依据的‘总和活动’的革命群众”①，那么关于变革的观念理论即使被表述宣扬千百次，其对于现实革命运动的发展也没有任何意义。这就是单纯的“精神批判”无法消灭意识形式的根本原因。

这一论断表明，思想政治教育要想达到现实的批判效果，消灭那些封建的、腐朽的、资本主义的意识形态，就必须着眼实际问题，“实打实”地开展思想政治教育实践。第一，要坚持以人为本，贯彻以人民为中心的发展思想，把人的发展作为出发点和落脚点。既要不断宣传主流价值观来丰富人民的精神生活，也要帮助群众解决同他们切身利益密切相关的难题，努力满足人民群众的合理利益诉求。同时，也要防止思想政治工作中的一些错误倾向。如忽视人的主体性，把人当成工具或手段；无法协调解决实际问题与解决思想问题；无法正确处理个体和群体利益，激化矛盾。第二，要围绕社会主要矛盾开展具体工作。面对主要矛盾，思想政治教育要不断守正创新，紧密联系党和国家重点安排开展工作，创造更高质量的物质文化生活。同时，要认真分析查找主要矛盾在不同的地区、行业和人群中的具体表现和具体原因，及其对人们的政治态度、思想行为可能产生的影响，因地制宜、因时制宜、因人制宜地解决矛盾。第三，要紧扣群众思想困惑，办好实事。新时代以来，人民群众对于教育、就业、住房、医疗、环境等方面都有更高的期待，其具体表现更是复杂多样的。面对群众的意见和诉求，思想政治教育要认真研究解决条件，对于那些合理的且有条件解决的，要抓紧办实办好；对于那些要求正当但缺乏解决条件的，要做好解释说明，寻求理解和支持，并随着时机的成熟逐步加以解决；对于那些不合理的或不切实际的要求，也要耐心细致

① 马克思，恩格斯．马克思恩格斯文集：第1卷．北京：人民出版社，2009：545.

地讲解政策法规，不要激化矛盾。总之，思想政治教育不要局限于道德的、精神的批判，而要自觉地同人民想在一起、干在一起，揭露批判现实的利益矛盾、解答疏导实际的思想困顿、激发凝聚人们的实践力量，在为人民服务中收获实际的工作成效。

三、重要的思想政治教育启示

《形态》作为在特定的历史背景下形成的一部马克思主义经典著作，开创了新的世界观和方法论，实现了历史的重构。虽然批判的历史对象发生了变化，历史时空发生了转换，但其中蕴含的思想政治教育立场、观点、方法仍带有很强的真理性，不会因历史变迁而失去真理价值，经过时间和实践的淬炼反倒愈发熠熠生辉，对新时代思想政治教育仍有很强的启示意义。

（一）思想政治教育要坚持历史唯物主义

“费尔巴哈”章最突出的理论贡献就是提出了历史唯物主义基本原理。历史唯物主义是基于现实物质实践基础、“改变世界”的实践哲学，是揭示人类社会发展的一般规律，指明社会未来发展方向的科学，是关于承载着现实社会关系的“现实的个人”而不是抽象的人的能动的解放的理论。因此，思想政治教育要始终坚持以历史唯物主义为指导，以“真正的知识”终止“关于意识的空话”①。坚持以历史唯物主义为指导是党的优良传统。“在革命、建设、改革各个历史时期，我们党运用历史唯物主义，系统、具体、历史地分析中国社会运动及其发展规律，在认识世界和改造世界过程中不断把握规律、积极运用规律，推动党和人民事业取得了一个又一个胜利。”② 思想政治教育作为中国共产党的传家宝和生命线，必须把历史唯物主义的核心要义贯穿于党员干部和青少年学习教育全过程，让唯物史观真正成为武装人民群众的强

① 马克思，恩格斯．马克思恩格斯文集：第1卷．北京：人民出版社，2009：526.

② 习近平．坚持历史唯物主义不断开辟当代中国马克思主义发展新境界．求是，2020（2）：4-11.

大思想武器。这就需要我们：第一，学习并掌握社会基本矛盾分析法。依据历史唯物主义的基本原理，只有把生产力和生产关系的矛盾运动同经济基础和上层建筑的矛盾运动结合起来观察，才能全面把握社会的基本面貌和发展方向，深入理解加强和改进新时代思想政治工作的重要性与紧迫性。第二，学习并掌握物质生产是社会生活基础的观点。生产力是推动社会进步的最活跃、最革命的要素，生产力发展是衡量社会发展的根本性的标准。思想政治教育也需要正确运用生产力标准，准确把握思想政治教育与社会经济发展的重大关系，发挥上层建筑的反作用，厚植社会经济基础，推动实现物质不断丰富和人的全面发展的统一。第三，学习并掌握人民群众是历史创造者的观点。历史唯物主义提出了人民是历史创造者的科学观点。以此为遵循，思想政治教育的研究实践必须坚持党的群众路线，紧紧依靠人民，充分发挥人民主体作用，以增进人民福祉为出发点和落脚点。总言之，只有坚持以历史唯物主义为指导，学习好、掌握好、运用好、传授好历史唯物主义，我们才能不断提高对新时代思想政治教育规律的认识，思想政治教育也才能科学地把握理论与实践的关系，成为“描述人们实践活动和实际发展过程的真正的实证科学”①，在中华民族伟大复兴的战略全局和世界百年未有之大变局中实现新的突破发展。

（二）思想政治教育要坚持意识形态性

“意识形态”是阶级意识的体现。马克思、恩格斯指出：“一个阶级是社会上占统治地位的物质力量，同时也是社会上占统治地位的精神力量。”② 这就意味着，统治阶级掌握着意识形态的话语权。思想政治教育是统治阶级保证其精神统治的重要方式，意识形态属性的丧失，势必动摇阶级统治的基础。因此，在社会主义条件下，作为服务于人民民主专政的无产阶级思想政治教育，必须坚持意识形态性。新时代思想政治教育的工作环境、研究对象、实

---

① 马克思，恩格斯．马克思恩格斯文集：第1卷．北京：人民出版社，2009：526.

② 同①550－551.

践范围，以及教育方式都发生了很大变化，但是其根本任务和基本要求没有变，也不能变。第一，要坚持以先进的意识形态为指导。思想政治教育要坚持以马克思主义为指导，巩固马克思主义在意识形态领域的指导地位。在思想政治教育研究与实践中，要贯彻辩证唯物主义和历史唯物主义的世界观和方法论，巩固全党全国人民团结奋斗的共同思想基础，建设具有强大凝聚力和引领力的社会主义意识形态。第二，要加强无产阶级精神生产。思想政治教育要适应精神资料生产的客观需要，实现社会主义国家内部的物质生产和精神生产的分工与合作，完成精神资料生产对社会主义价值观选择和道德伦理判定的现实任务，将符合无产阶级自身阶级属性和阶层利益的社会主义核心价值观根植于每一个人，推动社会主义生产生活资料的持续生产。第三，要警惕并驳斥“淡化意识形态”的观点和行为。习近平指出：“宣传思想阵地，我们不去占领，人家就会去占领。”① 任何一种意识形态的削弱，都是另一种意识形态的加强。因此，“淡化意识形态”实质就是淡化社会主义意识形态，就是强化资本主义意识形态。面对“淡化意识形态”的冲击，我们必须坚持思想政治教育的意识形态性，保持战斗的风格。“对红色地带，要巩固和拓展，不断扩大其社会影响。对黑色地带，要勇于进入，钻进铁扇公主肚子里斗，逐步推动其改变颜色。对灰色地带，要大规模开展工作，加快使其转化为红色地带，防止其向黑色地带蜕变。”② 总之，意识形态是党的一项极端重要的工作，坚持思想政治教育的意识形态性，就是要求我们自觉地运用马克思主义的立场、观点和方法指导思想政治教育学术研究和实践工作，壮大主流思想舆论，使全体人民在理想信念、价值理念、道德观念上紧紧团结在一起。

（三）思想政治教育要坚持以人民为中心

马克思、恩格斯认为：“全部人类历史的第一个前提无疑是有生命的个人的存在。”③ 他们赋予了人民群众历史的主体地位和意识创造者的身份。人是

---

①② 习近平．习近平关于社会主义精神文明建设论述摘编．北京：中央文献出版社，2022：67.

③ 马克思，恩格斯．马克思恩格斯文集：第1卷．北京：人民出版社，2009：519.

思想政治教育最根本的工作对象。习近平指出："做好宣传思想工作，必须解决好'为了谁、依靠谁、我是谁'这个根本问题。"① 思想政治教育必须讲人民性，坚持以人民为中心。新时代思想政治教育必须坚持以人民为中心的宗旨，不断增强人民群众在精神文化层面的获得感。第一，思想政治教育要树立以人民为中心的工作导向，把服务群众与教育引导群众结合起来。坚持用习近平新时代中国特色社会主义思想武装广大人民群众的头脑，提升人民群众的思想政治素质，消除人民群众的思想困惑，帮助人民群众树立正确的世界观、人生观、价值观。第二，思想政治教育要坚持走群众路线，"坚决克服有些宣传报道脱离生活、不接地气、同群众贴得不够紧的问题，坚决克服一味迎合市场带来的低俗化现象"②。思想政治教育必须深入人民群众的现实生活，从广大人民群众的根本利益出发，既要坚持用主流思想理论和社会主义核心价值观教育引导人民，又要不断解决广大人民群众在生产生活中合理的利益诉求，提升人民群众的获得感。第三，思想政治教育要促使人民可以共享一切精神文明建设成果。在生产环节，要坚持以人民为中心的创作导向，推进文化领域供给侧结构性改革，为广大人民群众提供更丰富、更有营养的精神食粮。在分配环节，要加强舆论引导，澄清各种模糊认识，完善公共文化服务体系，努力满足人民群众的合理诉求，促进人民精神生活共同富裕。总之，以人民为中心是历史唯物主义内蕴的思想政治教育原则，人民群众的生存和发展需要就是思想政治教育的基本立足点和最终归宿，必须不断宣传主流价值观来丰富人民的精神生活，努力开创新时代思想政治教育工作新局面。

---

①② 习近平．习近平关于社会主义精神文明建设论述摘编．北京：中央文献出版社，2022：241.

05 马克思主义思想政治教育公开问世

——卡·马克思和弗·恩格斯《共产党宣言》解读

思政金句

共产党一分钟也不忽略教育工人尽可能明确地意识到资产阶级和无产阶级的敌对的对立。

——马克思，恩格斯．共产党宣言//马克思，恩格斯．马克思恩格斯文集：第2卷．北京：人民出版社，2009：66.

共产党人不屑于隐瞒自己的观点和意图。他们公开宣布：他们的目的只有用暴力推翻全部现存的社会制度才能达到。让统治阶级在共产主义革命面前发抖吧。无产者在这个革命中失去的只是锁链。他们获得的将是整个世界。

——马克思，恩格斯．共产党宣言//马克思，恩格斯．马克思恩格斯文集：第2卷．北京：人民出版社，2009：66.

《共产党宣言》(简称《宣言》)是马克思、恩格斯为世界上第一个无产阶级政党——共产主义者同盟撰写的纲领,是国际共产主义运动的第一个纲领性文件。在 1848 年 2 月公开出版的《宣言》第一次完整系统地阐述了马克思主义学说,标志着马克思、恩格斯创立的新世界观的公开问世;第一次实现了工人运动与共产主义的实际结合,标志着马克思主义思想政治教育的公开问世。《宣言》作为科学社会主义的经典文献、马克思主义思想政治教育理论巨著,其传播和运用的历史是马克思主义思想政治教育光辉历程的生动缩影。从思想政治教育的视角重温《宣言》的思想观点、感悟《宣言》的理论意蕴、回溯《宣言》的传播历史、体味《宣言》的辞章艺法,对于推进马克思主义思想政治教育理论研究和实践工作有着重要的启示意义。

一、丰富的思想政治教育思想

《宣言》立意高远,思想深邃,较为系统地论述了无产阶级政党的马克思主义思想政治教育思想,揭示了马克思主义思想政治教育的基本规律,蕴含着丰富的马克思主义思想政治教育思想。

(一)《宣言》揭示了马克思主义思想政治教育的重要地位

马克思、恩格斯在《宣言》中指出:“共产主义革命就是同传统的所有制关系实行最彻底的决裂;毫不奇怪,它在自己的发展进程中要同传统的观念实行最彻底的决裂。"① 第一个决裂指的是在经济领域同私有制决裂，而第二个决裂指的是在思想领域同传统的、与私有制和剥削相适应的社会意识决裂。两个决裂体现了共产党人革命的彻底性。无产阶级革命，不仅要用新的生产力和生产关系革新旧的生产力和生产关系，还要用无产阶级的思想理论和道德观念革新剥削阶级的思想理论和道德观念。事实上，任何革命和变革首先都是思想观念的解放和革新，恩格斯就曾指出："至于说到《宣言》中所提出的那些原则的最终胜利，马克思把希望完全寄托于共同行动和讨论必然会产生的工人阶级的精神的发展。"② 这种精神的发展就是要打破资本主义意识形态下的思想观念，形成共产主义思想道德意识，而仅仅通过无产阶级的自发斗争不能冲破思想上的桎梏。启发无产阶级的阶级觉悟和革命意识，必须要对其进行马克思主义思想政治教育。可以说，离开了马克思主义思想政治教育，无产阶级的历史使命就不可能自觉地完成。因此，我们说《宣言》从战略高度上指出了，马克思主义思想政治教育的完成是无产阶级自我革命的必要保障，也是无产阶级完成历史使命的迫切需要。

（二）《宣言》确立了马克思主义思想政治教育的根本属性

《宣言》指出，"共产党一分钟也不忽略教育工人尽可能明确地意识到资产阶级和无产阶级的敌对的对立"③，揭示了马克思主义思想政治教育鲜明的意识形态性，指明了其本质就是意识形态的灌输和教化。马克思、恩格斯指出要使工人"尽可能明确地意识到资产阶级和无产阶级的敌对的对立"，一方面意味着，马克思主义思想政治教育要努力使工人明确认识到自身被压迫的现实，意识到资产阶级和无产阶级直接的、不可避免的对立，认识到无产阶级自身的先进性及其伟大的阶级任务和历史使命；另一方面意味着，在无产阶级明确认识到阶级对立的事实后，马克思主义思想政治教育要激发和培育无产阶级的阶级意识，使他们认识到"资产阶级的灭亡和无产阶级的胜利是

① 马克思，恩格斯．马克思恩格斯文集：第 2 卷．北京：人民出版社，2009：52.

② 同①20.

③ 同①66.

同样不可避免的”①，要引导无产阶级积极投身到革命中，实现由自发的斗争向自觉的阶级斗争转变，实现自身的解放，进而实现全人类的解放。总言之，马克思主义思想政治教育本质上就是将马克思主义科学真理灌输到无产阶级的头脑中，不断教化和锻造无产阶级的阶级意识，以此来启发和指引无产阶级的革命与实践。

（三）《宣言》明晰了马克思主义思想政治教育的根本目标

在《宣言》中，马克思、恩格斯提出了共产主义是“自由人联合体”的构想。“在那里，每个人的自由发展是一切人的自由发展的条件。”② 这实际地指出了马克思主义思想政治教育工作的根本目标。在回应资产阶级责难共产党人消灭了家庭时，马克思、恩格斯驳斥道：“而你们的教育不也是由社会决定的吗？不也是由你们进行教育时所处的那种社会关系决定的吗?”③ 在他们看来，教育是由社会决定的，其性质随着社会关系的变化而变化。教育的目的就是培养人、引导人和塑造人，教育在不同的社会中有着不同的培育人的目标。马克思主义思想政治教育是为共产主义社会服务的，是围绕无产阶级实现自身解放和人类解放的历史使命而展开的，所以要始终坚持促进人的自由全面发展的根本价值目标。马克思、恩格斯指出，人的全面发展是历史的，是一个从“人的依赖关系”走向“以物的依赖性为基础的人的独立性”再走向“自由个性”的过程④。在新时代，马克思主义思想政治教育要肩负培养德智体美劳全面发展的社会主义建设者和接班人，培养“担当民族复兴大任的时代新人”⑤ 的使命，为中国的社会主义事业准备队伍，为中华民族的伟大复兴提供人才。

---

① 马克思，恩格斯．马克思恩格斯文集：第 2 卷．北京：人民出版社，2009：43.

② 同①53.

③ 同①49.

④ 马克思，恩格斯．马克思恩格斯文集：第 8 卷．北京：人民出版社，2009：52.

⑤ 举旗帜聚民心育新人兴文化展形象 更好完成新形势下宣传思想工作使命任务．人民日报，2018－08－23（1）.

（四）《宣言》设计了马克思主义思想政治教育的基本内容

《宣言》作为共产党的纲领，对共产党人思想政治理论教育内容进行了设计和阐释。马克思、恩格斯在《宣言》中指出：首先，要向工人阶级讲清楚资本主义产生、发展以及灭亡的历史规律，讲清楚资产阶级和无产阶级的阶级对立，讲清楚无产阶级的先进性，使工人阶级深刻认识到“他们在当前的运动中同时代表运动的未来”①。其次，要阐明共产党的纲领、宗旨和革命目标，同时通过介绍共产党的斗争策略，为无产阶级提供行动上的指导。最后，要对各种社会主义和共产主义的错误思想进行批驳，这些错误思想“完全不能理解现代历史的进程”②，并且大部分都是“卑鄙龌龊的、令人委靡的”③。只有接受这些内容的教育，无产阶级才能充分认识到共产主义理想的崇高性和科学性，认识到共产主义运动的必然性和现实性。在新时代，马克思主义思想政治教育要引导人们客观认识世界发展态势和中国发展趋势，客观认识社会主义和资本主义的关系，准确把握中国共产党的历史使命和现实任务，特别是在与西方意识形态长期斗争和较量的大背景下，着力加强意识形态安全教育、理想信念教育和党的路线方针政策教育。

（五）《宣言》提出了马克思主义思想政治教育的独特方法

恩格斯在《〈共产党宣言〉1888 年英文版序言》中说道：“反资本斗争中的种种事件和变迁——失败更甚于胜利——不能不使人们认识到他们的各种心爱的万应灵丹都不灵，并为他们更透彻地了解工人阶级解放的真正的条件开辟道路。”④ 在这里，恩格斯实际上指出了马克思主义思想政治教育中的自我教育法。无产阶级的自我教育与其他阶级的自我教育和外在的硬性灌输是不同的，一方面，无产阶级在革命的实践过程中可以自我觉悟与自发实践；

---

① 马克思，恩格斯．马克思恩格斯文集：第 2 卷．北京：人民出版社，2009：65.
② 同①54.
③ 同①60.
④ 同①12.

另一方面，无产阶级的先进政党和组织可以对本阶级一般成员进行说服和教育。无产阶级及其政党主动开展的教育与自我教育，最能够体现无产阶级及其政党的历史主动性，是人的主体性发挥的高度展示与表现。教育应当从受教育者角度出发，自我教育的教育方法满足了受教育者主体性发展的需要，实现了受教育者的自我认知、自我调控和自我评价，有利于提高马克思主义思想政治教育的效率和效果。在新时代，我们要挖掘自我教育法的独特价值，马克思主义思想政治教育不能依靠僵化的教条主义，强迫受教育者去无条件地服从和接受教育内容，而应当通过思想交流和社会实践让受教育者进行自我甄别、自我提高，进而在实践中自觉选择正确的道路。

二、精辟的思想政治教育论断

作为马克思主义思想政治教育的重要文献，《宣言》包含着许多思想深刻、表达精练的思想政治教育论断，这些精辟的论断为新时代马克思主义思想政治教育提供了理论基点和实践指引。

（一）论断一：任何一个时代的统治思想都是统治阶级的思想

在考察人类社会思想的发展历程时，马克思、恩格斯得出了这样一个基本结论："思想的历史除了证明精神生产随着物质生产的改造而改造，还证明了什么呢？任何一个时代的统治思想始终都不过是统治阶级的思想。"[①] 思想政治教育是一定的阶级运用一定的思想观念、政治观点、道德规范来影响、教育社会成员的实践活动，这一活动在人类社会普遍存在。每一个阶级，为了统一思想、凝聚共识，都要通过思想政治教育来教化和吸纳本阶级及其他阶级的成员。因此，思想政治教育的生成和发展既是由阶级社会物质生产关系所决定的，也是统治阶级为维护和实现自身利益和统治的需要。在《宣言》

① 马克思，恩格斯．马克思恩格斯文集：第 2 卷．北京：人民出版社，2009：51.

中，马克思、恩格斯明确指出“共产党人并没有发明社会对教育的作用”①，马克思主义思想政治教育也不例外，也是由无产阶级及其政党开展的运用马克思主义来影响、教育和争取工人群众的活动，以期使工人群众认识到自己的阶级属性和阶级使命。但是，与其他阶级特别是资产阶级的思想政治教育不同的是，无产阶级的思想政治教育不是要维护自身阶级统治，而是要“改变这种作用的性质，要使教育摆脱统治阶级的影响”②，其思想政治教育具有正义性，它为了实现人的自由而全面的发展，让教育成为社会的教育，“变为公共的、属于社会全体成员的财产”③。

（二）论断二：共产党人不屑于隐瞒自己的观点和意图

在《宣言》中，马克思、恩格斯振聋发聩地指出：“共产党人不屑于隐瞒自己的观点和意图。他们公开宣布：他们的目的只有用暴力推翻全部现存的社会制度才能达到。让统治阶级在共产主义革命面前发抖吧。无产者在这个革命中失去的只是锁链。他们获得的将是整个世界。”④ “不屑于隐瞒自己的观点和意图”旗帜鲜明地表明了共产党人的担当意识和坚定信念。和以往的那些阶级千方百计地掩盖教育的阶级属性不同，共产党人不仅揭露了资产阶级利用教育来蒙蔽人们的思想意识、实现阶级统治的事实，还直言不讳地表示共产党人对群众开展的思想教育是鲜明的阶级教育，同时“简要、清楚、准确地宣布党所努力争取和为之斗争的一切目标”⑤，公开表示要培育无产阶级的阶级意识，最终通过革命推翻现有的阶级统治，实现全人类的自由和解放。马克思、恩格斯的这一论断，不仅为马克思主义思想政治教育奠定了底气和信心，也表明了我们旗帜鲜明开展马克思主义思想政治教育的坚决态度。开展马克思主义思想政治教育要“理直气壮”，要坚持用马克思主义的立场、观点和方法进行思想政治教育。马克思主义思想政治教育要始终坚持意识形

①② 马克思，恩格斯．马克思恩格斯文集：第2卷．北京：人民出版社，2009：49.

③ 同①46.

④ 同①66.

⑤ 列宁．列宁全集：第7卷．2版增订版．北京：人民出版社，2013：144.

态性，坚持正面教育为主、显性教育为主的原则，不能淡化意识形态属性。

（三）论断三：共产党一分钟也不忽略对工人进行明确的阶级意识教育

《宣言》指出，“共产党一分钟也不忽略教育工人尽可能明确地意识到资产阶级和无产阶级的敌对的对立”[①]。这一论断指出了马克思主义思想政治教育的必要性、紧迫性和长期性。首先，马克思主义思想政治教育是无产阶级事业的重要组成部分，是无产阶级政党不容忽略的重要任务。无产阶级政党要实现共产主义的伟大历史使命，必须通过对工人群众进行阶级意识的灌输和引导，启发他们的革命觉悟和革命意志。其次，马克思主义思想政治教育是“立即开始斗争”所要的立刻利用的武器。解放资本主义社会下工人阶级悲惨的生活状况，要先进行思想解放，而马克思主义思想政治教育正是实现思想解放的最先进、最有效的手段。最后，马克思主义思想政治教育是一个长期、反复的过程。与消灭传统的私有制相比，消灭传统的观念是一个相对漫长和复杂的阶段，这是由意识形态的相对独立性决定的。马克思主义思想政治教育不是一蹴而就的，需要绵绵用力、久久为功。同时，这个漫长的过程也不是一帆风顺的，教化和引导人们思想观念的因素有很多，而马克思主义思想政治教育只是其中的一种，在各种因素的影响下，马克思主义思想政治教育要重复施教、改革创新。为了保证教育效果，马克思主义思想政治教育是一分钟也不能被忽略的。

（四）论断四：把教育同物质生产结合起来

马克思、恩格斯在对社会主义社会提出政策建议时指出：“对所有儿童实行公共的和免费的教育。……把教育同物质生产结合起来，等等。”[②] 劳动是人与动物的本质区别，是人的本质，是实现人的全面发展的必要途径。劳动创造价值，创造幸福，但是在资本主义社会中，劳动却成了资产阶级压迫工

① 马克思，恩格斯．马克思恩格斯文集：第 2 卷．北京：人民出版社，2009：66.

② 同①53.

人的手段，成了一种单纯的、枯燥的工具性劳动，并没有体现人的本质。为实现对人的真正教育，马克思、恩格斯认为劳动和教育相结合是十分必要的。马克思主义思想政治教育不能忽视生产实践对人的塑造作用，要将思想理论教育与劳动实践教育紧密结合。事实上，“劳教结合”一直都是社会主义培养人才的方针原则。列宁指出，“没有年轻一代的教育和生产劳动的结合，未来社会的理想是不能想象的”①。习近平也指出：“要在学生中弘扬劳动精神，教育引导学生崇尚劳动、尊重劳动，懂得劳动最光荣、劳动最崇高、劳动最伟大、劳动最美丽的道理，长大后能够辛勤劳动、诚实劳动、创造性劳动。”② 劳动教育是中国特色社会主义教育制度的重要内容，直接决定社会主义建设者和接班人的劳动精神面貌、劳动价值取向和劳动技能水平。新时代思想政治教育要把劳动的种子深植青少年心中，树立劳动是一切幸福的源泉的观念，树立崇尚劳动、热爱劳动、辛勤劳动、诚实劳动的观念，树立劳动没有高低贵贱之分、任何一份职业都很光荣的观念，让青少年热爱劳动、勤于劳动、善于劳动，不断在劳动中提升综合素质，促进全面发展，成长为堪当民族复兴重任的时代新人。

三、重要的思想政治教育启示

《宣言》不仅为马克思主义思想政治教育提供了理论基础，还为推动新时代马克思主义思想政治教育理论创新和实践创新提供了重要的启示。

（一）马克思主义思想政治教育要旗帜鲜明坚持党性

《宣言》详细阐述了无产阶级政党的纲领，指明了无产阶级政党的性质、特点、斗争策略和历史使命，指明了坚持党性是马克思主义思想政治教育最根本的要求。马克思主义思想政治教育与“传统的教育”有着根本的区别，

① 列宁．列宁全集：第2卷．2版增订版．北京：人民出版社，2013：463.

② 坚持中国特色社会主义教育发展道路 培养德智体美劳全面发展的社会主义建设者和接班人．人民日报，2018-09-11（1）.

它有一以贯之的马克思主义科学信仰和无产阶级的政治立场。马克思主义思想政治教育的党性，从本质上讲，就是其政治性、阶级性和意识形态性的集中体现与统一。如果忽略甚至否认了党性，马克思主义思想政治教育就会陷入泛德育化、泛心理化和淡意识形态化的误区。具体来说，马克思主义思想政治教育要旗帜鲜明坚持党性可以从以下几个方面入手：一是价值层面。要坚持马克思主义的领导地位，坚定不移地坚持马克思主义思想政治教育意识形态灌输和教化的本质属性，发挥意识形态和社会价值引导的功能。二是内容层面。要将党的思想理论教育和党的基本路线方针政策教育纳入马克思主义思想政治教育的主要内容中，加深人民群众对党的理论和实践的认同。三是方法层面。要坚持和发扬党的马克思主义思想政治教育的传统方法——理论灌输法。这种灌输法并非我们一贯认为的僵化了的“填鸭式”理论教育法，而是强调受教育者自觉学习与理解思想政治理论的方法。

（二）马克思主义思想政治教育要坚决批驳错误思潮

在《宣言》中，马克思、恩格斯在唯物史观的基础上运用了历史分析法、矛盾分析法和阶级分析法科学地批驳了反动的社会主义、保守的或资产阶级的社会主义、批判的空想的社会主义和共产主义等思潮，分析了这些思潮的阶级本质和社会作用，划清了科学社会主义思想与这些社会主义思潮的界限，阐明了科学社会主义思想是符合历史发展规律的，凸显了其科学性，为无产阶级革命斗争指明了方向。新时代，意识形态领域的斗争仍旧严峻。在国际上，社会主义和资本主义两种意识形态的较量从未停止；在国内，我们又面临着历史虚无主义、宪政民主主义、新自由主义等错误思潮的侵扰和渗透。面对这样的情况，马克思主义思想政治教育工作者要像马克思、恩格斯那样，有责任意识和担当精神，敢于发声、发力、发威，直面多种社会思潮的挑战，对错误思潮和倾向要坚决批驳。一方面，要用马克思主义的立场、观点和方法对错误思潮进行客观合理的分析，通过科学阐明错误思潮的特点与实质，来提升人民群众辨别、摒弃错误思潮的能力，用真理说服群众、赢得人心。另一方面，要推进马克思主义中国化、时代化和大众化，使群众真学、真懂、真信、真用马克思主义。

（三）马克思主义思想政治教育要利用愿景唤起激情

《宣言》描绘了未来社会愿景："代替那存在着阶级和阶级对立的资产阶级旧社会的，将是这样一个联合体，在那里，每个人的自由发展是一切人的自由发展的条件。"[①] 马克思、恩格斯不仅阐明了共产主义是历史发展的必然趋势，而且描绘了没有阶级对立、没有压迫、没有贫穷、每个人自由发展的共产主义社会美好愿景，表明了共产主义并不是虚无缥缈的空中楼阁。美好愿景的描绘使工人群众建立了牢固的共产主义信仰，唤起了无产阶级的革命激情，激发了无产阶级的革命斗志，激励着代代共产党人坚定不移地为全人类的解放而奋斗。千千万万共产党员在共产主义理想信念的支撑下，为了实现共产主义愿景前仆后继，使社会主义从空想成为现实。为了激发受教育者的接受意愿，更好地提高教育效果，在教育过程中讲清楚人类社会的光明愿景是很有必要的。新时代，马克思主义思想政治教育既要立足现实，又要面向未来，要讲清楚中国特色社会主义的光明愿景，讲清楚中华民族伟大复兴的光明愿景，马克思主义思想政治教育要通过各种方式将新时代的美好愿景植入人民心中，激发人民群众对幸福美好生活的向往，激励人民群众投身到新时代中国特色社会主义的建设中。

（四）马克思主义思想政治教育要善于运用辞章艺法

《宣言》作为马克思、恩格斯所有著作中流传最广、影响最大的著作，在出版后的170多年内，先后被翻译为200多种文字，拥有着数千个版本，是世界上传播最广的社会政治哲学著作。究其原因，不仅仅在于《宣言》纲领性文件的性质和振聋发聩的文字内容，还在于《宣言》对辞章艺法的杰出运用。《宣言》言简意赅、振奋人心，不仅深刻地阐明了道理，还达到了情绪感染和行动激励的效果。要提高马克思主义思想政治教育的有效性也要善于运

① 马克思，恩格斯．马克思恩格斯文集：第2卷．北京：人民出版社，2009：53.

用辞章艺法。首先，要有深刻而彻底的思想，做到以理服人。深刻而彻底的思想是进行马克思主义思想政治教育的前提和基础。话语必须要以思想为内核，立场要鲜明，说理要朴实，不能因形势严峻而模糊立场，不能为吸引人而故弄玄虚，更不能因理论深奥而停留在表面。其次，要有真挚而强烈的情感，做到以情动人。情绪是人们行为的爆破口，情绪的互动和共鸣能够有效推动受教育者接纳与践行马克思主义思想政治教育内容。新时代的马克思主义思想政治教育要让有信仰的人讲信仰，用非凡的魅力吸引人，用深沉的情怀感染人，用高昂的激情激励人，熟练运用语言艺术。最后，要用植根于社会实践的鲜活语言。马克思主义思想政治教育要想提高有效性，内容就要植根于生动而丰富的社会实践，要真正了解并满足人民群众的精神需求，要将生涩的政治话语、理论话语转换成鲜活的时代话语、生活话语。

06 思想政治教育崭新实践的经验总结

——卡·马克思《法兰西内战》解读

思政金句

工人阶级充分认识到自己的历史使命，满怀完成这种使命的英勇决心，所以他们能够笑对那些摇笔杆子的文明人中之文明人的粗野谩骂，笑对好心肠的资产阶级空论家的训诫。

——马克思．法兰西内战//马克思，恩格斯．马克思恩格斯文集：第3卷．北京：人民出版社，2009：159.

必须经过长期的斗争，必须经过一系列将把环境和人都加以改造的历史过程。

——马克思．法兰西内战//马克思，恩格斯．马克思恩格斯文集：第3卷．北京：人民出版社，2009：159.

《法兰西内战》（简称《内战》）是巴黎公社最后一批战士倒在拉雪兹公墓的两天后，马克思于 1871 年 5 月在国际工人协会总委员会的支持下公开颂扬巴黎无产阶级和革命群众英勇斗争精神的经典文本，为巴黎公社树立了一座不朽的纪念碑。马克思在这部著作中总结了世界上第一个无产阶级政权——巴黎公社革命和建设的经验，精辟地分析了巴黎公社的发展过程和历史意义。《内战》在无产阶级运动史上具有很高的历史地位和价值。恩格斯认为，马克思对巴黎公社经验的总结，体现了“惊人的才能”[①]；列宁认为，这是“马克思主义在国家问题上的最高成就”[②]。从思想政治教育的视角看，《内战》是马克思总结巴黎公社经验并开展思想政治教育的重要文献，研读其中丰富的思想政治教育思想、精辟的思想政治教育论断、重要的思想政治教育启示，对于思想政治教育理论创新和实践创新都具有重要价值。

一、丰富的思想政治教育思想

《内战》总结了巴黎公社的经验，深入剖析了法国资产阶级政府、普鲁士侵略者和参与巴黎公社的无产阶级的相互关系，描述了巴黎公社发生的背景和经过，阐释了巴黎公社建立无产阶级政权的历史意义，科学论述了无产阶

① 马克思，恩格斯．马克思恩格斯文集：第 3 卷．北京：人民出版社，2009：99.

② 列宁．列宁选集：第 3 卷．3 版修订版．北京：人民出版社，2012：177.

级专政的存在样态。将《内战》作为思想政治教育的经典文献来研读，就会发现其中丰富的思想政治教育思想。

（一）《内战》指明了思想政治教育的重要内容——阶级意识教育

《内战》揭露了资产阶级在阶级斗争中的丑恶嘴脸，指出："每当资产阶级秩序的奴隶和被压迫者起来反对主人的时候，这种秩序的文明和正义就显示出自己的凶残面目。"[①] 这表明阶级斗争在资本主义社会中是异样激烈的。对于无产阶级而言，"现代工业的进步促使资本和劳动之间的阶级对立更为发展、扩大和深化"[②]。在第四章中，马克思描述了巴黎公社成员惨遭梯也尔政府屠杀的详细过程，揭露了无产阶级惨遭屠杀背后的阶级斗争实质，深刻批判了资产阶级宣扬所谓"文明和正义"背后的丑陋现实，指出阶级斗争会在无产者和资本家之间完全展现出来。"公社并不取消阶级斗争，工人阶级正是通过阶级斗争致力于消灭一切阶级，从而消灭一切阶级统治……但是，公社提供合理的环境，使阶级斗争能够以最合理、最人道的方式经历它的几个不同阶段。"[③] 阶级斗争是阶级社会历史发展的基础和动力，阶级斗争理论是了解和把握阶级社会发展的一把钥匙。马克思在《内战》中结合史实进一步谈论了阶级斗争的问题，他认为资产阶级统治是一种国家政权取得凌驾于社会之上的统治形式，而公社通过阶级斗争的方式将国家政权重新收回，使社会重新充满活力。

阶级斗争理论是马克思主义的基本理论，须臾不能忘却。不通过阶级斗争就不可能实现社会主义，不通过阶级斗争也不可能巩固社会主义。马克思主义思想政治教育的重要任务就是运用马克思主义的立场、观点和方法教育和引导无产阶级认清自己的阶级地位，运用阶级分析的方法认识到无产阶级解放事业的历史必然性和事业崇高性，最终在取得国家政权的基础上逐渐通过生产的社会化实现人的全面解放。思想政治教育要使无产阶级认识到阶级

---

① 马克思，恩格斯．马克思恩格斯文集：第3卷．北京：人民出版社，2009：173-174.
② 同①152.
③ 同①198.

斗争的历史必然性，要运用先进的思想理论和合理的教育方式激发无产阶级的革命主动精神。一方面，思想政治教育要通过回顾历史、分析事实使无产阶级认识到自身被压迫的经济历史根源，搞清楚自己在阶级斗争中的处境状况，明确自身承担的伟大使命；另一方面，思想政治教育要以实践为导向，鼓励无产阶级积极投身到革命运动中，以实际的革命斗争维护自身的利益，推动革命的发展。当前，我们对社会主义社会的阶级斗争问题应该有一个科学的、实事求是的估量。邓小平指出："社会主义社会中的阶级斗争是一个客观存在，不应该缩小，也不应该夸大。实践证明，无论缩小或者夸大，两者都要犯严重的错误。"① 思想政治教育有着鲜明的政治立场，这个立场就是马克思主义政治立场，就是阶级立场，就是运用阶级分析方法认识社会现象的立场。当前，我们说阶级斗争已经不再是我国社会主要矛盾，并不是说阶级斗争在一定范围内不存在了，在国际大范围内也不存在了。思想政治教育应善于运用马克思主义阶级分析的观点和方法，坚持政治方向，明辨大是大非。面对百年未有之大变局，阶级理论和阶级分析方法始终是我们观察社会主义与各种敌对势力复杂政治斗争现象的一把钥匙。

（二）《内战》明确了思想政治教育的重要对象——农民

在第三章中，马克思阐明了公社对待农民的态度，赞扬了公社团结农民的举措。马克思认为巴黎公社首先"代表的是法国农民的利益"②，它通过废除征兵制、推行廉价政府等系列举措把农民"从抓住他们那小块土地的典押债魔的手中解放出来"③。马克思列举了资产者们在历史上对农民加征血税的罪恶行径，向农民证明代表资产者利益的凡尔赛政府会以同样的方式将战争赔款转嫁到农民身上，正面向农民宣传"公社的胜利是他们的唯一希望"④，由此证明公社"代表的是法国农民的利益"⑤。反观"乡绅议员们"十分惧怕

---

① 邓小平．邓小平文选：第 2 卷．2 版．北京：人民出版社，1994：182.

②③ 马克思，恩格斯．马克思恩格斯文集：第 3 卷．北京：人民出版社，2009：200.

④ 同②160.

⑤ 同②.

巴黎公社根据农民实际情况开展宣传鼓动工作，极力阻碍公社吸纳农民加入革命队伍，因为他们深知："农民很快就会欣然接受城市无产阶级为他们自己的领导者和老大哥！"[①] 一旦如此，他们将"随时遭到剥夺"[②]。马克思之所以重视农民，是因为农民是无产阶级天然的同盟军，没有农民的参加，无产阶级革命"在一切农民国度中的独唱是不免要变成孤鸿哀鸣的"[③]。因此，无产阶级思想政治教育，一方面要通过做思想工作、动员工作争取和团结农民这一重要的革命力量，另一方面又要不断教育农民，提升其阶级意识和阶级觉悟，使其认识到自身利益与资产阶级利益的对立关系。

中国作为一个农业人口占多数的发展中大国，农民历来是中国共产党思想政治教育的重点群体。中国共产党在继承马克思主义经典作家的农民教育理论基础上，在实践中丰富和发展了具有中国特色的农民思想政治教育理论，在革命、建设、改革和新时代各个时期都充分动员、宣传和教育了农民。早在大革命时期，毛泽东就明确提出，"农民问题乃国民革命的中心问题，农民不起来参加并拥护国民革命，国民革命不会成功"[④]。他在湖南农民运动考察报告中明确提出了针对农民"普及政治宣传"的重大命题[⑤]。以毛泽东同志为主要代表的中国共产党人在实践中紧紧依靠农民，创造性地开辟了农村革命根据地，开辟了农村包围城市、武装夺取政权的革命道路，最终取得了新民主主义革命的胜利。新中国成立后，中国共产党坚持对农民进行社会主义思想教育、文化知识教育、农业技术教育，极大激发了农民建设社会主义新中国的积极性和主动性；改革开放以来，中国共产党加强农村精神文明建设，提升农民的思想道德素质和科学文化素质。新时代新征程，乡村振兴，既要塑形，更要铸魂，焕发文明新气象。农村基层思想政治教育作为乡村治理的关键环节和有效手段，一直以来发挥着联系群众、凝聚共识、文明乡风、整合乡村的作用。要加强农村思想文化阵地建设，广泛开展文明乡风教育，强

---

① 马克思，恩格斯．马克思恩格斯文集：第3卷．北京：人民出版社，2009：201.

② 同①202.

③ 马克思，恩格斯．马克思恩格斯文集：第2卷．北京：人民出版社，2009：573注①.

④ 中共中央文献研究室．毛泽东文集：第1卷．北京：人民出版社，1993：37.

⑤ 毛泽东．毛泽东选集：第1卷．2版．北京：人民出版社，1991：34.

化社会主义核心价值观的支撑与引领，大力弘扬农村优秀传统文化，推动形成文明乡风、良好家风、淳朴民风，提升农民的思想道德水平，培育积极向上的乡村风气，塑造心态阳光的新时代农民。

（三）《内战》批判了资产阶级宣传舆论的专制欺骗性

在第四章中，马克思提道："现在再来看一看这种资产阶级文明由它自己的报刊所描绘的另一副更加丑恶的面貌吧。"① 马克思批判梯也尔政府不仅通过暴力手段来扼杀无产阶级革命，还不遗余力地运用资产阶级的宣传工具来诋毁巴黎公社。马克思坚决驳斥了这种恶行，指出真相是梯也尔政府对巴黎公社战士进行了大屠杀和残酷虐待，且他们在胜利后大摆筵席，疯狂庆祝，革命者的英勇和资本家的无耻在这里形成了鲜明的对比，表明："这个建立在劳动奴役制上的罪恶的文明，每次血腥地战胜了为实现美好新社会而献身的斗士时，都要把牺牲者的呻吟淹没于在世界各地都可听到回音的大喊大叫的诽谤声中。"② 这就彻底揭示了资产阶级宣传舆论的专制欺骗本性，要求马克思主义思想政治教育不仅要教育无产阶级树立革命信念，还要肩负着揭露资产阶级宣传工具的专制性和内容欺骗性的使命。

资产阶级意识形态及其教化是马克思主义思想政治教育必须探讨的议题，只有知己知彼，才能更好地明确马克思主义思想政治教育的立场、目的和内容。马克思、恩格斯对资产阶级意识形态本质的批判直接彰显了马克思主义的批判特质，体现了理论批判和实践批判的基本精神。马克思、恩格斯揭露了资产阶级思想政治教育的目的，即资产阶级通过宗教传播、宣传报道、道德教化等诸多手段来为自己的压迫统治辩护，利用自己在意识形态领域的绝对控制权来主导舆论，运用宣传舆论打压无产阶级，以期压制革命思想传播和限制舆论自由。这就要求马克思主义思想政治教育必须坚持发扬批判精神，深刻批判资产阶级舆论对无产阶级革命运动、建设成就、远大信心的诋毁，

① 马克思，恩格斯．马克思恩格斯文集：第3卷．北京：人民出版社，2009：174.

② 同①175.

揭露资产阶级运用宣传工具对人民群众进行奴役教化的本质，在批判了资产阶级宣传舆论的专制欺骗性基础上旗帜鲜明地反对和抵制各种错误思潮，针对不怀好意的资产阶级媒介舆论攻击有理有据地展开回应。此外，马克思主义思想政治教育在“破”的同时也要“立”，坚持有破有立、破立并举，要从建构角度出发重新审视如何更好地开展舆论宣传工作，要坚持马克思主义指导地位，要坚持正面宣传为主，要坚持团结、稳定、鼓劲的价值取向。在事关大是大非和政治原则的问题上，应当毫不含糊地发出声音、表明立场、引导舆论，为社会主义现代化建设营造良好氛围。

二、精辟的思想政治教育论断

《内战》不仅有丰富的马克思主义思想政治教育思想，还有许多见解独到、意蕴丰富的思想政治教育论断。

（一）论断一：工人阶级不能简单地掌握现成的国家机器，并运用它来达到自己的目的

在第三章开篇中论述公社性质时，马克思肯定中央委员会关于无产者“掌握公共事务的领导以挽救时局”“夺取政府权力以掌握自己的命运”的宣言后，旗帜鲜明地提出：“工人阶级不能简单地掌握现成的国家机器，并运用它来达到自己的目的。”[①] 这一论断指明，无产阶级革命不是王朝更替，不是资产阶级政党的轮流上台，而是根本性的权力变化，是由剥削者掌握政权变为人民掌握政权。马克思的意思是无产阶级国家代替资产阶级国家，非通过暴力革命不可。工人阶级应当打碎、摧毁“现成的国家机器”，而不只是简单地夺取这个机器。破坏资产阶级的官僚军事国家机器是任何一次真正的人民革命的先决条件，因为，长久以来，人民深受官僚军事国家机器的压迫、摧残和剥削。无产阶级革命胜利后，要建立新的无产阶级专政的国家政权。在

① 马克思，恩格斯．马克思恩格斯文集：第 3 卷．北京：人民出版社，2009：151.

这样的条件下，“公社体制会把靠社会供养而又阻碍社会自由发展的国家这个寄生赘瘤迄今所夺去的一切力量，归还给社会机体”①。但是在这“打碎”过程中不仅要打碎作为政治上层建筑的国家机器的物质力量，也要打碎作为思想政治上层建筑的意识形态的精神力量。因为打碎资产阶级意识形态这一作为压迫工具的精神力量，“不但人人都能受教育，而且科学也摆脱了阶级偏见和政府权力的桎梏”②。

思想政治教育在这一过程中有着重要的地位和独特的作用，不仅要揭露旧的资产阶级上层建筑的本质，批判资产阶级意识形态的阶级性、虚假性、欺骗性，以科学真理击碎虚假意识形态，也要致力于探索建构具有引领力和凝聚力的、具有社会主义性质的、维护无产阶级利益的意识形态。当前意识形态领域的斗争形势严峻，历史虚无主义、新自由主义等错误社会思潮的渗透无处不在，尤其是西方国家利用我国深化改革开放、建设社会主义市场经济的契机渗透各种资本主义意识形态。在世界百年未有之大变局下，意识形态领域很不平静，有时甚至是惊涛骇浪，风险和挑战日渐激烈。这在客观上要求思想政治教育发挥主流意识形态灌输和教化的作用，理性甄别、科学研判各种思潮和观点，以马克思主义科学真理批驳错误思潮，以更有效的举措，牢牢掌握意识形态工作领导权，持续加强社会主义意识形态建设，巩固拓展意识形态阵地，更好服务党和国家中心工作，更好统一思想、凝魂聚力。特别是要积极发挥思想理论铸魂育人、立德树人的作用，抓好党员干部和青少年两大重点群体，提升他们的马克思主义理论素养，确保中国特色社会主义事业后继有人。

（二）论断二：必须经过长期的斗争，必须经过一系列将把环境和人都加以改造的历史过程

马克思在《内战》中明确揭示了巴黎公社的性质：“工人阶级不是要实现什么理想，而只是要解放那些由旧的正在崩溃的资产阶级社会本身孕育着的

---

① 马克思，恩格斯．马克思恩格斯文集：第3卷．北京：人民出版社，2009：157.

② 同①155.

新社会因素。”[①] 这表明工人阶级意识的觉醒，他们想要打破旧的国家牢笼限制，解放新的更先进的生产力，成为可以主宰自己命运的主人。但巴黎公社失败的命运也同时说明：“每当资产阶级秩序的奴隶和被压迫者起来反对主人的时候，这种秩序的文明和正义就显示出自己的凶残面目。”[②] 这就说明在当时的条件下，历史发展的进程还没到达无产阶级可以反抗资产阶级独立政权的阶段，巴黎公社并没有做好长期教育群众开展斗争的准备。换言之，这场革命所要推翻的资本主义制度还远未失去其生存和发展的历史空间，而这场革命所要建立的新社会制度还未具备其产生所必备的历史条件。

这一论断为思想政治教育认识开展意识形态灌输的长期性和艰巨性提供了现实参考和理论依据。思想政治教育是做人的工作，人们思想觉悟的提高、正确观点的形成不是一朝一夕就能实现的，而是一个长年累月的过程，必须绵绵用力、久久为功。思想政治教育作为中国共产党一切工作的“生命线”，肩负着教育引导广大人民群众坚定共产主义信念的崇高使命，是一个长期的、持续的教育过程。在这个过程中影响和干扰人们思想的因素有很多，要想确保人民有理想、尊道德、讲文明、树新风，不被腐朽落后、消极负面、错误反动的思想因素所影响，就要充分发挥思想政治教育的教育作用。因此，要按照思想政治教育的特点和规律，在经常性、日常化教育上下功夫，要保持韧劲和恒心，推进思想政治教育常态化制度化。思想政治教育要壮大主流舆论，宣扬正能量，同时要定期研究思想政治工作的新情况、新形势，及时关注倾向性、苗头性问题。要推进思想政治教育的常态化，建立健全日常性思想政治工作制度等，以制度保证思想政治工作常态化、严格化，真正把“软要求”变成“硬约束”。要增进思想政治教育的有效性，思想政治工作最忌夸夸而谈、走马观花，只有在“实”字上下功夫，开展思想政治工作才能有的放矢，得心应手，走深走实。

---

① 马克思，恩格斯．马克思恩格斯文集：第3卷．北京：人民出版社，2009：159.

② 同①173－174.

(三) 论断三：工人阶级充分认识到自己的历史使命，满怀完成这种使命的英勇决心，所以他们能够笑对那些摇笔杆子的文明人中之文明人的粗野谩骂，笑对好心肠的资产阶级空论家的训诫

马克思在《内战》中论述了工人阶级创立公社的最初目的："不是要实现什么理想，而只是要解放那些由旧的正在崩溃的资产阶级社会本身孕育着的新社会因素。"[①] 这同时也是工人阶级的历史使命，他们在马克思主义科学理论的教育引导下明确自己的阶级使命后，可以充分发挥人民群众卓越的历史首创精神，发动"工人阶级作为唯一具有社会首创能力的阶级得到公开承认的第一次革命"[②]，并且继续用高昂奋进的精神状态开展建设新社会的尝试探索。这说明无产阶级一旦觉醒就会具有坚决彻底的革命性和大无畏的精神状态。涵养人民群众的精神状态，激发人民群众的精神力量是思想政治教育责无旁贷的使命。

人民群众的精神状态本质上是人民群众世界观、人生观和价值观的外在呈现，是人民群众所具备的品质、素养和能力的综合展示。"良好的精神状态，是做好一切工作的重要前提。"[③] 无数历史事实和实践充分证明，良好的精神状态至关重要，它就是形象、就是意志、就是力量。非革命不足以成其事，无精神不足以发其新。从新民主主义革命时期"浴血奋战、百折不挠"到社会主义革命和建设时期"自力更生、发愤图强"，到改革开放和社会主义现代化建设新时期"解放思想、锐意进取"，再到中国特色社会主义新时代"自信自强、守正创新"，特别是以伟大建党精神为源头的中国共产党人精神谱系，我们看到，中国共产党在团结带领中国人民百年奋斗的每一个时期都焕发出昂扬向上的精神状态，构筑出一幅幅震撼人心的精神图景。思想政治教育作为培育时代先锋的核心工程，必须高度重视对人们开展良好精神状态

---

① 马克思，恩格斯．马克思恩格斯文集：第3卷．北京：人民出版社，2009：159.

② 同①160.

③ 习近平．之江新语．杭州：浙江人民出版社，2007：60.

的培养教育。“当前，世界之变、时代之变、历史之变正以前所未有的方式展开。”[①] 一方面，实现中华民族伟大复兴进入了不可逆转的历史进程；另一方面，前进道路上需要应对的风险和挑战、需要解决的矛盾和问题比以往更加错综复杂。我们必须勇于进行具有许多新的历史特点的伟大斗争，准备付出更为艰巨的努力。“同困难作斗争，是物质的角力，也是精神的对垒。”[②] 要坚持用中华民族伟大复兴的历史使命激励人民群众，要教育和引导人民群众把牢正确方向、在风险挑战面前砥砺胆识，坚定自信、自立、自强，增强志气、骨气、底气，激发为实现中华民族伟大复兴而奋斗的信心和动力，发扬历史主动精神、历史创造精神，在新时代新天地中施展抱负、建功立业。

三、重要的思想政治教育启示

《内战》既有思想政治教育思想的重要论述，也有思想政治教育论断的理论表达，在总结经验教训的过程中也为推动思想政治教育理论创新和实践发展提供了诸多有益的启发。

（一）思想政治教育要服务于党的政治领导力建设

恩格斯在《内战》导言部分总结巴黎公社失败的历史教训时，认为其中最重要的一点就是公社运动缺乏坚强有力的无产阶级政党的领导。“那时，绝大多数的布朗基派不过凭着革命的无产阶级本能才是社会主义者；其中只有少数人通过熟悉德国科学社会主义的瓦扬，比较清楚地了解基本原理。”[③] 而以蒲鲁东为代表的小资产阶级社会主义者反对“联合”，基于纯粹的经济利益思想才站在革命的队伍中。两派在巴黎内外交困的条件下共同联合组建了无产阶级政党，在这个过程中虽然第一国际总委员会提出过不少建设性意见，

① 习近平．高举中国特色社会主义伟大旗帜　为全面建设社会主义现代化国家而团结奋斗：在中国共产党第二十次全国代表大会上的报告．北京：人民出版社，2022：60.

② 习近平．在全国抗击新冠肺炎疫情表彰大会上的讲话．北京：人民出版社，2020：16.

③ 马克思，恩格斯．马克思恩格斯文集：第3卷．北京：人民出版社，2009：108.

但由于这个政党缺乏政治领导力，在具体实施过程中并未全部采纳那些意见，这是巴黎公社失败的主要原因。《内战》全面梳理了公社内部各党派的性质、行动和能力，呈现了一个重要启示：无产阶级思想政治教育要旗帜鲜明地坚持党的领导，运用独有的教育功能服务于党的政治领导力建设，将党的大政方针、政策路线与受教育者的思想实际、生活实际相结合，宣传党的思想、贯彻党的纲领、传播党的声音，切实发挥"生命线"的育人作用。

无产阶级政党的思想政治教育从一开始就公开表明自己的党性，共产党是由无产阶级和广大群众中最先进的分子组成的战斗组织，没有任何同整个无产阶级利益相违背的利益。共产党领导下的思想政治教育不同于资产阶级为维护自身统治秩序而展开的愚昧人民的教育活动，它是在辩证唯物主义和历史唯物主义新世界观指导下，以最终满足人们生存发展的物质需要和精神需要为目的，促进人的全面发展的先进教育实践。党的政治领导力是党的领导力的核心范畴，是确保党始终成为坚强领导核心、永葆生机活力和强大战斗力的根本能力。在建党近百年的历史实践中，强大的政治领导力既确保了党和国家各项事业的顺利开展，又夯实了党长期执政的政治基础和群众基础。在新时代，思想政治教育要服务于党的政治领导力建设，一是要坚持马克思主义在意识形态领域的指导地位，坚定不移地进行无产阶级意识形态的灌输与教化，传播和贯彻国家意志，推进实施国家治理，面向全社会做好价值引导；二是要传播好马克思主义中国化时代化最新理论，建构共产主义信仰体系，引导人民群众确立共产主义远大理想和中国特色社会主义共同理想；三是要勇于批驳错误思潮，要准确及时提供更多真实客观、观点鲜明的信息内容，着力解答人民群众思想认识上的疑惑，牢牢掌握舆论场的主动权和主导权；四是要不断增强政治敏锐性和政治鉴别力，对容易诱发意识形态安全问题的苗头性、倾向性的社会思潮、舆论旋涡，要敢于引导、善于疏导，在原则问题上要旗帜鲜明、立场坚定，着力增强社会主义主流意识形态的领导权、话语权、引导力、影响力。

（二）思想政治教育要坚持人民至上的价值导向

马克思在总结公社经验时，从群众史观角度高度赞扬了巴黎公社存续期间采取的防止国家公仆变成社会主人的历史举措，他充分肯定了工人阶级所具有的首创能力，认为公社所采取的各项措施充分尊重了人民的主体地位。普选权是“为了服务于组织在公社里的人民”①；警察等各行政部门的官员不再是政府压迫人民的工具而是在公社承担责任、随时可以被罢免的公务人员；公社实现了“廉价政府”，改变了人民受压迫、受剥削、受奴役的生存状况等。巴黎公社所采取的所有措施都站在了人民的立场上，反映了人民的要求、利益和呼声，这有利于公社这一组织形式真正深入人心。马克思评价：“公社简直是奇迹般地改变了巴黎的面貌!”② 这一崭新面貌是武装的工人阶级群众和热爱巴黎的人民共同创造的历史伟业，正如马克思所说：“历史活动是群众的事业，随着历史活动的深入，必将是群众队伍的扩大。”③

思想政治教育是来源于人民群众的社会实践活动，必须明确“培养什么人、为谁培养人、怎么培养人”这一重大问题，究其根本是为了实现无产阶级自身解放和全人类解放的历史任务而服务，是为了促进人的自由全面发展。现阶段的思想政治教育必须坚持人民至上的价值导向，采取民主的举措来开展教育活动，充分彰显马克思主义思想政治教育的党性、人民性。在新时代，思想政治教育从根本上讲是党在为了人民、依靠人民，促进发展成果由人民共享的目标指引下实行的意识形态教育活动。第一，思想政治教育要坚持马克思主义这一人民性思想基础。马克思主义人民至上的阶级立场、政治立场和价值立场决定了思想政治教育一定要面向人民群众，相信人民群众，服务人民群众，促进人民群众的自我教育、自我管理、自我提高。第二，思想政治教育要坚持“以人为本”的方法，观照每一个现实的人的物质利益和精神需求。思想政治教育要贴近人民生活，密切联系群众，使思想政治教育传达“有温度”的教育内容，充分尊重人民自主管理、自主构建、自主发展的能力。思想政治教育要加快理论掌握群众的进程，提高群众的思想觉悟，丰富群众的精神世界，增强群众的精神力量，促进群众的全面发展，以推动群众

① 马克思，恩格斯．马克思恩格斯文集：第3卷．北京：人民出版社，2009：156.
② 同①165.
③ 马克思，恩格斯．马克思恩格斯全集：第2卷．北京：人民出版社，1957：104.

将精神转化为物质的实践活动，促进社会主义现代化事业与中华民族伟大复兴的目标早日实现。

（三）思想政治教育要善于运用叙事艺术

马克思写作《内战》时“以笔为枪”，批判了资产阶级文明本性的野蛮和血腥，《内战》语言风格言简意赅，马克思运用一贯严谨的叙事技巧和辞章艺法揭露了无产阶级作为一个阶级行动时资产阶级“嗜血豺狼”的行径。“这个以政变为出生证书、以普选为批准手续、以宝剑为权杖的第二帝国，声称它倚靠农民阶级，即倚靠没有直接卷入劳资斗争的广大生产者群众。”[①] 这揭示了第二帝国作为阶级压迫工具的恶劣本质。他不仅批驳了革命对手梯也尔政府，谴责了梯也尔政府的反动性与残酷性，还通过大量的史料分析尽可能还原了当时巴黎公社的运动事实，成功地塑造了巴黎公社的革命形象，彰显了巴黎公社作为工人政府的历史合法性。正是在批驳对手和厘清自身的基础上，马克思阐明了巴黎公社的革命前景——无产阶级政权国家，从而号召和动员全世界无产阶级行动起来，加入轰轰烈烈的无产阶级革命洪流之中。马克思运用了独有的情绪感染力和行动号召力，以严谨的逻辑来说服人，以优秀的文笔来感染人，达到了激发广大无产阶级革命热情的效果。这就启示思想政治教育要善于运用马克思式叙事方法和说理方式来开展教育活动。

在新时代，在开展思想政治教育过程中要注意运用多变的语言风格和有趣的说理方式，发挥思想政治教育叙事艺术的魅力，真正做到以理服人、以情感人。第一，叙事艺术的运用一定是基于传播科学思想。思想政治教育要以习近平新时代中国特色社会主义思想为统领，坚定政治立场，树立社会主义和共产主义理想信念，强化理论武装，引导群众领悟马克思主义理论，要通过叙事这一形式来传达好真理，不能本末倒置，只关注叙事技巧而忽视传播真理的科学性。第二，叙事要生动形象，采取多样的教育风格。思想政治教育不仅需要用缜密的逻辑思维来表达真理的科学性，也需要用典故、生动

① 马克思，恩格斯．马克思恩格斯文集：第3卷．北京：人民出版社，2009：153.

形式、优秀故事等不同方式来表述教育内容，进而用真理和语言的双重魅力来吸引人、教育人。第三，叙事艺术要来源于丰富的教育实践。思想政治教育不仅要讲好党和国家的大政方针政策，而且要深入教育实践了解受教育者的需求，根据受教育者不同基础、不同层次、不同情况采取针对性方法开展教育活动。同时检验教育效果的最好方式也需要在受教育者的实践活动中彰显，因此必须要从鲜活的实践中提升思想政治教育叙事魅力，增强思想政治教育的实效性、针对性。

07 思想政治教育大众普及的成功范本

——弗·恩格斯《反杜林论》解读

思政金句

现代社会主义必获胜利的信心，正是基于这个以或多或少清晰的形象和不可抗拒的必然性印入被剥削的无产者的头脑中的、可以感触到的物质事实，而不是基于某一个蛰居书斋的学者的关于正义和非正义的观念。

——恩格斯．反杜林论//马克思，恩格斯．马克思恩格斯文集：第9卷．北京：人民出版社，2009：165.

未来教育对所有已满一定年龄的儿童来说，就是生产劳动同智育和体育相结合，它不仅是提高社会生产的一种方法，而且是造就全面发展的人的唯一方法。

——恩格斯．反杜林论//马克思，恩格斯．马克思恩格斯文集：第9卷．北京：人民出版社，2009：339－340.

《反杜林论》是恩格斯于1876年9月至1878年6月撰写的阐述马克思主义基本理论的重要著作。在这部著作中，恩格斯深刻批判了杜林在哲学、经济学和社会主义领域宣扬的错误观点，系统阐述了马克思主义的三个组成部分——哲学、政治经济学和科学社会主义，深入浅出地把马克思主义完整体系呈现在世人面前，不仅把国际共产主义运动重新拉回到了马克思主义的正确方向和轨道上来，而且教育了广大党员和工人阶级群众，促进了革命者对马克思主义的吸收、消化、理解和践行。从思想政治教育的视角看，《反杜林论》实际上是马克思、恩格斯传播其思想理论并进行思想政治教育的成功范本。马克思在1877年高度评价了恩格斯工作的积极意义，并指出，不仅普通工人，“而且真正有科学知识的人，都能够从恩格斯的正面阐述中汲取许多东西”①。列宁也明确指出，这部著作同《共产党宣言》一样，“是每个觉悟工人必读的书籍”②。重温《反杜林论》这一经典文献，研读其中丰富的思想政治教育思想，剖析其中重要的思想政治教育论断，对推进思想政治教育的科学化发展有重要意义。

一、丰富的思想政治教育思想

《反杜林论》全面系统地阐述了马克思主义哲学、政治经济学和科学社会

① 马克思，恩格斯．马克思恩格斯全集：第34卷．北京：人民出版社，1972：242.

② 列宁．列宁全集：第23卷．2版．北京：人民出版社，1990：42.

主义三个组成部分及内在逻辑关系。我们将其作为思想政治教育学科的经典文献来研读，就会发现其中蕴含着丰富的马克思主义思想政治教育思想。

（一）指明了马克思主义思想政治教育的本质——科学社会主义思想的“灌输”

在“社会主义”编第二章“理论”中，恩格斯在论述无产阶级历史使命时阐发了科学社会主义思想“灌输”问题。恩格斯指出：“完成这一解放世界的事业，是现代无产阶级的历史使命。深入考察这一事业的历史条件以及这一事业的性质本身，从而使负有使命完成这一事业的今天受压迫的阶级认识到自己的行动的条件和性质，这就是无产阶级运动的理论表现即科学社会主义的任务。”[①] 无产阶级运动的条件和性质是一个关乎革命目标、阶级意识和政治方向的重大问题，而对这些问题的清晰认识只有依靠社会主义理论家们从外部灌输到工人阶级头脑中。换言之，科学社会主义运动的一个重要任务就是“灌输”科学真理。

“灌输”科学真理是对科学社会主义运动任务的具体揭示，同时也是对思想政治教育的本质规定。它从根本内容、教育主体、教育过程、教育客体的角度回答了思想政治教育的必要性、重要性和可能性问题。首先，“灌输”思想揭示了思想政治教育的根本内容。社会主义思想和共产主义信仰是马克思主义思想政治教育的重点，其宣传教化有利于帮助工人阶级摆脱经济派的庸俗“工联主义”思想，激励人们为实现自身解放做最坚决的斗争。其次，“灌输”思想阐明了思想政治教育的教育主体。无产阶级长期受资产阶级的剥削压迫，在理论素养和学习能力等方面都有所欠缺，难以透过错综复杂的表象揭示资本主义生产方式运行的本质规律，因此就需要社会主义理论家们对工人阶级进行科学社会主义思想的外部灌输。再次，“灌输”思想从教育过程的角度论证了思想政治教育的重要性。恰如列宁认为，“对社会主义意识形态的任何轻视和任何脱离，都意味着资产阶级意识形态的加强”[②]。在思想政治教

① 马克思，恩格斯．马克思恩格斯文集：第9卷．北京：人民出版社，2009：300.

② 列宁．列宁全集：第6卷．2版增订版．北京：人民出版社，2013：38.

育过程中进行科学社会主义思想的灌输有利于坚守社会主义意识形态舆论阵地，保证无产阶级革命运动的正确政治方向。最后，“灌输”思想从教育客体的角度阐明了思想政治教育的可能性问题。列宁指出，“工人阶级自发地倾向于科学社会主义”①。一方面，科学社会主义思想深刻揭示了人类社会的发展规律与工人阶级受剥削的根源，得到了广大工人阶级和劳动群众的认可。另一方面，工人阶级作为教育客体具备接受思想政治教育“灌输”的主体可能性。马克思、恩格斯一直相信人民群众具备接受科学观念的思想觉悟，但由于资产阶级思想体系和宣传手段的强大，即使科学社会主义思想与工人阶级在理论和实践上有共通的可能性，也要坚持不懈地进行思想政治教育的“灌输”工作。恩格斯讲要“深入考察这一事业的历史条件以及这一事业的性质本身”②，从根本上要求思想政治教育者在具体“灌输”过程中要实事求是，在深入考察受教育者身心发展规律的基础上启发诱导，提高“灌输”的实效性和针对性。

（二）指出了马克思主义思想政治教育的核心内容——共产主义道德教育

在“哲学”编第九章“道德和法。永恒真理”中，针对杜林的永恒道德观点，恩格斯指出：“只有在不仅消灭了阶级对立，而且在实际生活中也忘却了这种对立的社会发展阶段上，超越阶级对立和超越对这种对立的回忆的、真正人的道德才成为可能。”③ 共产主义道德是消灭了阶级对立的真正的人的道德，这同马克思、恩格斯关于共产主义社会中人的自由全面发展的价值归宿相契合。然而，恩格斯同时认为，我们还没有越出阶级的道德，“道德始终是阶级的道德；它或者为统治阶级的统治和利益辩护，或者当被压迫阶级变得足够强大时，代表被压迫者对这个统治的反抗和他们的未来利益”④。也就是说，超阶级、超历史、超现实的永恒道德并不存在。共同道德的存在是因

① 列宁．列宁全集：第7卷．2版增订版．北京：人民出版社，2013：386.

② 马克思，恩格斯．马克思恩格斯文集：第9卷．北京：人民出版社，2009：300.

③④ 同②100.

为有共同的历史背景。“对同样的或差不多同样的经济发展阶段来说，道德论必然是或多或少地互相一致的。”[①]

共产主义道德教育是马克思主义思想政治教育的重要内容。首先，共产主义道德以真正的人的全面发展为前提。无产阶级思想政治教育在道德层面一直以共产主义道德为理想，但共产主义道德并没有具体的内容规定，是超越于现存社会交往关系之上的一种更高道德形态，只有在共产主义运动的过程中，在一切感觉和特性彻底解放的真正的人的身上才能全面展现。恩格斯在《英国状况：评托马斯·卡莱尔的〈过去和现在〉》中说，整个人类社会就是“自由地独立地创造以纯人类道德生活关系为基础的新世界”[②]。其次，共产主义道德为社会主义道德观教育指明了方向。思想政治教育要加强面向共产主义道德的集体主义、社会公德、职业道德和家庭美德的教育工作，为培养社会主义的合格建设者奠定主体基础。最后，恩格斯关于共同道德现象的历史唯物主义分析，也为当下在思想政治教育领域正确认识共同道德、抨击永恒道德学说提供了理论进路，要反对从共同道德的存在推出永恒道德的存在的谬论。

（三）阐明了马克思主义思想政治教育的重要内容——科学的无神论教育

在“社会主义”编第五章“国家，家庭，教育”中，恩格斯批判了杜林反对一切宗教，企图用强制性方法消灭宗教的观点。他第一次完整地揭露了宗教的本质：“一切宗教都不过是支配着人们日常生活的外部力量在人们头脑中的幻想的反映，在这种反映中，人间的力量采取了超人间的力量的形式。”[③] 接下来，恩格斯从历史维度剖析了宗教的产生、演变和发展过程。他认为宗教的形成是客观规律支配下的反映活动，仅靠意识层面的认识并不足

① 马克思，恩格斯．马克思恩格斯文集：第9卷．北京：人民出版社，2009：99.
② 马克思，恩格斯．马克思恩格斯全集：第3卷．2版．北京：人民出版社，2002：520.
③ 同①333.

以“使社会力量服从于社会的支配”[①]，问题的关键在于消灭宗教赖以存在的事实基础。“当这种行动完成的时候，当社会通过占有和有计划地使用全部生产资料而使自己和一切社会成员摆脱奴役状态的时候……当谋事在人，成事也在人的时候，现在还在宗教中反映出来的最后的异己力量才会消失，因而宗教反映本身也就随着消失。”[②] 也因此，恩格斯强烈批判杜林采用武装力量强行消灭宗教的形而上学观点。

恩格斯关于宗教本质的论述为马克思主义思想政治教育正确对待和处理宗教问题提供了指引。马克思主义思想政治教育坚持科学的无神论立场，同各种封建迷信做坚决斗争，但同时也讲究无神论教育的策略问题，即坚持科学的无神论宣传教育和宗教信仰自由并行的路径，不可一蹴而就消灭宗教。因为宗教的消亡与共产主义实践之间是此消彼长的辩证运动关系，只有作为宗教根源的现实的异己力量最终被消除，也即共产主义社会生产力得到极大发展，人们才能最终成为自身物质世界和精神世界的主人。需要注意的是，宗教信仰自由只是针对个人信仰领域而言的政策，对于整个无产阶级政党来说，必须坚持宗教与政治相分离的原则。

（四）指明了马克思主义思想政治教育的根本任务——促进人的自由全面发展

在“社会主义”编第二章“理论”中，恩格斯在论及资本主义社会基本矛盾与未来社会样态的过程中提出了人的自由全面发展思想。恩格斯认为，社会化生产和资本主义占有的不相容性必然随着资本的急剧累积以及经济危机的恶性循环达到顶峰，此时，生产力的社会属性逐渐显露，只有通过无产阶级的社会主义革命、运动和建设，才能逐渐消灭资产阶级生产关系对人的奴役和压迫，才能实现从动物的生存条件过渡到真正的人的生存条件。到那时，“人们第一次成为自然界的自觉的和真正的主人，因为他们已经成为自身的社会结合的主人了”[③]。

---

①② 马克思，恩格斯．马克思恩格斯文集：第 9 卷．北京：人民出版社，2009：334.

③ 同①300.

恩格斯所讲的未来理想社会中人的生存和发展境遇即《共产党宣言》最后所要实现的目标——促进人的自由全面发展，这也是马克思主义思想政治教育的根本任务。马克思主义思想政治教育坚持“以人为本”，致力于每个人的个性解放和整个社会美好品格的塑造。恩格斯的论述为思想政治教育实现自身的根本任务指明了更为具体的方向。一方面，思想政治教育要基于人的现实需要开展教育工作。未来社会中的人因在一定意义上“脱离了动物界”[①]而在各方面成为自由全面的人，人与动物的一个重要区别就是人有丰盈的精神领域。这就要求思想政治教育从人全面发展的事实需要出发，为人们思想意识层面的健全发展提供滋养。另一方面，思想政治教育要为人的自由全面发展创造物质条件。恩格斯认为，人的解放事业是“人类从必然王国进入自由王国的飞跃”[②]，而这个飞跃要以生产力的高度发展为前提。虽然思想政治教育作为一种思想上层建筑耸立于经济基础之上，但是“理论一经掌握群众，也会变成物质力量。理论只要说服人，就能掌握群众”[③]。因此思想政治教育要植根于马克思主义理论的沃土，努力贴近并掌握广大群众，通过人这个中介作用于社会生活，促使人们积极主动地参与社会建设，从而将精神力量变成物质力量，提高生产力发展水平，最终促进人的解放。

二、精辟的思想政治教育论断

《反杜林论》不仅蕴含丰富的马克思主义思想政治教育思想，还提出了许多关于思想政治教育的重要论断。

（一）论断一：资产者的平等完全不同于无产者的平等

针对杜林在平等领域主张永恒道德的浅薄论述，恩格斯尖锐批驳了杜林的先验主义论调，并在《反杜林论》的准备材料中提出：“资产者的平等（消

①② 马克思，恩格斯．马克思恩格斯文集：第9卷．北京：人民出版社，2009：300.
③ 马克思，恩格斯．马克思恩格斯文集：第1卷．北京：人民出版社，2009：11.

灭阶级特权）完全不同于无产者的平等（消灭阶级本身）。”① 恩格斯认为，无产阶级的平等要求与资产阶级的平等要求如影随形。“从消灭阶级特权的资产阶级要求提出的时候起，同时就出现了消灭阶级本身的无产阶级要求——起初采取宗教的形式，借助于原始基督教，以后就以资产阶级的平等理论本身为依据了。”② “无产阶级平等要求的实际内容都是消灭阶级的要求。任何超出这个范围的平等要求，都必然要流于荒谬。”③

这一论断内涵深刻，它对于无产阶级平等观念确立的来源及实现条件的阐述为理解无产阶级平等价值观指明了方向。无产阶级的平等要求不仅关注政治权利的平等，而且关注人们在社会、经济领域的现实的平等。但这绝不等于粗陋的平等主义。这种现实的平等建立在历史唯物主义和辩证唯物主义基础上，以生产力的高度发达和生产资料的社会占有为条件。也就是说，在实现人的自由全面发展的社会里，平等已经融于人们日常生活方式之中，成为一种自在性的存在。

这一论断的第二层思想政治教育意蕴讲清楚了社会主义核心价值观中的平等观教育问题。虽然只有在共产主义社会里才能最终完满实现无产阶级平等，但恩格斯同时也指出“平等观念本身是一种历史的产物”④，即平等具有历史性、条件性和具体性。不同于西方国家的“平等”，社会主义平等观以公有制经济和人民当家作主为制度环境，以实现全体人民的共同富裕为目标，强调让每一个辛勤努力的公民都更好地共享改革发展成果。任何将平等观念抽象化、绝对化，将其无限拔高到“人权”层面的“普世”论调都是西方国家企图攻击社会主义制度和党的领导，实现意识形态领域“和平演变”策略的具体表现。马克思主义思想政治教育要在党的领导下始终坚持平等观教育的社会主义方向，同绝对平等主义和“普世价值”等错误思潮做最坚决的斗争。

---

① 马克思，恩格斯．马克思恩格斯文集：第9卷．北京：人民出版社，2009：355.

② 同①112.

③ 同①113.

④ 同①.

（二）论断二：现代社会主义必获胜利的信心是基于无产者头脑中可以感触到的物质事实，而不是基于某一个学者关于正义和非正义的观念

在“政治经济学”编第一章“对象和方法”中，恩格斯提出：“现代社会主义必获胜利的信心，正是基于这个以或多或少清晰的形象和不可抗拒的必然性印入被剥削的无产者的头脑中的、可以感触到的物质事实，而不是基于某一个蛰居书斋的学者的关于正义和非正义的观念。”① 只有在大工业发展起来，劳动阶级遭遇现实的冷遇，资产阶级社会矛盾日益加剧的条件下，社会主义的道德呼声才能重新为人民群众所掌握并成为推动革命势力联合起来的力量。因为：“现代资本主义生产方式所造成的生产力和由它创立的财富分配制度，已经和这种生产方式本身发生激烈的矛盾，而且矛盾达到了这种程度，以至于如果要避免整个现代社会毁灭，就必须使生产方式和分配方式发生一个会消除一切阶级差别的变革。”②

恩格斯的这一论断阐明了社会主义信念的来源问题。马克思主义思想政治教育的核心是社会主义和共产主义的理想信念教育。社会主义信念的必然胜利不是冠冕堂皇的宣称，而是在遵循现实客观经济规律的基础上对未来社会发展趋势的科学预测。纵观近代以来中华民族的发展史，我们可以清晰地探寻到社会主义信念胜利的物质事实基础。1921 年，中国共产党成立，在马克思主义科学理论指导下，中国共产党坚定社会主义奋斗方向，最终带领人民推翻了三座大山，夺取了新民主主义革命的胜利；1949 年，社会主义新中国诞生，实现了民族独立、人民解放，中国人民从此站起来了，中国发展从此开启了新纪元；1978 年，党的十一届三中全会开启了改革开放和社会主义现代化建设新时期，社会主义市场经济极大地解放了社会生产力，取得了经济社会发展的巨大成就；党的十八大以来，中国特色社会主义进入新时代，中国共产党提出并贯彻新发展理念，着力推进高质量发展，推动构建新发展格局，实施供给侧结构性改革，制定一系列具有全局性意义的区域重大战略，我国经济实力实现了历史性跃升。一系列中国特色社会主义实践的成功以不

①② 马克思，恩格斯．马克思恩格斯文集：第 9 卷．北京：人民出版社，2009：165.

可辩驳的事实加强了社会主义必然胜利的底气和信心。在当代中国，思想政治教育要教育人们坚定社会主义和共产主义理想信念，必须从客观规律的必然性出发，以改革开放和中国特色社会主义的成功经验等物质事实论证科学社会主义的科学性、合理性，同时兼顾理论教育，不断增强人们对中国特色社会主义和共产主义必获胜利的信念和信心。

（三）论断三：现代社会主义首先是在那个直接吃到它的苦头的阶级即工人阶级的头脑中的观念上的反映

恩格斯在论述现代社会主义时提出："现代社会主义不过是这种实际冲突在思想上的反映，是它在头脑中，首先是在那个直接吃到它的苦头的阶级即工人阶级的头脑中的观念上的反映。"① 这里所指的实际冲突即不断扩张的生产力同资本主义生产方式之间的现实冲突。恩格斯的这一论断有两层重要的思想政治教育意蕴。一是揭示了思想政治教育研究的一对基本范畴——内化和外化。工人阶级是直接受到资本主义剥削的群体，是思想政治教育的重要教育对象，他们在头脑中对生产力和生产方式实际冲突的反映正说明社会主义观念已经内化于心，外化于工人阶级的社会主义革命运动中。二是为正确处理思想政治教育中的一对重要关系——主客体之间的关系提供了指引。恩格斯的论断揭示了受教育者作为客体在接受思想政治教育过程中的主体能动性，即工人阶级通过自身的思想矛盾运动转化了现实冲突的观念。这充分说明了受教育者是以思维着的现实的个人的姿态参与到思想政治教育过程中，可以从主体的视角出发考察思想政治教育活动。

这两层意蕴对做好新时代的思想政治教育工作有重要的启示价值。首先，思想政治教育要因材施教。恩格斯指出："我们不知道有任何一种力量能够强制处在健康清醒状态的每一个人接受某种思想。"② 思想政治教育要改变以往的"填鸭式"教学方式，将关注的重点转移到受教育者思想行为的实际变化上。其次，思想政治教育要处理好主客体之间的关系。虽然受教育者具备主

---

① 马克思，恩格斯．马克思恩格斯文集：第 9 卷．北京：人民出版社，2009：285.

② 同①91.

体能动性，但这种能动性的发挥是在接受教育的过程中表现出来的，是客体的主体性。因此，我们依然要坚持教育者主导的原则，在弹性理解主客体关系的过程中促进受教育者自我教育的深化。最后，思想政治教育要注重情感教育在其过程中的作用。内化的实现不仅要依靠思想层面的认同，还要受教育者对教育内容产生深刻的共鸣。因此，思想政治教育要注重情感教育在其教育实践活动中的应用。完善教学体系，增强情感吸引力，关心客体需求，化解情感矛盾力，注重实践，深化情感体验力，实现思想政治教育知、情、意、信、行的统一。

（四）论断四：生产劳动同智育和体育相结合，是造就全面发展的人的唯一方法

教育与生产劳动相结合是马克思主义关于人的全面发展教育思想的一个重要命题。恩格斯在《反杜林论》中引用马克思《资本论》中的见解说明了未来教育的问题："正如我们在罗伯特·欧文那里可以详细看到的那样，从工厂制度中萌发出了未来教育的幼芽，未来教育对所有已满一定年龄的儿童来说，就是生产劳动同智育和体育相结合，它不仅是提高社会生产的一种方法，而且是造就全面发展的人的唯一方法。"① 恩格斯在《反杜林论》中还进一步发展了马克思的教劳结合思想，他指出："生产劳动给每一个人提供全面发展和表现自己的全部能力即体能和智能的机会，这样，生产劳动就不再是奴役人的手段，而成了解放人的手段，因此，生产劳动就从一种负担变成一种快乐。"② "要不是每一个人都得到解放，社会也不能得到解放。"③ 事实上，在这里恩格斯指明了马克思主义教劳结合思想的方法论和根本关怀。一方面，生产劳动需要与教育相结合，因为教育能够赋能劳动者，既能促进他们的身心健康发展，又能从客观上加速社会关系的变革；另一方面，教育需要与生产劳动相结合，因为社会主义制度中的生产劳动能够为劳动者提供展现其体

① 马克思，恩格斯．马克思恩格斯文集：第 9 卷．北京：人民出版社，2009：339 - 340.
② 同①311
③ 同①310.

力和智力的机会，也正是这个意义上，“生产劳动就不再是奴役人的手段，而成了解放人的手段”。

恩格斯在《反杜林论》中关于马克思主义教劳结合思想的重申和发展，对思想政治教育的重要内容——劳动教育有着重要的奠基意义和指引价值。在马克思主义视阈中，劳动是人之生命的存在基础和意义源泉，劳动创造人，劳动形塑人，劳动注释人。同时，劳动也是现存感性世界的深刻基础，是社会存在关系的深层根据，是观念世界的生发基地，是人类历史的深层底色。劳动可以树德、可以增智、可以强体、可以育美。坚持教育与生产劳动相结合，一直以来都是我国的重要教育方针，对教育事业发展、人才素质培养发挥了十分积极的作用。劳动教育作为思想政治教育的重要内容和关键方式，在培育一代又一代社会主义事业建设者过程中发挥了非常重要的作用。但是现在一些青少年中出现了不珍惜劳动成果、不想劳动、不会劳动的现象。对此，习近平指出：“要在学生中弘扬劳动精神，教育引导学生崇尚劳动、尊重劳动，懂得劳动最光荣、劳动最崇高、劳动最伟大、劳动最美丽的道理，长大后能够辛勤劳动、诚实劳动、创造性劳动。”① 弘扬劳动精神，加强劳动教育是强国富民的大事，它直接决定社会主义建设者和接班人的劳动精神面貌、劳动价值取向和劳动技能水平。要使新时代的中国青年成大才、担大任，就必须要培育和弘扬伟大劳动精神，着力开展包括劳动观念、劳动态度、劳动习惯、劳动情感、劳动技能、劳动思维等方面的劳动教育。

三、重要的思想政治教育启示

《反杜林论》既有思想政治教育思想的集中体现，也有思想政治教育论断的理论表达，而且整部著作的辩证唯物主义和历史唯物主义理论重点、现实的人的思维方法和多学科交叉的写作视角对思想政治教育理论和实践发展大有裨益。

① 习近平．论党的宣传思想工作．北京：中央文献出版社，2020：350.

（一）《反杜林论》阐明了辩证唯物主义和历史唯物主义的基本原理，为思想政治教育的发展提供了重要的学理基础

《反杜林论》是马克思、恩格斯完成从唯心主义向唯物主义、从革命民主主义向共产主义的转变后首部系统地阐释其科学的世界观和方法论的经典著作。其一，在“哲学”编中，阐明了思维和存在的关系并将辩证唯物主义深入灵活地运用到道德和法的领域。其二，在“政治经济学”编中，阐明了经济决定政治，革命是实现社会进步的途径等马克思主义唯物史观的基本原理。其三，在“社会主义”编中，恩格斯提出的“生产以及随生产而来的产品交换是一切社会制度的基础”论断是生产力决定生产关系等唯物史观的有力体现。恩格斯在《反杜林论》中对马克思主义三大组成部分及其内在关系的深入阐述、对马克思主义基本原理的论证，为马克思主义思想政治教育提供了科学的世界观和方法论指导。作为马克思主义最为根本的思想理路，辩证唯物主义和历史唯物主义的基本观点是思想政治教育的立身之本和发展之基，为思想政治教育提供了最为深厚的学理滋养。在中国特色社会主义新时代背景下，要提高思想政治教育的科学性与实效性，必须在辩证唯物主义和历史唯物主义的基础上解决实际问题，立足于我国社会主要矛盾转变的客观实际，准确把握国内外形势以及舆论发展大势，特别是要把握新阶段新特点下人民群众的社会心理变化规律，根据变化发展的现实物质世界考察人们在生产过程中的社会关系，引导人们的合理需求。

（二）《反杜林论》揭露了杜林“抽象的人”的思维方法，为思想政治教育从现实的人出发进行研究指明了方向

杜林的“两个人”理论及其抽象主义的研究方法是杜林主义一切伪科学诞生的基础。恩格斯着重批判了杜林的“两个人”理论分析方法。首先，恩格斯以“一个男人和一个女人”这个社会基本要素的简单事实批驳了杜林所谓两个人或两个人的意志就其本身而言是彼此完全平等的言论。其次，恩格斯指出“两个人”理论并非杜林的首创，卢梭和亚当·斯密运用这种分析方法得出的恰恰是人类不平等的结论。最后，恩格斯批判了杜林将“两个人”

“公理”加诸社会历史领域的唯心主义和形而上学观点。恩格斯对杜林“两个人”理论及其分析方法的批判对于马克思主义思想政治教育有重要的警示意义。思想政治教育是对社会存在的观念反映，必须通过人改造世界的实践活动才能发挥作用。正如马克思所说：“为了实现思想，就要有使用实践力量的人。”[①] 因此，我们要摒弃“抽象的人”的错误思维，加强对现实的人的关注，从现实的人及其社会关系中揭示人的本质。一方面，思想政治教育要始终牢记自身的人民性和实践性，尊重人之为人所被赋予的生命价值、社会价值、思维价值和发展价值，将虚幻的“完全平等”的“两个人”从天国解放到人间。另一方面，思想政治教育要坚持以人民为中心，“上接天气下接地气”，贴合受教育者的思想实际和生活状况，不断提升和优化教育成效。

（三）《反杜林论》呈现了马克思、恩格斯多学科综合的广阔视野，为思想政治教育的学科交叉研究提供了理论指导

在《反杜林论》中，恩格斯为全面彻底地清算杜林主义的错误思想做了大量的材料准备，正如恩格斯自己所说：“这是一只一上口就不得不把它啃完的果子；它不仅很酸，而且很大。”[②] 虽然这种宽视角的批驳是建立在杜林标榜的“某种新哲学体系的最终实际成果的形式”之上的被动系统化，但恩格斯在论证中所涉及的数学演算和纯逻辑演算、适应和遗传理论以及诸多戏剧和文学素材无一不是他多学科研究的写照。由于学科建立的时间较短，思想政治教育在多学科交叉效果方面发挥的作用仍有较大提升空间。恩格斯在《反杜林论》中对于多学科的综合运用为思想政治教育的学科交叉研究提供了指导，具体包括以下三方面：第一，理论借鉴与事例运用相结合。恩格斯在批判过程中将理论论述与实际事例相结合的方法，启示思想政治教育在借鉴其他学科优秀经验时可加强关注具体事例。第二，综合交叉与突出主线相结合。恩格斯在批判过程中一直将马克思主义理论贯穿始终。思想政治教育在开展学科交叉创新时要坚持“以我为主，为我所用”原则，建构起具有本学

---

① 马克思，恩格斯．马克思恩格斯全集：第 2 卷．北京：人民出版社，1957：152.

② 马克思，恩格斯．马克思恩格斯文集：第 9 卷．北京：人民出版社，2009：7－8.

科特色的完备体系。第三，学科渗透与贯通融会相结合。恩格斯写作《反杜林论》的一大特点即将消极的批判变成了积极的批判。思想政治教育学科在借鉴其他学科理论和研究方法时要注意融会贯通，更好地发挥学科交叉作用和联动功效。

08 思想政治教育起源发生的历史澄明

——弗·恩格斯《家庭、私有制和国家的起源》解读

思政金句

由于文明时代的基础是一个阶级对另一个阶级的剥削，所以它的全部发展都是在经常的矛盾中进行的。生产的每一进步，同时也就是被压迫阶级即大多数人的生活状况的一个退步。对一些人是好事，对另一些人必然是坏事，一个阶级的任何新的解放，必然是对另一个阶级的新的压迫。

——恩格斯．家庭、私有制和国家的起源//马克思，恩格斯．马克思恩格斯文集：第4卷．北京：人民出版社，2009：196－197.

管理上的民主，社会中的博爱，权利的平等，教育的普及，将揭开社会的下一个更高的阶段，经验、理智和科学正在不断向这个阶段努力。这将是古代氏族的自由、平等和博爱的复活，但却是在更高级形式上的复活。

——恩格斯．家庭、私有制和国家的起源//马克思，恩格斯．马克思恩格斯文集：第4卷．北京：人民出版社，2009：198.

《家庭、私有制和国家的起源》(简称《起源》)是恩格斯为了实现马克思的"遗愿",完成马克思"未能完成的工作"而撰写的文本,即利用人类史前史的最新研究成果,进一步完善和发展历史唯物主义的理论内涵,使历史唯物主义在文明社会之前的历史中得到科学验证。它在世界观和方法论方面为坚持和发展马克思主义做出了重要贡献。列宁指出,《起源》"是现代社会主义的基本著作之一,其中每一句话都是可以相信的,每一句话都不是凭空说的,而是根据大量的史料和政治材料写成的"[①]。从马克思主义思想政治教育的视角看,《起源》作为一部阐释与传播历史唯物主义的经典文献,仔细研读其中丰富的思想政治教育思想,剖析其中重要的思想政治教育科学论断,对思想政治教育创新发展具有重要的启发意义。

一、丰富的思想政治教育思想

《起源》将唯物史观的研究延伸到人类的原始时代,系统阐述了原始社会史,进一步丰富和发展了唯物史观。我们将其作为思想政治教育的经典文献来研读,可以发现其中蕴含着丰富的马克思主义思想政治教育思想。

(一)《起源》解答了思想政治教育的起源问题

在《起源》中,恩格斯用历史唯物主义原理科学地阐明了人类社会早期

① 列宁.列宁选集:第4卷.3版修订版.北京:人民出版社,2012:26-27.

发展阶段的历史，将原始社会的历史划分为“三个主要时代——蒙昧时代、野蛮时代和文明时代”[①]，概述了各个时代物质生活资料生产的特征，即：“蒙昧时代是以获取现成的天然产物为主的时期……野蛮时代是学会畜牧和农耕的时期……文明时代是学会对天然产物进一步加工的时期，是真正的工业和艺术的时期。”[②]《起源》对人类社会各个阶段的历史考证与理论阐发，为研究思想政治教育的起源与发展提供了重要的历史资料和理论基础。从人类历史全过程出发，对思想政治教育做大尺度的历史性考察后可知，思想政治教育并不为阶级社会所独有，它的起源可以追溯到阶级社会产生以前，即思想政治教育起源于原始社会。原始社会属于人的依赖性社会，家庭和氏族是最主要的社会组织。这一时期的思想政治教育活动基本上以思想教育和社会教育为主，同时孕育着政治教育的因素。具体表现为以下三个方面：

第一，思想政治教育的施行主体包括家庭、氏族、胞族和部落。家庭是最小的教育单位，可以将父母、子女、兄弟姊妹的“亲属关系”变成一种“相互义务”，构成史前阶段“社会制度的实质部分”[③]。氏族和胞族可以在更大范围上制定群体性的“习俗”，发挥一定社会性的或者宗教性的职能。部落会以更规范的“宗教观念”和“崇拜仪式”将“各种精灵”赋予“人的形象”，以此实现对部落成员的思想控制。第二，思想政治教育的计划性和目的性主要体现为氏族内的限制、禁止和管理。氏族会制定成员不可“通婚”的根本规则并要求成员严格遵守；氏族成员被教育应当“互相援助、保护”[④]；“自由、平等、博爱”虽然在氏族内部没有形成明文，但事实上成了“氏族的根本原则”[⑤]。在这种条件下，原始社会就通过构建以“公共权力”为核心的教育实践主体来维持氏族成员生存和发展的权利，来更好地协调氏族成员之间的利益关系。第三，思想政治教育的内容主要涉及两性关系、财产继承以及宗教文化等。在两性关系上，《起源》指出：“在欧洲人视为不道德和无规

① 马克思，恩格斯．马克思恩格斯文集：第4卷．北京：人民出版社，2009：32.

② 同①38.

③ 同①40.

④ 同①101.

⑤ 同①102.

则的地方，事实上都盛行着一种严格的规则。”[①] 随着男女地位的颠倒，该规则从女性占“统治地位”变为“保持贞操的权利”[②]。在财产继承上，从“蒙昧时代”到“野蛮时代”，财产从转归“母方的血缘亲属所有”变为转归“氏族男性成员的子女”所有。在宗教文化上，氏族内部会通过宗教仪式对成员进行思想教育使氏族成员形成共同的宗教信仰，“酋长”“酋帅”被列为“信仰守护人”[③]。总而言之，在原始社会时期，思想政治教育就已经出现，并通过规则、习俗、制度等形式实现了促进社会稳定、协调社会关系、保证物质生产和精神生产的功能。

（二）《起源》阐明了马克思主义家庭伦理观的价值导向

恩格斯在《起源》中通过考察研究血缘家庭、普那路亚家庭、对偶制家庭、专偶制家庭的历史演变，丰富发展了马克思主义家庭伦理观，在批判资产阶级家庭伦理观的基础上，阐明了更为先进的无产阶级家庭伦理观的价值导向。第一，婚恋自由是家庭伦理的价值目标。恩格斯在《起源》中赋予了爱情与婚姻美好期望：“这一代男子一生中将永远不会用金钱或其他社会权力手段去买得妇女的献身；而这一代妇女除了真正的爱情以外，也永远不会再出于其他某种考虑而委身于男子，或者由于担心经济后果而拒绝委身于她所爱的男子。”[④] 第二，男女平等是家庭伦理的价值原则。恩格斯指出，家庭的自然分工和以私有财产为基础而形成的所有制，是男女不平等的根源所在。因此，《起源》提出要解放妇女，强调只有通过推翻资本主义私有制和一切剥削制度，才能保证妇女回归社会生产，实现真正的两性平等，实现家庭乃至社会的和谐发展。第三，婚姻道德是家庭伦理的价值基础。恩格斯认为：“如果说只有以爱情为基础的婚姻才是合乎道德的，那么也只有继续保持爱情的婚姻才合乎道德。”[⑤] 爱情是婚姻道德的核心要素，合乎道德的婚姻应当以爱

---

① 马克思，恩格斯．马克思恩格斯文集：第4卷．北京：人民出版社，2009：56.

② 同①64.

③ 同①102.

④ 同①96－97.

⑤ 同①96.

情为标准，提倡爱情忠诚、信任坦诚、主动维系以及理性离婚等，而不应当受金钱关系的驱使。第四，社会责任是家庭伦理的价值实践。家庭伦理文化影响着家庭成员的人伦关系和道德规范，并经由代际传承成为家庭伦理发展的内驱力，对群体思想道德的塑造作用不断增强，进而影响社会的道德规范和价值流向。

家庭是社会的基本构成要素，是思想政治教育的重要微观场域。因此，思想政治教育需要重视家庭伦理道德建设，树立新时代家庭观。第一，要塑造以爱情为主的择偶观。要通过教育宣传使人们充分理解，虽然经济和性格等其他要素对现代人的生活来说也起着重要作用，但是婚姻伴侣关系的形成是两个人在互相爱慕的前提下制定的契约。如此，双方才能够完全满足爱人和被爱的需要，才能够为了对方而更为和谐地合作来维持婚姻，而不是利用经济优势来实施对另一方的压迫。第二，要建立正确的婚姻观。婚姻观教育是思想政治教育在社会家庭层面功用的具体体现。其主要目标是教育引导婚姻双方深刻理解自由的有限性，客观全面地考虑婚姻生活的方方面面；主动承担家庭责任和义务，实现家庭与个人的共同发展；坚持平等基础上的有效沟通，共同解决家庭矛盾；对离婚保持谨慎态度，避免任意离婚的不理性行为。只有这样，合乎道德的婚姻才能拥有坚实的发展基础。第三，要树立新时代家庭观。关于新时代家庭观的内涵，习近平将其概括为四个方面：爱国爱家的家国情怀、相亲相爱的家庭关系、向上向善的家庭美德、共建共享的家庭追求①。这就科学回答了新时代怎么看待家庭、建设什么样的家庭、怎么建设家庭等基本问题。因此，身处家庭场域，思想政治教育既要凸显社会主义家庭伦理观，尊重家庭成员的平等地位和家庭的完整性、亲密性；又要把社会主义核心价值观贯穿其中，赋予家庭建设新的时代内涵，培育新时代家庭文明。

（三）《起源》揭示了思想政治教育的阶级性根源

恩格斯通过研究原始社会三次大分工论述了私有制、阶级和国家产生的

① 习近平．习近平谈治国理政：第2卷．北京：外文出版社，2017：356.

原因。第一次是游牧部落从其他野蛮人群中独立出来。这促使交换的经常化和货币商品的出现，畜群和奴隶等开始成为各个家庭家长的私有财产。社会阶级分化，“主人和奴隶、剥削者和被剥削者”① 登上历史舞台。第二次是农业和手工业的分离。直接以交换为目的的商品生产出现，耕地私有化，专偶制家庭开始成为社会的经济单位，氏族的权力机关“从人民意志的工具转变为独立的、压迫和统治自己人民的机关”②，国家的形成已不可避免。第三次是商品流通从生产过程中独立出来。这创造了一个不从事生产而只从事产品交换的阶级——商人，推动了商品生产和商品交换的进一步发展，社会财富逐渐集中在少数人手中，氏族制度逐渐解体，被国家制度替代，人类进入阶级社会。由此可知，随着生产力的发展，社会分工的日趋细化直接导致了私有制和阶级的产生。私有制的确立过程，就是社会利益分化的过程，进而产生了阶级对立。因此，恩格斯指出，“为了使这些对立面，这些经济利益互相冲突的阶级，不致在无谓的斗争中把自己和社会消灭，就需要有一种表面上凌驾于社会之上的力量，这种力量应当缓和冲突，把冲突保持在‘秩序’的范围以内”③，作为阶级统治工具的国家也就此产生。

国家的本质是经济上占主导地位的阶级实施政治统治和社会管理的组织，是剥削、镇压被压迫阶级的手段和工具。因此，在国家产生后，思想政治教育的阶级属性不断凸显，成为阶级统治和社会教化的一项必要活动。第一，国家产生后的思想政治教育在思想教育的基础上增加了政治教育。政治教育功能的发挥与国家的本质和职能是一致的。马克思、恩格斯在《德意志意识形态》中就指出：“统治阶级的思想在每一时代都是占统治地位的思想。”④因此，国家产生后的思想政治教育的核心职能就是传播主导意识形态，调节社会精神生产，它的政治性、阶级性逐渐凸显，国家进行思想理论宣传的计划性、目的性和组织性也不断加强。第二，国家产生后的思想政治教育在营

① 马克思，恩格斯．马克思恩格斯文集：第 4 卷．北京：人民出版社，2009：180.
② 同①184.
③ 同①189.
④ 马克思，恩格斯．马克思恩格斯文集：第 1 卷．北京：人民出版社，2009：550.

造稳定的社会环境中发挥重要作用。稳定的社会环境需要依赖良好的社会治理。习近平指出：“加强和创新社会治理，关键在体制创新，核心是人，只有人与人和谐相处，社会才会安定有序。”[①] 面对这种要求，思想政治教育可以通过发挥社会治理功能，处理好各种社会关系，协调社会成员之间的利益冲突和个人与集体的矛盾关系，逐步化解社会矛盾，营造稳定的社会环境。第三，国家产生后的思想政治教育仍然要作为精神力量不断推动社会生产力发展。国家为物质生产和精神生产提供了相对稳定的社会环境，思想政治教育在其中需要作为精神动力发挥统一思想、凝聚共识、鼓舞斗志、团结奋斗的重要作用，促进物质生产生活资料的生产，维持社会长治久安，不断推动社会进步。总言之，“国家是从控制阶级对立的需要中产生的”[②]，作为国家治理的一个重要方式，国家产生后的思想政治教育也必定带有阶级的烙印。

二、精辟的思想政治教育论断

《起源》不仅蕴含着丰富的马克思主义思想政治教育思想，还提出了许多关于妇女解放、思想批判以及先进价值观的思想政治教育论断。

（一）论断一：妇女解放的第一个先决条件就是一切女性重新回到公共的事业中去

该论断是马克思主义妇女解放思想的经典论述。恩格斯在《起源》中从历史唯物主义出发，把妇女解放纳入人类解放进程中思考，为被压迫被奴役的女性指明了奋斗的方向。第一，私有制是妇女受压迫的根源。根据《起源》的论述，从群婚制时期至对偶婚制早期，人类社会一直是母权制社会，女性在社会中享有高度的威望和尊重。随着社会分工的发展，母权制衰落，父权制确立，女性沦为失去经济独立性的从属于家庭的“奴隶”和生育工具。第

---

① 中共中央文献研究室．习近平关于社会主义社会建设论述摘编．北京：中央文献出版社，2017：127.

② 马克思，恩格斯．马克思恩格斯文集：第4卷．北京：人民出版社，2009：191.

二，“妇女解放的第一个先决条件就是一切女性重新回到公共的事业中去”[①]。因此，妇女的解放程度、妇女社会地位的高低与其参与社会生产、创造社会财富、推动社会进步的程度直接相关。恩格斯进一步提出：“妇女的解放，只有在妇女可以大量地、社会规模地参加生产，而家务劳动只占她们极少的工夫的时候，才有可能。”[②] 要实现这一目标，需要在大力发展现代化大工业的过程中，为女性提供进入生产活动的渠道，使女性能够创造更多更大的社会价值。第三，妇女解放的另一重要条件是家务劳动社会化，把家务劳动转化为生产性劳动。尽管女性也可能会因剩余价值生产而遭受剥削奴役，但工作保证了女性经济上的独立，社会服务减轻了家务劳动和养育孩子的负担，在社会总体进程中是具有进步意义的。

党的妇女工作始终以政治性为根本属性，切实促进妇女解放。习近平指出，党的妇女工作“关系到团结凝聚占我国人口半数的广大妇女，关系到为党和人民事业发展提供强大力量，关系到巩固党执政的阶级基础和群众基础”[③]。因此，思想政治教育必须教育引导人们正确认识妇女解放问题，着力破解影响新时代妇女解放发展的若干思想理论问题。第一，要正确认识妇女与男性的关系。“男女共有一个世界”[④]。我们既不能把男女平等绝对化，要在尊重差异的基础上构建科学合理的平等关系；也不能把男女关系对抗化，要认识到男女两性只有充分认识到自身的优势和价值，和谐相处、密切合作，才能共同推动人类社会发展。第二，要正确认识西方女权主义思潮。首先，要坚持运用阶级分析法阐释妇女问题，主张妇女要积极参与经济生产以及在人类解放的进程中实现妇女解放的观点，旗帜鲜明地反对西方某些极端女权主义将妇女受压迫的根源指向性别压迫的观点。其次，要坚持中国特色社会主义妇女发展的道路，坚持党对中国妇女工作的领导，确保妇女运动与党和国家的发展主题同向同行。最后，要善于吸收借鉴西方女权主义中的合理成

---

① 马克思，恩格斯．马克思恩格斯文集：第4卷．北京：人民出版社，2009：88.
② 同①181.
③ 坚持男女平等基本国策　发挥我国妇女伟大作用．人民日报，2013－11－01（1）.
④ 习近平．习近平在联合国成立70周年系列峰会上的讲话．北京：人民出版社，2015：10.

分，比如社会性别理论，推动妇女解放理论在理性的交流借鉴中不断发展。第三，要正确认识妇女内部阶层差异。由于资源分配不平衡，社会阶层分化、固化等现象的存在，在两性之外，妇女群体内部也存在不平等。这就需要在社会生产中充分调动不同阶层女性的力量，着重关注妇女中特殊贫困群体，将其作为优先帮扶对象，从而促进妇女群体的整体性发展、全面化推进。

（二）论断二：由于文明时代的基础是一个阶级对另一个阶级的剥削，所以它的全部发展都是在经常的矛盾中进行的

该论断是恩格斯关于矛盾推动文明社会不断发展的经典论述。恩格斯关于文明时代矛盾运动的思想，是从对抗转变到非对抗的文明矛盾论。对抗的根源存在于生产包括物质生活资料生产和人自身生产的矛盾之中。《起源》指出，在物质生活资料生产中："生产的每一进步，同时也就是被压迫阶级即大多数人的生活状况的一个退步。对一些人是好事，对另一些人必然是坏事，一个阶级的任何新的解放，必然是对另一个阶级的新的压迫。"[①] 就人自身生产来说，个体婚制虽然是一个伟大的历史进步，但"同时也是相对的退步，因为在这种进步中，一些人的幸福和发展是通过另一些人的痛苦和受压抑而实现的"[②]。文明时代几乎把一切权利赋予一个阶级，几乎把一切义务推给另一个阶级。恩格斯得出结论："由于文明时代的基础是一个阶级对另一个阶级的剥削，所以它的全部发展都是在经常的矛盾中进行的。"[③]《起源》把资产阶级的生产关系看作社会生产过程中的最后一个对抗形式，并坚定地预言，阶级和国家都不可避免地要消失。未来人类将经由社会主义文明迈向共产主义文明。它与资本主义文明时代最大的区别是，社会主义生产关系和由此决定的社会基本矛盾不再具有对抗的性质。总言之，文明在对抗中进步，这是文明从产生一直到资本主义社会中的规律，但并不是文明时代的永恒规律。

---

① 马克思，恩格斯．马克思恩格斯文集：第4卷．北京：人民出版社，2009：197.

② 同①78.

③ 同①196－197.

进入社会主义阶段，在生产起决定作用的基础上各种因素相互作用、推动文明发展的规律仍存在，文明在非对抗矛盾中继续进步。

恩格斯关于文明时代矛盾运动的理论，是研究当代人类文明发展新课题的重要理论资源。以此为指导，在思想政治教育理论研究与教育实践中，需要厘清三个基本问题。第一，社会历史发展的动力问题。按照马克思主义基本原理，社会历史发展的根本动力存在于社会内部，而不存在于社会外部，是物质力量，而不是精神力量。因此，社会发展的基础是物质生产方式，在此基础上形成的生产力和生产关系的矛盾、经济基础和上层建筑的矛盾是社会发展的基本矛盾和根本动力。这一基本矛盾的运动从根本上决定了各种社会矛盾的产生和发展，决定了各种社会矛盾之间的关系和转变，决定了社会形态由低级向高级的发展。第二，资本主义的历史地位和未来发展问题。首先，与封建社会相比，资本主义显示出了巨大的进步性。马克思、恩格斯在《共产党宣言》中指出："资产阶级在它的不到一百年的阶级统治中所创造的生产力，比过去一切世代创造的全部生产力还要多，还要大。"① 但是，资本主义的历史进步性并不能掩盖其自身的局限性，资本主义的基本矛盾——生产社会化与生产资料资本主义私人占有之间的矛盾阻碍了资本主义生产力的进一步发展，致使贫富两极分化，经济危机频发，社会矛盾和冲突不断被激化。这表明资本主义文明的社会矛盾本质上是对抗性的，并且在资本主义生产方式范围内不可能被根本消除。这就决定了资本主义必然要被社会主义所取代是历史趋势。第三，社会主义社会的基本矛盾问题。1957 年，毛泽东在《关于正确处理人民内部矛盾的问题》一文中明确指出："在社会主义社会中，基本的矛盾仍然是生产关系和生产力之间的矛盾，上层建筑和经济基础之间的矛盾。"② 他还强调，这些矛盾不是对抗性矛盾。社会主义社会基本矛盾是基本适应前提下的部分不适应，可以经过社会主义制度本身的不断完善加以解决。在继承和深化已有的社会主义社会矛盾思想的基础上，习近平对新时

① 马克思，恩格斯．马克思恩格斯文集：第 2 卷．北京：人民出版社，2009：36.

② 中共中央文献研究室．毛泽东文集：第 7 卷．北京：人民出版社，1999：214.

代我国社会主要矛盾做出了新的科学判断："我国社会主要矛盾已经转化为人民日益增长的美好生活需要和不平衡不充分的发展之间的矛盾。"[①] 这一论断既蕴含着对我国发展客观实际转变的深刻把握，也体现了对我国人民发展需求转变的科学认知，是推动新时代中国特色社会主义建设事业的行动指南。

（三）论断三：管理上的民主，社会中的博爱，权利的平等，教育的普及，将揭开社会的下一个更高的阶段……这将是古代氏族的自由、平等和博爱的复活，但却是在更高级形式上的复活

这一论断是恩格斯关于共产主义理想的深刻表达。在评价资产阶级"自由、平等和博爱"价值观时，马克思、恩格斯既承认了它的历史进步性，又指出了它对人民群众的欺骗性和虚伪性，在批判和扬弃中提出了无产阶级的即科学社会主义的自由观、平等观和博爱观。第一，关于自由，马克思、恩格斯认为，自由不是人的本质，而是来自人们的劳动实践创造。自由是一个历史的过程，科学社会主义"复活""更高级形式"自由的过程也就是人类从必然王国迈向自由王国的过程。第二，关于平等，马克思、恩格斯指出，无产阶级或社会主义的"平等应当不仅仅是表面的，不仅仅在国家的领域中实行，它还应当是实际的，还应当在社会的、经济的领域中实行"[②]。无产阶级平等要求的实际内容都是消灭阶级的要求，"真正的自由和真正的平等只有在共产主义制度下才可能实现"[③]。第三，关于博爱，马克思、恩格斯在批判和扬弃资本主义抽象的、虚伪的、超阶级的博爱观的基础上，指出共产主义的博爱"径直是现实的和直接追求实效的"[④]。科学社会主义的"更高级形式"的博爱，只有在共产主义社会中才能实现。由此可见，科学社会主义所"复活"的"更高级形式"的"自由、平等和博爱"，是一种以消灭私有制，消灭

① 习近平．习近平谈治国理政：第3卷．北京：外文出版社，2020：9.
② 马克思，恩格斯．马克思恩格斯文集：第9卷．北京：人民出版社，2009：112.
③ 马克思，恩格斯．马克思恩格斯全集：第1卷．北京：人民出版社，1956：582.
④ 马克思，恩格斯．马克思恩格斯文集：第1卷．北京：人民出版社，2009：187.

阶级，实现人的自由全面发展，实现全人类的解放，建立共产主义社会为旨归的唯物的、辩证的、科学的价值观。

该论断为增强中国特色社会主义的价值自觉和价值自信，提供了重要的示证和启迪。《起源》指出，社会主义“复活”“更高级形式”的“自由、平等和博爱”过程，就是消灭阶级、消灭资本主义生产关系以及与其相适应的社会关系和观念上层建筑的过程，也是建立一个以“更高级形式”的“自由、平等和博爱”为核心价值的“自由人联合体”的过程。由此可知，第一，要完成这一伟大使命，需要大力发展生产力，剥夺剥夺者，消灭私有制，为绝大多数人谋求利益，促进人的自由全面发展。第二，科学社会主义的“更高级形式”的“自由、平等和博爱”的价值观的“复活”依赖于历史运动本身创造的现实基础，而不依赖于富人的自我舍弃精神或者人们的自我牺牲精神。第三，科学社会主义所谓“更高级形式”的“自由、平等和博爱”以“合格的”社会主义为现实基础。我们不应以现实的“不合格的社会主义”来判定或衡量社会主义“更高级形式”的“自由、平等和博爱”价值观的合理性、科学性，更不应陷入西方资本主义宣扬的以“自由、平等、博爱、民主、人权”为核心的“普世价值”的陷阱。我们应该坚持和发展中国特色社会主义，不断扎实社会主义价值的现实基础，不断赋予自由、平等、博爱等价值观念更加真实和丰富的内涵，彻底打破资本主义对自由、平等、博爱价值的话语霸权和话语垄断，让自由、平等、博爱的价值在人类进步旗帜——社会主义事业上闪耀光辉、指引发展。

三、重要的思想政治教育启示

《起源》蕴含着丰富的思想政治教育理论资源，其阐发的人的生产的重要性、深刻鲜明的国家学说以及研究历史的科学方法对思想政治教育理论和实践的创新发展具有重要意义。

（一）思想政治教育要坚持立德树人的根本任务

《起源》揭示了推动历史发展的“两种生产”理论：“历史中的决定性因

素，归根结底是直接生活的生产和再生产。但是，生产本身又有两种。一方面是生活资料即食物、衣服、住房以及为此所必需的工具的生产；另一方面是人自身的生产，即种的繁衍。”① “两种生产”理论进一步深化了唯物史观的生产力、生产关系、社会制度及历史动力的思想内容。由此可知，生产力不仅要看生产工具的发展，还要看人自身综合素质的增强。这就揭示了思想政治教育发挥作用的对象与逻辑，即“人的生产”至少涉及数量和质量两个方面，通过提升人的素质保证人才质量，可以为促进经济社会发展提供高质量的精神动力和信念支撑。育人的根本在于立德。思想政治教育的根本任务就是立德树人，培养德智体美劳全面发展的社会主义建设者和接班人。第一，要提高人的思想道德素质。思想政治教育是提高人们觉悟、选择正确政治方向的重要保证，能够帮助人们树立正确的世界观、人生观、道德观和价值观，提高人们的思想道德素质，塑造健全的个体人格，形成崇高丰富的精神世界。第二，要协调人的心理状态，促进良好心理素质的形成。良好的思想觉悟、正确的政治方向、高尚的道德情操等能够促使主体对外界产生积极反应，从而适时调整人的心态，使心态始终保持平和、积极向上的状态，进而促进知、情、意等心理要素向积极的方向发展。第三，要提高人的科学文化素质。思想政治教育可以引导人们把自己所从事的具体的科学技术业务同远大的目标、伟大的事业联系起来，以崇高的思想鼓舞人们不断地创造、追求，从中产生巨大的精神动力，最大限度地调动内在潜力，确立正确的价值标准和思想道德，在提高科学文化素质的同时调节人们运用知识才能的方向，使其更加适合国家和社会的需要。总之，“两种生产”理论把人类自身生产理论上升到唯物史观基本内容的高度，思想政治教育在这一过程中必将发挥重要作用，通过增强主体从事物质生产活动的能力，推动社会不断进步。

（二）思想政治教育要引导人们确立正确的国家观

《起源》阐明了国家是生产力和社会自身发展运动的产物，是特定历史发

① 马克思，恩格斯．马克思恩格斯文集：第4卷．北京：人民出版社，2009：15-16.

展阶段的现象。这些分析和论述，对于我们进一步认识社会与国家的历史发展进程，树立唯物史观和马克思主义国家观，不断推进中国特色社会主义民主政治建设具有重要意义。思想政治教育要客观准确地解答各种关涉国家政治的理论问题，教育引导人们树立正确的马克思主义国家观。第一，要讲清楚新中国与其他资本主义国家的本质区别。《起源》深刻阐明了国家本质上是阶级统治。资本主义国家是建立在资本主义私有制和阶级对立基础上的，其本质就是维护和实现资产阶级利益。我国是建立在社会主义公有制基础上，是坚持工人阶级领导的、以工农联盟为基础的人民民主专政的国家，在本质上代表中国最广大人民的根本利益，把实现和维护最广大人民群众的利益作为工作的根本出发点。第二，要教育人民清醒认识和把握资本主义国家的民主政治现象的本质。在考察国家本质与形式的过程中，恩格斯特别强调，在资本主义代议制国家中，其民主政治本质上是以私有制和财产状况为经济基础和本质特征的。但是，由于阶级斗争的尖锐化，资产阶级会采用间接、隐秘的方式来进行统治，比如通过收买官吏、培植自己的代理人、实行普选制来进行统治。因此，资本主义国家的民主政治实际上不过是资产阶级进行阶级统治的间接和隐蔽形式，是围绕维护和实现资产阶级利益运行的。第三，要旗帜鲜明地提出社会主义国家及其民主政治的优越性。社会主义国家和公有制的建立，使占人口绝大多数的劳动者获得了民主，同时对剥削阶级实行了专政，由此，建构了新型民主和新型专政相结合的国家形态。这为社会主义国家在本质与形式、程序与实质的关系方面达成高度统一，在实现工人阶级和劳动人民的利益与实现全社会公共利益方面达成高度一致奠定了基础，为切实实现工人阶级和劳动人民普遍、真实和平等的权利创造了前提。“历史总是按自己的逻辑向前演进。中国特色社会主义在中国取得巨大成功表明，社会主义没有灭亡，也不会灭亡，而且焕发出蓬勃生机活力。”[①] 总言之，《起源》所阐述的马克思主义国家理论，已经成为塑造人们正确国家观念和政治理念的重要理论基础。以此为指导，思想政治教育必须针对各类国家政治

① 习近平．坚持和发展中国特色社会主义要一以贯之．求是，2022（18）：4－9.

问题给予有力回应，这样才能教育引导现代国家的公民树立更加科学先进的国家观。

（三）思想政治教育要科学运用社会过程研究方法

《起源》通过严谨翔实的历史考察和理论分析，系统地研究了原始社会史，阐发了科学的家庭演化理论与国家发展理论，进一步丰富和发展了唯物史观，极大地增强了唯物史观的科学性和说服力。这启示我们，思想政治教育在研究各种社会历史问题时，也可以运用社会过程研究方法，在仔细考察各类历史事件的基础上提出逻辑严整的客观规律。第一，要坚持历史主义的方法。研究社会历史，要从非连续性的历史事件中看到社会历史过程的连续性，从偶然性中发现社会历史过程的必然性，从历史任务的动机、行为与结果中看到其所反映的社会存在以及社会发展的规律与趋势。列宁也指出："在社会科学问题上有一种最可靠的方法……那就是不要忘记基本的历史联系，考察每个问题都要看某种现象在历史上怎样产生、在发展中经过了哪些主要阶段，并根据它的这种发展去考察这一事物现在是怎样的。"[①] 只有揭示了历史的本质和规律，才能发挥历史研究总结经验、启示来者的作用。第二，要坚持逻辑和历史相统一的方法。社会历史过程是逻辑的基础，逻辑则是社会历史进程在人类思维中的再现。之所以逻辑的方式是研究经济乃至整个社会历史的唯一适当的方式，是因为只有采取这一方式，才能摆脱起扰乱作用的偶然性，不至于在纷繁芜杂的历史材料、历史事件中迷失方向、思想进程被打断，才能修正实际历史发展进程中的迂回曲折，透过历史的表象，以逻辑的必然性和理论的前后一贯性再现、揭示社会发展的规律性和必然性。第三，要坚持科学预见的方法。准确预见社会的发展趋势，制定和实施正确的战略规划，是社会科学研究者的理想追求。毛泽东指出："没有预见就没有领导，没有领导就没有胜利。因此，可以说没有预见就没有一切。"[②] 必须指出的

① 列宁．列宁选集：第4卷．3版修订版．北京：人民出版社，2012：26.

② 中共中央文献研究室．毛泽东文集：第3卷．北京：人民出版社，1996：396.

是，科学预见建立在全面把握和科学分析实际情况的基础之上。我们只有通过分析矛盾各方的特点、性质和相互作用，分析内部条件和外部环境，分析世代特点，才能对事物的发展阶段和发展趋势做出大致准确的预见，才能增强历史主动性，防止和克服被动性、盲目性。

09 无产阶级思想政治教育的哲学指南

——弗·恩格斯《路德维希·费尔巴哈和德国古典哲学的终结》解读

思政金句

要从费尔巴哈的抽象的人转到现实的、活生生的人，就必须把这些人作为在历史中行动的人去考察。

——恩格斯．路德维希·费尔巴哈和德国古典哲学的终结//马克思，恩格斯．马克思恩格斯文集：第4卷．北京：人民出版社，2009：294.

恩格斯在《路德维希·费尔巴哈和德国古典哲学的终结》(简称《费尔巴哈论》)中阐明了马克思主义哲学辩证发展的历史过程，辨析了马克思主义哲学与德国古典哲学的联系与区别，论述了辩证唯物主义和历史唯物主义的内涵及本质，揭示了马克思主义哲学的诞生与社会变革的内在逻辑。因此，它“是在回顾和总结马克思主义哲学发展的基础上，以深睿的远见卓识，提出的面向新世纪的哲学纲领”①，在马克思主义发展史上具有极为重要的地位。思想政治教育是在马克思主义理论的基础上建立起来的学科，《费尔巴哈论》中的上述思想不仅本身蕴含着思想政治教育的重要内容，也为思想政治教育提供了理论依据和方法指导。深入挖掘《费尔巴哈论》中有关思想政治教育的基本观点、立场、方法，具有重要的理论价值和现实意义。

一、丰富的思想政治教育思想

《费尔巴哈论》回顾了马克思主义哲学的形成发展历史，对辩证唯物主义和历史唯物主义做了详细论述，为思想政治教育提供了直接理论依据，夯实了思想政治教育的理论基础。

① 庄福龄．简明马克思主义史．3版．北京：人民出版社，2004：142.

（一）对唯物主义和唯心主义的概述甄别，奠定了思想政治教育的唯物主义基础

恩格斯在总结人类认识史特别是哲学发展史经验的基础上，提出："全部哲学，特别是近代哲学的重大的基本问题，是思维和存在的关系问题。"① 思维和存在的关系问题规定了哲学研究的出发点，是任何哲学体系都必须回答的问题，对这个问题的科学解答为开展思想政治教育提供了基础和前提。恩格斯在文中先从本体论的角度探讨了思维和存在何者为本原的问题。"哲学家依照他们如何回答这个问题而分成了两大阵营。凡是断定精神对自然界说来是本原的，从而归根到底承认某种创世说的人……组成唯心主义阵营。凡是认为自然界是本原的，则属于唯物主义的各种学派。"② 不存在摇摆于二者之间的第三条哲学路线。

需要注意的是，唯物主义和唯心主义是以物质与精神何者为第一性标准划分的两个哲学派别，它们只能在哲学意义上使用。"除此之外，唯心主义和唯物主义这两个用语本来没有任何别的意思，它们在这里也不是在别的意义上使用的。"③ 如果对其内涵过度引申，就会导致认识的混乱。把唯物主义理解为贪吃、爱财、虚荣等一切满足感官需求，追求个人私欲的行为是错误的，唯物主义并不是重物轻人的物本主义，其中的唯物仅表明其奉行物质是第一性的哲学路线。同样，把唯心主义等同于对道德理想、社会理想的信仰也是错误的，唯心主义不是轻物重人的理想主义，其中的唯心仅表明其在哲学上主张精神为第一性。施达克由于把唯物主义和唯心主义直接用于现实，将它们同那些肤浅的、庸俗化的形式混为一谈，遭到了恩格斯的严厉批判。可见，唯物主义和唯心主义只有用于回答物质与精神何者为第一性的哲学问题才有意义，而不能被任意滥用或者套用。

《费尔巴哈论》中对思维和存在何者为本原问题的甄别，以及对唯物主义和唯心主义的区分，为思想政治教育奠定了关键的理论基础。坚持唯物主义

---

① 马克思，恩格斯．马克思恩格斯文集：第4卷．北京：人民出版社，2009：277.

②③ 同①278.

立场，就是坚持物质的客观实在性原则，在物质与意识的对立统一中认识物质，把意识、思维看作物质、存在的能动反映，并将思想深深根植于现实、实际之中。这告诉我们，思想政治教育不能脱离生活实际，建立在空幻的臆想中，而要在详尽占有事实材料的基础上分析人们的思想状况，在思考与认识现实生活的进程中实现创新发展。世界的物质性原理也是思想政治教育的重要内容，思想政治教育要用彻底的唯物主义观点教育群众，坚决反对各种唯心主义思潮，破除封建迷信思想，帮助群众树立科学的无神论，确立正确的世界观。此外，针对现实中存在的一些关于唯物主义和唯心主义的错误理解，比如把过分追求物质利益而忽视精神富足称为唯物主义，将唯心主义看成宗教、迷信，等等，《费尔巴哈论》中对唯物主义和唯心主义的运用范围和边界的划定，为我们走出这类认识误区，厘清基本问题，提供了理论支撑。

（二）对实践的属性及其意义的论述，构筑了思想政治教育的认识论基础

解决了思维和存在何者为本原的问题后，恩格斯从思维能否正确认识存在的角度剖析了思维和存在关系问题的第二个方面："我们关于我们周围世界的思想对这个世界本身的关系是怎样的？我们的思维能不能认识现实世界？我们能不能在我们关于现实世界的表象和概念中正确地反映现实？"① 这是思维和存在的同一性问题，涉及认识发生的现实基础，认识的本质、实现等，属于认识论的范畴。解决思维和存在的同一性问题不能依靠抽象的幻想，只能通过现实的实践。正如恩格斯所指出的，"思维和存在的同一性要得到证实，人类就要马上把他的哲学从理论转移到实践中去"②。实践提供了联结思维和存在的现实支点，是马克思主义认识论首要的、基本的观点。毛泽东曾经指出："辩证唯物论的认识论把实践提到第一的地位，认为人的认识一点也不能离开实践，排斥一切否认实践重要性、使认识离开实践的错误理论。"③

---

① 马克思，恩格斯．马克思恩格斯文集：第4卷．北京：人民出版社，2009：278.

② 同①279.

③ 毛泽东．毛泽东选集：第1卷．2版．北京：人民出版社，1991：284.

在文中，恩格斯详细分析了实践与认识的辩证关系，科学解答了思维和存在的同一性问题。一方面，实践作为人所特有的对象化活动，用工具性的活动把人的思维和现实的存在联系起来，使人认识客观世界成为可能。“既然我们自己能够制造出某一自然过程，按照它的条件把它生产出来，并使它为我们的目的服务，从而证明我们对这一过程的理解是正确的”①，那么，也就打破了休谟、康德的不可知论，证实了世界的可知性。另一方面，认识依靠实践获得进步和发展，实践是认识的动力和源泉。17 世纪以来化学、天文学等自然科学领域的突飞猛进，带来了认识上的飞跃。恩格斯指出：“推动哲学家前进的，决不像他们所想象的那样，只是纯粹思想的力量。恰恰相反，真正推动他们前进的，主要是自然科学和工业的强大而日益迅猛的进步。”② 这也就意味着人的认识依赖实践，实践提供了认识的来源。恩格斯以实践为桥梁，将思维和存在联系起来，批判了唯心主义和不可知论，科学解决了思维和存在的同一性问题，实现了思维和存在在实践基础上的辩证统一。

思想政治教育从人类的有益实践中汲取自身发展的营养，以做好马克思主义理论宣传、阐释工作，培养满足社会发展需要的人为重要职责和使命。孕育和诞生思想政治教育的是实践，赋予思想政治教育生机和活力的是实践，证明思想政治教育价值的也是实践。因此，思想政治教育离不开实践，并深深根植于实践，具有鲜明的实践特性。在开展思想政治教育的过程中需要尊重并凸显这一特性，把马克思主义认识论贯穿于具体工作中，坚持理论与实践相统一。具体来说，一方面要在实践中深化思想政治教育。改变人们的思想观念，提高人们的思想认识水平，不能就思想谈思想，就教育谈教育，而要用从实践中获得的真实力量来说服人、改造人，引导人们形成正确的思想认识，实现认识的进步和理论水平的提高。另一方面要重视理论对实践的指导。马克思主义是科学的世界观和方法论，要坚持马克思主义的本质规定性，用完整准确的马克思主义指导思想政治教育工作，引导人民群众掌握马克思

① 马克思，恩格斯．马克思恩格斯文集：第 4 卷．北京：人民出版社，2009：279.

② 同①280.

主义理论和方法，从而把理论转化为人民群众实践的工具。

（三）将唯物主义引入历史领域，明确了思想政治教育的历史观基础

历史思维是哲学研究不可或缺的，费尔巴哈缺乏对历史的深入思考，导致他的唯物主义思想在自然领域和社会历史领域出现了断裂，形成了唯心主义的历史观。在《费尔巴哈论》中，恩格斯从费尔巴哈的宗教哲学和伦理学出发揭示了他在社会历史领域出现的唯心主义谬误。费尔巴哈把宗教理解为人与人之间的感性关系，并将人类历史看成宗教变迁的历史。这种用停留在单个人偶然的、抽象的联系替代人与人之间现实的、具体的联系的做法是无法真正认识和理解宗教的，而对于宗教研究来说，从现实和历史语境中把握它的生成和发展至关重要。在伦理学上，费尔巴哈以抽象的人性论为基础，宣扬适用于一切人的超阶级的“爱”。他只强调爱在社会中发挥的道德力量，而没有意识到恶才是推动历史发展的强大动力，从而过分重视人与人之间的两性关系和道德关系，忽视了更为重要的政治和经济关系，这导致“他的哲学中的最后一点革命性也消失了”[①]。

与费尔巴哈在历史领域停滞不前不同，马克思、恩格斯坚持将唯物主义贯彻到底，创立了“关于现实的人及其历史发展的科学”[②]，提出了唯物史观。在《费尔巴哈论》中，恩格斯以人类历史变迁发展的一般图景论证了历史唯物主义的深刻内涵和重要意义，并在此基础上进一步阐明了社会发展动力的“合力”。恩格斯指出：“人们总是通过每一个人追求他自己的、自觉预期的目的来创造他们的历史，而这许多按不同方向活动的愿望及其对外部世界的各种各样作用的合力，就是历史。”[③] 对此，要从广大人民群众而不是从个别英雄人物的实践中探索构成历史的真正的、最后的动力，揭示社会历史发展规律。在论述社会历史发展规律时，恩格斯详细阐释了社会存在与社会

① 马克思，恩格斯．马克思恩格斯文集：第4卷．北京：人民出版社，2009：294.

② 同①295.

③ 同①302.

意识的辩证关系，提出了“一切政治斗争都是阶级斗争”[①]“国家、政治制度是从属的东西，而市民社会、经济关系的领域是决定性的因素”[②]等一系列论断，这些马克思主义唯物史观的观点在时代条件发生变化和共产主义运动发展的背景下得以重申。

恩格斯关于社会存在与社会意识、人民群众的历史主体地位等唯物史观的论述，在总体上规定了思想政治教育的本质、地位、目的、对象、内容，深刻回答了思想政治教育存在的必要性和重要性。思想政治教育“作为社会意识的组成部分，即被社会物质生活条件所决定”[③]，必须与社会物质生活条件发展的要求相一致，自觉自愿地服务于社会进步发展的要求，并为社会进步发展提供精神动力。同时思想政治教育对社会存在具有能动的反作用，通过教育人、培养人，能够促使人们积极参与社会实践，达到精神变物质的效果。但是无限夸大这一作用也不妥，既不能认为“思想政治教育万能”“政治代替一切”，也不能把生产力对社会发展起决定作用的原理简单化、绝对化、庸俗化，坚持“思想政治教育无用论”，忽视思想政治教育能动的反作用。思想政治教育与人民群众息息相关，其内容、方法以及最终的指向都深深根植于人民群众的实践中，只有深入人民群众，依靠人民群众，才能更好地开展思想政治教育。为此，要牢固树立以人民为中心的立场，尊重群众、依靠群众，坚持群众路线，厚植群众基础，深入广大人民群众的日常生活之中，做好动员宣传和思想引导，以实干赢得群众，切实增强思想政治教育的实效性。

二、精辟的思想政治教育论断

《费尔巴哈论》蕴含着丰富的思想政治教育思想，其中一些精辟的表述关涉思想政治教育，凝结为严整的思想政治教育论断。这些论断内涵深刻，发人深省，对今天开展思想政治教育有着重要的指导意义。

---

①② 马克思，恩格斯．马克思恩格斯文集：第4卷．北京：人民出版社，2009：306.

③ 陈万柏，张耀灿．思想政治教育学原理．2版．北京：高等教育出版社，2007：33.

（一）论断一：马克思主义不是一堆现成的、一经发现就需要熟读死记的教条

在论述黑格尔哲学的真实意义和革命性质时，恩格斯指出，“哲学所应当认识的真理，在黑格尔看来，不再是一堆现成的、一经发现就只要熟读死记的教条了”[①]。在这里，恩格斯肯定了黑格尔对真理的认识，即真理不是教条，同时引出了一条关涉思想政治教育的论断，即马克思主义不是一堆现成的、一经发现就需要熟读死记的教条。这一论断为我们明晰了对待马克思主义的态度，也为具体工作的开展提供了方法论指导。马克思主义是科学的理论体系，创造性地揭示了人类社会发展规律。它不是宗教教条式的东西，机械刻板地对待马克思主义，不分场合和对象加以搬用，那样不但会窒息马克思主义的鲜活生机，而且会导致谬误。恩格斯曾经指出：“如果不把唯物主义方法当做研究历史的指南，而把它当做现成的公式，按照它来剪裁各种历史事实，那它就会转变为自己的对立物。”[②] 正确对待马克思主义就是在领会马克思主义理论精髓的基础上，结合实际加以灵活运用，努力实现马克思主义的发展。

用什么样的态度对待马克思主义是一个关系能否激发马克思主义活力和创造力的重要问题，也是思想政治教育理当观照的重要问题。思想政治教育以马克思主义为基本内容和理论基础，第一要务就是深入开展对马克思主义理论的研究，完整、准确地把握马克思主义的科学体系和理论精髓。弄明白、搞清楚哪些是要坚决铲除的教条式、本本式的误解，哪些是披着马克思主义外衣的错误观点，哪些是要立足时代、结合实际加以丰富和补充的内容，哪些是必须长期坚持不能动摇的根本原则和思想。始终把马克思主义视为科学的世界观和方法论，坚决抵制教条式地对待马克思主义的行为。在学科建设上，以马克思主义为指导，针对学科特点和时代特征，创建具有中国特色的思想政治教育学科体系。在教育实践上，扎根人民群众的鲜活实践，了解群

① 马克思，恩格斯．马克思恩格斯文集：第4卷．北京：人民出版社，2009：269.

② 马克思，恩格斯．马克思恩格斯文集：第10卷．北京：人民出版社，2009：583.

众的思想结症、困惑疑虑和喜好需要，引导人民群众领悟马克思主义的精神实质。总之，只有把马克思主义看成是科学的指南，而不是复刻的教条，在领会马克思主义理论精髓的基础上结合实际加以灵活运用，思想政治教育才能在理论创新和实践创新中实现自身发展。

（二）论断二：真理潜藏于认识的辩证发展中，贯穿于科学的历史变迁中

恩格斯在揭示黑格尔哲学的“合理内核”，即辩证法时，阐述了事物永恒发展的思想，指出，“真理是在认识过程本身中，在科学的长期的历史发展中，而科学从认识的较低阶段向越来越高的阶段上升，但是永远不能通过所谓绝对真理的发现而达到这样一点，在这一点上它再也不能前进一步”①。这一论断就哲学认识的领域即人的认识而言，是指没有所谓的绝对真理，真理是一个过程，是一个“怎样从不知到知，怎样从不完全的不确切的知到比较完全比较确切的知”② 的日渐深化的过程，是一个不断从低级阶段向高级阶段上升的认识过程。就实践行动的领域即社会的发展而言，意味着没有完美的理想状态，一切事物都处于不断发展变化之中，“不存在任何最终的东西、绝对的东西、神圣的东西”③。也就是说，自然的、历史的和精神的世界是一个过程，并且始终处于不断运动、变化和发展之中，而思维的任务就在于通过螺旋上升的曲折道路去探索这一过程。

恩格斯关于事物发展的论断，是指导思想政治教育实践和学科建设，构建思想政治教育长效机制的基本思想。由于物质世界在时间和空间上是无限的，人对世界的认识是随着实践的发展而不断进步的，思想政治教育的实践进展没有终点，理论发展也不会完结。要始终以马克思主义发展观为指导推进思想政治教育创新发展。一方面，在继承和发扬马克思主义发展观的基础上塑造思想政治教育与时俱进的理论品格。在理论发展方面，勇于探索，立

---

① 马克思，恩格斯．马克思恩格斯文集：第 4 卷．北京：人民出版社，2009：269－270.

② 列宁．列宁选集：第 2 卷．3 版修订版．北京：人民出版社，2012：77.

③ 同①270.

足基础理论和基本问题，攻坚克难，实现理论突破与创新，筑牢思想政治教育的学科大厦；在实践发展方面，结合时代特征，为思想政治教育理念、方法、载体、途径注入新的元素，努力形成思想政治教育创新发展的生动局面。另一方面，在具体实践中，用马克思主义最新成果武装人民群众。马克思主义是不断发展的理论，思想政治教育同样不能故步自封，要紧跟时代步伐，用马克思主义中国化最新理论成果，特别是用习近平新时代中国特色社会主义思想武装头脑，教育人民，如此才能增强思想政治教育的时代感和鲜活感。

（三）论断三：把人作为在历史中行动的人去考察，实现从抽象的人向现实的、活生生的人的转变

针对费尔巴哈把人归结为自然产物，抽象式地理解人的方式，恩格斯从历史唯物主义的角度予以批判，指出："要从费尔巴哈的抽象的人转到现实的、活生生的人，就必须把这些人作为在历史中行动的人去考察。"① 这一论断指明了正确认识人、理解人的路径，也为思想政治教育理论研究和实践活动建立了出发点。在恩格斯的视野中，人不只是生物学意义上抽象的、孤立的人，还是社会生活中现实的、联系的人。费尔巴哈仅从生物学角度考察人是抽象的、狭隘的，因而他"不能找到从他自己所极端憎恶的抽象王国通向活生生的现实世界的道路"②，无法对社会历史做出正确的分析。现实的人存在于一定的历史时空内，是从事实践活动，处于现实的社会关系之中的个人。认识人、理解人就要进入社会历史中，从现实的人及其行为活动，以及其所处的物质生活世界入手，探寻人与人之间的联系，揭示人的本质。进行理论研究，开展实践活动都要以现实的人为逻辑起点，在具体实践中解决具体问题，而不能停留在抽象化、概念式地理解社会生活上。

恩格斯在《费尔巴哈论》中驳斥了"抽象的人"的观点，深刻论述了"现实的人"的思想，强调从"现实的人"出发开展研究的必要性，为思想政治教育奠定了重要的人学基础。思想政治教育的对象是人，"思想政治工作从

---

①② 马克思，恩格斯．马克思恩格斯文集：第4卷．北京：人民出版社，2009：294.

根本上说是做人的工作"[①]，这里的人不单单是生物学意义上的人，还指有思想、有性情的处于一定社会关系之中活生生的、现实的人。因此，无论是思想政治教育的理论还是实践都不能建立在虚幻的空中楼阁上，要摆脱抽象人性论的迷雾困境，真正进入社会历史领域，从具体的、历史的、现实的人出发分析问题、解决问题。在具体工作中坚持"解决思想问题与解决实际问题相结合"[②]，教育、引导人与关心、帮助人相统一，深入考察受教育者所处的生活环境与具体社会关系，充分掌握受教育者的实际需求和困难，有针对性地开展教育引导，把思想政治教育真正落到实处。

（四）论断四：偶然性受内部的隐蔽着的规律支配，而问题在于发现这些规律

恩格斯在论述探索社会历史发展规律的路径时指出："在表面上是偶然性在起作用的地方，这种偶然性始终是受内部的隐蔽着的规律支配的，而问题只是在于发现这些规律。"[③] 这一论断从偶然性和必然性辩证关系的角度，揭示出探究事物内部规律的意义。偶然性表现为事物在发展过程中出现的某种偏离，是一种不确定的趋势，它受到必然性的支配。必然性总是与偶然性相联系，二者在一定条件下可以相互转化。由于偶然性和必然性的辩证运动，使事物的发展具有规律性；规律是事物发展中本身所固有的本质的、必然的、稳定的联系，也是事物运动变化的必然趋势和确定的秩序[④]。正确认识事物，关键是要探寻表面现象背后的发展规律，为此需要从事物表面呈现出的偶然性和必然性趋势入手，透过纷繁复杂的现象，深入研究事物的本质，探究事物的发展规律。

任何科学都以研究某种规律为己任，一种理想、学说要想成为科学，就

① 习近平．习近平谈治国理政：第2卷．北京：外文出版社，2017：377.

② 教育部思想政治工作司组．加强和改进大学生思想政治教育重要文献选编：1978—2014．北京：知识产权出版社，2015：266.

③ 马克思，恩格斯．马克思恩格斯文集：第4卷．北京：人民出版社，2009：302.

④ 李秀林，王于，李淮春．辩证唯物主义和历史唯物主义原理．6版．北京：中国人民大学出版社，2022.

必须解释某种规律，思想政治教育也不例外。作为一门指导人们形成正确思想行为的学科，研究规律是思想政治教育的根本任务。对思想政治教育规律的研究，不但能够促进思想政治教育学科理论体系的建立，而且能使思想政治教育实践活动有所遵循，教育的有效性得到确证。揭示和发现思想政治教育规律，需要从正确认识社会发展过程、思想政治教育过程、受教育者在成长成才过程中呈现的偶然性和必然性的趋势入手，科学分析受教育者、教育内容等具有的特点，探寻掩盖在纷繁复杂的社会关系以及多样的思想政治教育实践活动中的规律。在研究时要深入思考本质问题，分析思想政治教育过程的环节、要素、特征、矛盾，提炼思想政治教育过程规律，分析人的思想品德结构和形成过程，归纳思想品德形成与发展规律，等等。此外，在发现和揭示规律的基础上，要掌握和运用好这些规律，以便思想政治教育工作顺利开展。

三、重要的思想政治教育启示

《费尔巴哈论》是一部介绍马克思主义哲学的论战性、宣传性著作，具有鲜明的实践指向性，为理论研究、宣传、阐释工作做出了典范，思想政治教育可以从其文本特色、研究方法、写作风格上得到有益借鉴。

（一）不忘革命性特质，捍卫马克思主义意识形态地位

《费尔巴哈论》是恩格斯从理论上批判反马克思主义思潮的一部论战性著作，不管是从写作的现实原因、直接原因，还是从写作的具体内容来看，它都极大地彰显了马克思主义哲学的革命性特质，展现出恩格斯捍卫马克思主义的战斗者姿态。

在《费尔巴哈论》写作之时，德国新康德主义和英国新黑格尔主义反动思潮在欧洲社会上开始涌现。恩格斯深感他们在理论上的荒谬和实践上的危害，故借《费尔巴哈论》一文对其进行及时的揭露和深刻的批判。《费尔巴哈论》写作的直接原因是德国社会民主党的机关刊物《新时代》邀请恩格斯写

一篇批评文章来评述施达克《路德维希·费尔巴哈》一书。在《费尔巴哈论》中，恩格斯直接批判的对象就是施达克，施达克混淆了唯物主义和唯心主义的区别，把费尔巴哈误判为唯心主义者，对此，恩格斯尖锐地批判了施达克的谬误，厘清了唯物主义和唯心主义的基本问题。为了阐明马克思主义哲学观点，恩格斯在文中还深刻批判了黑格尔的自我意识哲学、费尔巴哈的唯心主义历史观，具体批判了青年黑格尔派施特劳斯和鲍威尔在历史观层面的倒退、休谟和康德的不可知论等问题。可以看出批判构成了《费尔巴哈论》的基本论调，恩格斯以批判作为自己的立论起点，用先驳后立的叙述方式，清晰地阐释了马克思主义哲学观点。恩格斯在进行批判时也形成了自己独特的话语风格，以幽默中略带嘲讽和辛辣的言语直戳问题根源，鞭辟入里，发人深省。例如恩格斯以“拖着一根庸人的辫子”① 挖苦黑格尔哲学的保守性，用“下半截是唯物主义者，上半截是唯心主义者”② 讽刺费尔巴哈哲学的局限性。

马克思主义是在与形形色色的各类思潮和错误思想、观点的交锋、斗争中逐步发展壮大起来的。《费尔巴哈论》展现了马克思主义哲学的革命性、批判性，体现了作为真正的马克思主义者捍卫马克思主义的价值诉求，对指导思想政治教育工作有着重要的启迪。思想政治教育反映了无产阶级的根本利益和要求，具有鲜明的阶级性。在当今中国，旗帜鲜明地捍卫马克思主义是思想政治教育的根本旨趣所在。广大思想政治教育工作者作为马克思主义的坚定支持者和积极传播者，必须具有较高的政治素质、坚定的理想信念和正确的政治立场，葆有强烈的阵地意识和斗争意识，坚持和巩固马克思主义在意识形态领域的指导地位。面对社会上的“马克思主义过时论”“历史终结论”等错误思想言论，要始终保持头脑清醒，敢于亮剑，敢于发声，根据马克思主义基本原理，揭露其本质，并进行充分、有说服力的批判。

① 马克思，恩格斯．马克思恩格斯文集：第 4 卷．北京：人民出版社，2009：272.

② 同①296.

（二）坚持批判与继承，完善思想政治教育方法

马克思主义哲学是在批判与继承德国古典哲学的基础上创立的。在《费尔巴哈论》中，恩格斯对马克思主义哲学的理论演进历程做了详细整理和反思回顾，全面系统地阐述了马克思主义哲学是如何借助批判与继承的方法从黑格尔哲学出发，经过费尔巴哈这一中间环节，最终走向辩证唯物主义和历史唯物主义的新世界观。黑格尔是德国古典哲学的集大成者，他提出了事物永恒发展的思想，也就是辩证法，但是辩证法在黑格尔那里是绝对观念的自我运动、自我展开、自我复归。马克思和恩格斯克服了黑格尔辩证法的局限，把他用头立地的唯心辩证法颠倒过来，将辩证法建立在唯物主义基础之上。费尔巴哈有着纯粹的唯物主义思想，认为精神是物质的产物，但是他的唯物主义思想仅仅停留于自然领域，在历史领域出现了断裂。马克思、恩格斯批判地继承了费尔巴哈的唯物主义思想，将唯物主义从自然界扩展到包括社会历史领域在内的一切人类知识领域，阐明了社会历史的辩证运动过程及其发展的必然趋势。由此可以看出，与简单地将前人的哲学思想抛在一旁有所不同，马克思、恩格斯始终坚持批判与继承，运用扬弃的唯物辩证法，创立了马克思主义哲学，实现了哲学发展史上的革命性变革，成为黑格尔学派解体后“唯一的真正结出果实的派别”①。

批判与继承是唯物辩证法中扬弃的方法，它建立在辩证理解肯定和否定上，意味着抛弃和否定旧事物中的消极因素，吸取并改造旧事物中的积极因素，实现从旧事物到新事物的转变。坚持批判与继承，运用好扬弃的唯物辩证法，是推动哲学创新发展的必然要求。正如恩格斯所指出的：“简单地宣布一种哲学是错误的，还制服不了这种哲学……必须从它的本来意义上‘扬弃’它，就是说，要批判地消灭它的形式，但是要救出通过这个形式获得的新内容。”② 同样，对于思想政治教育来说，要想形成规模庞大而又布局合理的体

---

① 马克思，恩格斯．马克思恩格斯文集：第 4 卷．北京：人民出版社，2009：296.

② 同①276.

系，获得长足发展与创新进步，就要运用好唯物辩证法，特别是批判与继承的方法。思想政治教育不是无本之木、无源之水，而是建立在人类优秀文明成果之上的，具有综合性的特征，这决定了它不仅要以马克思主义为理论基础，还要保持兼容并蓄的态度，从古今中外的思想政治教育理论与实践，如中国古代儒家的德育、美国的价值观教育、英国的公民教育等，以及伦理学、教育学、社会学、心理学、管理学等学科所包含的丰富思想中汲取养料，推动思想政治教育体系日臻完善。

（三）延续言简意赅文风，改进思想政治教育艺术

《费尔巴哈论》详尽阐释了马克思主义哲学形成发展的历程，是一部介绍马克思主义哲学的宣传性著作，也是推动马克思主义大众化的经典文本。整篇文章环环相扣，逻辑严明，以辨析黑格尔哲学，阐述唯物辩证法、论述哲学基本问题，分析费尔巴哈唯物主义、批判费尔巴哈唯心主义历史观，阐述马克思主义哲学的产生与唯物史观基本原理为主线，勾勒出马克思主义哲学形成发展的图景，阐述了辩证唯物主义和历史唯物主义。与《费尔巴哈论》论述逻辑相联系的是它的文风。作为宣传性的著作，恩格斯用易于群众所理解的历史叙事的方式，阐释了马克思主义哲学基本原理，并采用较多概述、例证、修辞的方法，以及通俗易懂的语言来阐述较为深奥、复杂的哲学原理，更好地发挥了宣传教育效果。列宁在悼念恩格斯《弗里德里希·恩格斯》一文中对恩格斯简明晓畅的写作风格予以肯定，他写道："马克思致力于分析资本主义经济的复杂现象。恩格斯则在笔调明快、往往是论战性的著作中，根据马克思的唯物主义历史观和经济理论，阐明最一般的科学问题，以及过去和现在的各种现象。"[①] 在文中，恩格斯不仅用简单平实的语言阐述了马克思主义哲学以表示范，而且直接批判了一些哲学家采用"不必要的晦涩难懂的哲学语言"[②] 的写作方式，他指出："在这些教授后面，在他们的迂腐晦涩的

---

① 列宁．列宁选集：第1卷．3版修订版．北京：人民出版社，2012：94.

② 马克思，恩格斯．马克思恩格斯文集：第4卷．北京：人民出版社，2009：280.

言词后面，在他们的笨拙枯燥的语句里面竟能隐藏着革命吗?”[①] 他还特别批评了费尔巴哈企图“以美文学的词句代替了科学的认识”[②]。

华丽辞藻和浮夸话语并不能增强理论的深刻性，以通俗易懂的语言表达深刻的哲学观点才是做好哲学研究和宣教工作的最佳方式。马克思主义只有借助贴近生活、贴近实际的多样表达方式，才能得以广泛传播，为广大人民群众所积极认识和掌握。《费尔巴哈论》作为恩格斯推进马克思主义大众化的典型力作，对思想政治教育工作的具体开展做出了有益示范。在工作实践中要借助准确通俗的表达方式，深入浅出地阐释理论，不可模棱两可、似是而非，要适当地采用比喻、引用等修辞手法，以鲜活生动的语言增强教育感染力，还要注重教育形式的多样化，根据不同场合、对象、教育主题，变换风格，用群众喜闻乐见的形式提高教育的针对性与亲和力。只有注重思想政治教育方法艺术的运用，才能避免思想政治教育成为游离于时代之外，与日常生活相脱节的空洞说教，才能更好地引导人们树立正确的思想观念。

① 马克思，恩格斯．马克思恩格斯文集：第4卷．北京：人民出版社，2009：267.

② 同①276.

10 马克思、恩格斯思想政治教育思想撷萃

——卡·马克思和弗·恩格斯的重要书信解读

思政金句

宣传上的正确策略并不在于经常从对手那里把个别人物和一批批成员争取过来，而在于影响还没有卷入运动的广大群众。

——马克思，恩格斯．马克思恩格斯文集：第10卷．北京：人民出版社，2009：390.

马克思、恩格斯的思想不仅体现在其出版的著作和没有出版的手稿中，而且体现在其大量书信中。迄今出版的马克思、恩格斯的 4 200 多封书信，记录了马克思、恩格斯在思想阐释、理论斗争和社会主义宣传过程中形成的一系列经验。马克思、恩格斯书信作为马克思主义文献体系中重要的组成部分，是运用历史唯物主义的典范，是历史唯物主义思想宝库的珍贵材料，是马克思主义研究的思想宝库。研究马克思、恩格斯的思想政治教育思想，不应忘记这些虽然零散但十分重要的思想史料。列宁指出，研究马克思、恩格斯书信能够“更全面和更深刻地弄懂马克思主义的观点”[①]。重温马克思、恩格斯书信，研读其中丰富的思想政治教育思想，剖析其中重要的思想政治教育论断，对推进思想政治教育理论与实践有着重要启示。

一、丰富的思想政治教育思想

马克思、恩格斯书信，跨越了半个多世纪，内容丰富，思想深邃。对书信进行梳理可以发现，除了具有历史价值和理论价值外，书信还具有重要的思想政治教育价值。

（一）马克思、恩格斯书信巩固了思想政治教育的理论基础

马克思主义思想政治教育以马克思主义科学理论为基础，书信中记录的

① 列宁．列宁专题文集：论马克思主义．北京：人民出版社，2009：104.

一系列重要论述，进一步阐发和深化了马克思、恩格斯的思想理论。比如，恩格斯在 1847 年 11 月 23—24 日写给马克思的信中就讨论了《共产党宣言》的写作思路，他说："我开头写什么是共产主义，接着写什么是无产阶级……最后谈到了共产主义者的党的政策中应当公开的内容。"[①]《共产党宣言》的脉络和理论核心就这样在信中鲜明地呈现了出来。同时，许多书信具有重要的理论意义，它们不仅从不同角度直接或间接反映了马克思、恩格斯的思想历程，还补充和进一步阐释了一些观点。恩格斯关于历史唯物主义的 5 封书信，就有这样的特点。19 世纪末的马克思主义庸俗化思潮将唯物史观肆意歪曲为经济决定论，过分强调生产力对社会历史的决定力量，否定意识和上层建筑的作用。针对此，恩格斯通过 5 封书信，全面论证了经济基础和上层建筑的辩证关系，深入阐述了上层建筑的反作用，提出了意识形态的相对独立性，并且指出了历史发展是由一种合力来推动的，经济因素并非唯一决定性因素。这 5 封书信全面阐发了社会发展规律，不仅进一步丰富了唯物史观，还很好地体现了对科学的历史观和方法论的运用。新时代对这些书信进行梳理和阐释不仅能丰富和完善马克思、恩格斯的理论体系，还能巩固和深化思想政治教育的理论基础。

（二）马克思、恩格斯书信丰富了思想政治教育的有效载体

马克思、恩格斯把通信活动作为思想交流与理论探讨的重要方式，将书信作为社会主义宣传的有效载体。和其他载体相比，书信的非正式性、私密性、灵活性、针对性给马克思主义思想政治教育提供了更大的空间。一方面，书信是社会主义宣传载体的有效补充。受德国书报检查制度限制，马克思、恩格斯的很多作品都难以面向大众，而书信的灵活性和私密性决定了其成为当时社会主义宣传的重要载体。另一方面，书信有助于增强思想政治教育的效果。大部分的宣传教育形式是一对多，书信则是一对一，针对性更强，也更容易被人接受。马克思、恩格斯经常通过书信探讨理论问题，论证科学观

---

① 马克思，恩格斯．马克思恩格斯文集：第 10 卷．北京：人民出版社，2009：56.

点。马克思在 1846 年 5 月 5 日写给皮埃尔·约瑟夫·蒲鲁东的信中回忆，“我和我的两个朋友……一起同德国的共产主义者和社会主义者建立了经常性的通讯联系，借以讨论学术问题，评论流行的著作，并进行社会主义宣传”[①]。比如，恩格斯在 1846 年 10 月 23 日致布鲁塞尔共产主义通讯委员会的信中，针对很多人不能正确认识共产主义，他用简短的言语规定了共产主义的宗旨：实现无产者利益、消灭私有制、进行暴力民主革命[②]。这封信简练而准确地将共产主义的宗旨表达出来，对当时的共产主义宣传起到了极大的促进作用。可以说，在传看书信的过程中，这些共产主义者、革命活动家以及工人群众进一步理解和接受了科学理论，书信的影响范围不断扩大，不仅发挥了传播共产主义思想、进行思想政治教育的作用，还达到了吸引政治同盟、凝聚革命力量的效果。

（三）马克思、恩格斯书信提供了思想政治教育的精神资源

马克思、恩格斯书信包含了十分丰富的思想政治教育精神资源，为无产阶级带来了精神激励和思想鼓舞。一方面，书信中展现了以马克思、恩格斯为代表的共产党人追求自由和解放的革命精神。书信清楚地记录和反映了马克思、恩格斯等对共产主义的坚定信仰、对历史使命的奋力拼搏、对社会责任的勇于担当，在革命斗争中甘洒热血、无怨无悔的精神。恩格斯曾这样评价马克思的革命精神：“斗争是他的生命要素。很少有人像他那样满腔热情、坚韧不拔和卓有成效地进行斗争。”[③] 另一方面，书信中展现了马克思、恩格斯为全人类事业而奋斗的人道主义精神。马克思、恩格斯将解放全人类作为自己一生的旨归，即使在政治压迫和贫苦条件下，也丝毫不动摇。1862 年，约翰·菲力浦·贝克尔请马克思帮忙推销他的著作，此时的马克思因为美国内战已经一年没有收入来源，但面对贝克尔的请求，他还是回信道：“请您相信，亲爱的朋友，当我意识到自己在斗争中对您这样的人无能为力、爱莫能

---

① 马克思，恩格斯．马克思恩格斯文集：第 10 卷．北京：人民出版社，2009：31.

② 同①40.

③ 马克思，恩格斯．马克思恩格斯文集：第 3 卷．北京：人民出版社，2009：602.

助时，没有比这更使我感到痛苦的了。”[①] 马克思、恩格斯书信充分地折射出他们的价值选择与理想信念，展示了他们如何面对职业选择，面对理想与利益，面对生命与死亡，面对成功与失败等一系列人生考验和挑战。新时代我们应该利用马克思、恩格斯精神品格的力量，对书信中的精神资源进行深入发掘、有效整合和生动讲授，帮助受教育者对共产主义理想信念有更深刻的理解，对科学真理有更不懈的追求，对高尚事业有更坚定的选择，对社会责任有更强烈的担当。

（四）马克思、恩格斯书信记录了思想政治教育的实践活动

马克思、恩格斯书信是研究马克思、恩格斯进行社会主义宣传和革命鼓动极为翔实的珍贵史料。书信非常生动地记录了当时国际工人运动形成与发展的全貌，记录了马克思、恩格斯以及各无产阶级政党领袖进行马克思主义思想政治教育的经验与教训，记录了全世界工人的思想活动历程，反映了宣传思想工作在全世界工人运动中发挥的重大作用，是宝贵的无产阶级思想史。马克思、恩格斯书信所反映的时代，正是工人阶级从资产阶级民主运动中分离出来的时代，是独立的工人运动开始兴起的时代，因而也是亟须确定无产阶级革命策略和政策原则的时代，是急需科学思想指导的时代。书信记录了马克思主义思想在这一时期的传播历程及其如何实现对工人阶级的思想引领。马克思、恩格斯在书信中分析了不同国家的现实状况，探讨了当时无产阶级思想政治任务的问题，确定了一系列的纲领和方法。比如，1877 年，马克思给美国工人运动活动家弗里德里希·阿道夫·左尔格写信，批评德国社会民主党内“流行着一种腐败的风气”[②]，提出要把这种空想社会主义的“幻想从德国工人的头脑中清除出去，从而使他们在理论上（因而也在实践上）比法国人和英国人优越”[③]。同时，恩格斯与德国社会民主党的威廉·李卜克内西和奥古斯特·倍倍尔也多次通信，针对他们对党内机会主义思想的包容态度，

---

① 马克思，恩格斯．马克思恩格斯全集：第 30 卷．北京：人民出版社，1975：615－616.

② 马克思，恩格斯．马克思恩格斯文集：第 10 卷．北京：人民出版社，2009：420.

③ 同②421.

恩格斯进行了严肃批评，并要求肃清机会主义分子对党内思想的影响。这些书信记录了他们如何领导国际革命，如何参加和指导工人运动，如何创立共产国际，如何教育工人领袖，如何修正党内方针政策，如何同各种错误思潮展开毫不妥协的论战，是马克思主义思想政治教育宝贵的历史经验，对当今的思想政治教育实践有着重要的指导意义。

二、精辟的思想政治教育论断

从书信中我们可以看到马克思、恩格斯思想的原初状态、时代特质和精神风貌。书信蕴含着关于思想政治教育的独特论断，这些论断贴合实际、针对问题，不同于论著中长篇的思想理论阐释，更多的是具体的策略艺术指导。

（一）关于思想政治教育对象的论断

论断一：解放只有使工人意识到自身的地位才有可能

工人阶级是马克思主义思想政治教育必须要争取的对象。恩格斯在 1891 年 3 月 24 日致麦克斯·奥本海姆的信中说道："真正导致解放的措施，只有在经济变革促使广大工人群众意识到自身的地位，从而为他们取得政权开辟了道路的时候，才有可能。"[①] 也就是说，要用教育唤醒他们，实现从自发的革命到自觉的革命的过渡。马克思、恩格斯作为无产阶级革命的领袖，一直致力于对工人进行科学的理论教育，他们在信中不止一次谈到工人阶级的充分发展是无产阶级革命胜利的必要条件。1881 年 2 月 22 日，马克思在与斐迪南·多梅拉·纽文胡斯通信总结巴黎公社革命经验教训时指出，工人缺乏科学社会主义理论的指导，加上当时公社里并没有真正的社会主义者，导致"这不过是在例外条件下的一个城市的起义"[②]。因此，无产阶级政党目前迫切要做的是："争取工人阶层上升到能够达到我们的目的即消灭一切阶级统治

① 马克思，恩格斯．马克思恩格斯文集：第 10 卷．北京：人民出版社，2009：607.

② 同①459.

的那种精神发展水平。”① 可以看出，马克思、恩格斯一直对工人阶级的革命性和进步性坚信不疑，认为他们可以承担人类解放的重大历史任务。但由于长期受资产阶级压迫和剥削，工人没有契机使自身达到这种觉悟层次，而马克思主义思想政治教育的职责与使命就是帮助工人打破这种局限性。

论断二：进行社会主义宣传鼓动中农和大农

农民阶级的思想问题，是不容忽视的关键问题。马克思在 1859 年 5 月 18 日写给斐迪南·拉萨尔的信中就表达出对农民思想问题的关心，说道：“对非官方的平民分子和农民分子……没有给予应有的注意。”② 1895 年，恩格斯在致保尔·施土姆普弗的信中也强调，要“用社会主义的宣传鼓动对那些身负重债并日渐反叛的中农和大农产生点影响”③。一方面，对农民进行思想政治教育是进行无产阶级革命的要求。“国民革命只有同城市和农民结成联盟，特别是同后者结成联盟才能实现。”④ 牢固的工农联盟是取得无产阶级革命胜利的可靠保障，只有团结农民，才能壮大无产阶级革命的队伍，才能凝聚无产阶级革命的力量。帮助农民阶级实现思想意识的觉醒和进步，使他们自觉变成工人阶级天然的、可靠的同盟军，必须依靠马克思主义思想政治教育。另一方面，对农民进行思想政治教育是农民实现自身解放的要求。农民阶级的小生产思想是他们实现解放的最大阻碍。农民阶级虽然也是劳动者，具有革命性，但由于他们对生产资料有一定的保有，始终摆脱不了作为小私有者保守的一面，再加上农民阶级科学文化素质和思想理论水平普遍较为低下，这就决定了他们不可能自觉地认识到自己的阶级地位和历史使命。总之，虽然农民阶级不是社会革命的领导阶级，但他们是社会历史的推动者，在社会革命过程中起着重要作用。因此，对他们进行思想政治教育，使他们摆脱小生产者的局限，引导他们投入无产阶级革命事业中是马克思主义思想政治教育的应有之责。

---

① 马克思，恩格斯．马克思恩格斯全集：第 44 卷．北京：人民出版社，1982：596.

② 马克思，恩格斯．马克思恩格斯文集：第 10 卷．北京：人民出版社，2009：176.

③ 同②683.

④ 同②176－177.

（二）关于思想政治教育原则的论断

论断一：向工人宣传在任何情况下都不应当放弃政治

马克思、恩格斯所进行的社会主义宣传，本质上就是政治宣传，目的就是唤醒广大受压迫的群众，必须要有鲜明的政治性。恩格斯在 1872 年 1 月 24 日致泰奥多尔·库诺的信中强调，工人“天生就是有政治头脑的；任何要他们放弃政治的人，都终究会被他们所唾弃。向工人宣传在任何情况下都应当放弃政治，这就等于把他们推到传教士或资产阶级共和主义者的怀抱里去”[①]。对工人进行教育，一定不能回避政治，要鲜明地亮出无产阶级政党的旗帜，彻底地阐述无产阶级政党的纲领，坚决地表明政治态度。思想政治教育是摆脱不了政治性和阶级性的。“统治阶级的思想在每一时代都是占统治地位的思想。”[②] 在物质上占统治地位的阶级，在思想上必然占主导地位，进行思想政治教育是统治阶级维护阶级统治的必要实践。资本主义社会，资产阶级控制着物质生产和精神生产，他们通过欺骗来隐瞒自己剥削的本质，借助统治阶级的优势，对资本主义社会进行极力的美化，使人们深信这样的社会是理想且永恒的。而马克思、恩格斯提出要使教育摆脱资产阶级的影响，他们光明正大地宣布无产阶级的思想政治教育是为无产阶级专政服务的，毫不避讳地表明他们的态度和目的。因为他们的教育是正义的，是为了全人类的自由和解放，而不是谋求私有财产和利益剥削的遮羞布，所以不论在任何时期，思想政治教育都不能摆脱政治性，新时代思想政治教育也必须严守意识形态高地。

论断二：宣传的正确策略在于影响广大群众

马克思、恩格斯高度肯定人民群众的力量，在 1871 年 4 月 12 日写给路德维希·库格曼的信中，马克思赞扬巴黎公社革命中的人民群众“具有何等的灵活性，何等的历史主动性，何等的自我牺牲精神”[③]。人民性原则也是马

---

① 马克思，恩格斯．马克思恩格斯文集：第 10 卷．北京：人民出版社，2009：377.

② 马克思，恩格斯．马克思恩格斯文集：第 1 卷．北京：人民出版社，2009：550.

③ 同①352.

克思主义思想政治教育的重要原则。恩格斯在 1873 年 6 月 20 日致奥古斯特·倍倍尔的信中说道："宣传上的正确策略并不在于经常从对手那里把个别人物和一批批成员争取过来，而在于影响还没有卷入运动的广大群众。"① 这表明群众思想上的团结是无产阶级革命成功的重要原因，进行思想上的宣传一定要面向最广大的工人和群众。首先，数量庞大的群众是无产阶级革命的主力军，是社会发展的决定力量。从长远来看无产阶级"不仅要掌管政治机器，而且要掌管全部社会生产"②，在宣传上争取群众，不但是指导工人运动的现实需要所在，而且是进行无产阶级专政的需要。其次，马克思主义思想政治教育的目的就是解放人民群众，最终实现全人类的解放。人民群众的解放不是自然实现的，而是要依赖人民群众的自我觉悟和自我革命。因此，思想政治教育必须把先进的理论知识带到工人阶级和广大群众的队伍中，在理论掌握群众的过程中，实现理论为少数人所掌握向为多数人所掌握的转变，通过思想上的启发，实现意识上的觉醒，为革命运动的开展奠定基础。

（三）关于思想政治教育方法的论断

论断一：通过理论宣传使共产主义观念扎根

马克思主义思想政治教育的首要目标就是理论掌握群众，理论教育法是最基本也是必不可少的教育方法。无产阶级要取得革命的胜利"需要的决不是响亮的词句，而是扎实的知识"③。恩格斯在 1889 年 12 月 7 日致弗里德里希·阿道夫·左尔格的信中就谈及由于缺乏理论教育，很多工人"把自己目前的要求本身仅仅看成是暂时的，虽然他们自己还不知道他们所奋斗的最终目的是什么"④。虽然"有关这种最终目的的模糊观念在他们中间已经深深地扎下了根"⑤，但是要将这种模糊的观念变得清晰，使工人真正明白他们的最终目的还要依靠理论教育。

马克思、恩格斯一直坚持要把理论融入群众。1845 年，恩格斯在谈到他

① 马克思，恩格斯．马克思恩格斯文集：第 10 卷．北京：人民出版社，2009：390.

②③ 马克思，恩格斯．马克思恩格斯文集：第 4 卷．北京：人民出版社，2009：446.

④⑤ 同①576.

与马克思已经大致完成了辩证唯物主义和历史唯物主义理论的制定时说："我们决不想把新的科学成就写成厚厚的书，只向'学术'界吐露。"[①] 他提倡要让这些知识被受压迫和剥削的民众所保有，并把这些知识变为思想上的武器。可以看出，理论教育法是思想政治教育的必要方法。革命时期，理论教育的任务就是要讲清楚工人阶级被压迫的社会现实，讲清楚社会发展的客观规律，讲清楚共产主义的历史趋势，从而唤醒工人阶级的阶级意识，唤醒他们的革命自觉性，摆脱之前麻木消极的精神状态，使他们自觉加入无产阶级革命，夺取政权。革命之后，理论教育的重点就是要统一思想，在全社会形成对共产主义的理想信念，以此来巩固无产阶级政权，建设社会主义国家。

论断二：把阶级仇恨当作进行宣传教育的基础

马克思、恩格斯在对工人进行宣传教育时，十分注重让工人阶级明白无产阶级与资产阶级的对立和敌对关系，并且要利用这种阶级对立和阶级仇恨进行思想政治教育。恩格斯在 1852 年 3 月 18 日致马克思的信中提出，要开展大量的共产主义宣传来"保持工人对工业资产者的本能的阶级仇恨……而且还加强和发展这种仇恨，并把它当做进行教育宣传的基础"[②]。这种仇恨教育法，实质上就是情感共鸣法，目的是借助情感共鸣来追求更好的教育效果。恩格斯在 1875 年 11 月 12—17 日写给彼得·拉甫罗维奇·拉甫罗夫的信中肯定了这种"心理攻击法"[③]，因为"我们每一个人都或多或少地受着我们主要在其中活动的精神环境的影响"[④]。在资产阶级的长期压迫和愚化下，无产阶级除了生存已经逐渐麻木，意识不到被压迫的现实，急需一些心灵上的触动。不同于资产阶级用皮鞭和暴力驯化工人的方法，仇恨教育法通过情感争取工人。马克思、恩格斯利用通俗易懂的语言揭露少数人剥削多数人的事实，揭示工人贫苦的真正根源，从而在情感上实现与无产阶级工人群众的共鸣，并利用这一点进行情感和心灵上的攻击。他们提出："应当让受现实压迫的人意

---

① 马克思，恩格斯．马克思恩格斯文集：第 4 卷．北京：人民出版社，2009：233.

② 马克思，恩格斯．马克思恩格斯文集：第 10 卷．北京：人民出版社，2009：108.

③④ 同②411.

识到压迫，从而使现实的压迫更加沉重；应当公开耻辱，从而使耻辱更加耻辱。”[①] 当思想政治教育真正唤起无产阶级的革命激情和阶级意识时，教育者与受教育者的距离就被拉近了，教育就会获得事半功倍的效果。这也启示我们要运用好思想政治教育中的情感共鸣法，抓住受教育者的情感需求，运用理论培育人，利用情感鼓舞人，激励受教育者为共产主义远大理想而奋斗。

（四）关于思想政治教育载体的论断

论断一：用具有社会主义倾向的小说来打破传统幻想

文艺作品能够最先反映社会发展变化，不仅能陶冶情操、美化心灵，还能提高觉悟、改造思想，是团结革命力量、统一思想的有力武器。1859 年 4 月 19 日，马克思看完斐迪南·拉萨尔写的剧本《弗兰茨·冯·济金根》后，向拉萨尔写信充分肯定了他剧本的情绪感染力和传播效果。同年 5 月 18 日，恩格斯在给斐迪南·拉萨尔的信中也肯定了拉萨尔的戏剧，他指出，“主要的出场人物是一定的阶级和倾向的代表，因而也是他们时代的一定思想的代表”[②]。在此，他们揭示了文艺作品植根于社会现实，反映当时社会思想状况，在揭露社会现实、获得情感共鸣方面有着不可磨灭的优势，是进行思想政治教育的有效载体。

马克思、恩格斯十分重视利用文艺作品对工人群众进行教育。恩格斯在 1885 年 11 月 26 日致明娜·考茨基的信中谈到文艺作品的使命就在于揭露现实、打破幻想，他说道：“如果一部具有社会主义倾向的小说，通过对现实关系的真实描写，来打破关于这些关系的流行的传统幻想，动摇资产阶级世界的乐观主义……那么……我认为这部小说也完全完成了自己的使命。”[③] 除了小说，恩格斯还十分喜欢运用民歌进行独特的思想政治教育。丹麦反封建的民歌《提德曼老爷》和英国民歌《布雷的牧师》都被恩格斯译成德文，发挥出了它们在德国独特的思想政治教育价值。这些民歌通俗易懂，易于传唱，

---

① 马克思，恩格斯．马克思恩格斯文集：第 1 卷．北京：人民出版社，2009：6－7.
② 马克思，恩格斯．马克思恩格斯文集：第 10 卷．北京：人民出版社，2009：174.
③ 同②545.

且描述的事物更能引起广大群众的兴趣和注意力，大大提升了宣传效果。不可否认，通过文艺作品进行社会主义宣传，有利于消除受教育者的抵触和反感情绪，使受教育者在艺术鉴赏的同时接受思想上的熏陶。

论断二：我万分同意通过“国际协会”进行宣传

在马克思、恩格斯的思想政治教育实践中，协会组织发挥着不可替代的作用，马克思、恩格斯一直把各种协会组织作为社会主义宣传教育的重要阵地和渠道。1865 年 2 月 23 日，马克思在致路德维希·库格曼的信中说道：“我倒万分愿意在这里通过‘国际协会’进行我的宣传活动。这对英国无产阶级的影响是直接的和极为重要的。”① 协会组织作为工人阶级能够直接接触并加入的团体，对工人的影响是最直接的，传达的信号也是最强烈的。无产阶级受阶级特性限制，缺乏接受高层次教育的条件，必须要参加协会组织，他们只有通过接触协会组织中各国革命运动领袖和涌现出的先进人才，才能接受科学理论的教育。

为了唤醒工人阶级，马克思、恩格斯积极组建各种协会组织并宣传教育他们的理论。1846 年初，布鲁塞尔共产主义通讯委员会成立，各国的社会主义者和先进工人从思想和组织上得到了有效团结。1846 年 5 月 5 日，马克思致信皮埃尔·约瑟夫·蒲鲁东邀请他加入共产主义通讯委员会，马克思在信中明确指出，通过协会组织进行共产主义宣传教育的目的是：“建立联系，使外国人了解德国不断发展的社会主义运动，并且向德国国内的德国人报道法国和英国社会主义运动的进展情况。”② 通过这种方式，可以交流思想，进行无私的批评。特别是《共产党宣言》发表之后，《共产党宣言》的宣传和理论学习活动大部分是依托各个协会组织完成的。可以看出，在政党组织的领导下工人们的思想觉悟和理论水平都得到了大幅度提高，为无产阶级革命的胜利奠定了良好的组织和思想理论基础。

---

① 马克思，恩格斯．马克思恩格斯文集：第 10 卷．北京：人民出版社，2009：223.

② 同①31.

三、重要的思想政治教育启示

马克思、恩格斯书信中记录的马克思主义思想政治教育相关经验和重要论述，为思想政治教育理论和实践奠定了深厚基础。立足新时代，重温马克思、恩格斯书信，从中汲取思想精华和实践智慧，对新时代思想政治教育理论和实践创新有着重要的启示意义。

（一）思想政治教育要坚持理论斗争

如何同各种错误思潮展开毫不妥协的理论斗争，是书信记录的马克思主义思想政治教育宝贵经验中最精彩的部分之一。恩格斯在 1882 年 10 月 28 日和奥古斯特·倍倍尔通信时就提到，他和马克思“一生中对冒牌社会主义者所作的斗争比对其他任何人所作的斗争都多”[①]。正是在一次又一次的理论斗争过程中，不断提高了马克思、恩格斯科学理论的影响力，大大提升了社会主义宣传教育的效果。观念频出、思潮纷涌，是中国特色社会主义进入新时代之后我国意识形态领域的新情况、新态势。习近平强调，要“建设具有强大凝聚力和引领力的社会主义意识形态”[②]。和错误思潮做斗争，维护意识形态领域的稳定与安全是新征程上思想政治教育的重大任务。一方面，要直面错误思潮威胁，果断斗争。当前，样态不同、内容各异的错误思潮，对我国主流意识形态安全构成严重威胁。对此，我们绝不能逃避和退缩，而应该拿出果敢和勇气，直面威胁，敢于亮剑。另一方面，要阐明错误思潮本质，科学斗争。思想政治教育要实现对这些错误思潮的有效批判就要用马克思主义的立场观点方法对错误思潮进行客观合理的分析，提升人民群众辨别、摒弃错误思潮的能力，用真理征服群众，获得认同。

---

① 马克思，恩格斯．马克思恩格斯文集：第 10 卷．北京：人民出版社，2009：486.

② 习近平．高举中国特色社会主义伟大旗帜　为全面建设社会主义现代化国家而团结奋斗：在中国共产党第二十次全国代表大会上的报告．北京：人民出版社，2022：43.

(二) 思想政治教育要坚持与时俱进

马克思、恩格斯在书信中多次强调了对教条主义的批判，特别体现在针对当时欧洲革命形势做出斗争策略的灵活指导中。19 世纪后期自由资本主义逐渐过渡到国家资本主义，很多马克思主义性质的政党得到了合法认可，恩格斯在与各国社会主义活动家的通信中强调，面对新形势，各国要灵活制定革命策略，合理运用选举权，而不是“完全不顾党进行斗争的一切现实条件，而幻想置生死于不顾地‘拿下障碍物’”①。在新时代新征程上，思想政治教育不能陷入教条主义泥潭。习近平指出：“面对快速变化的世界和中国，如果墨守成规、思想僵化，没有理论创新的勇气，不能科学回答中国之问、世界之问、人民之问、时代之问，不仅党和国家事业无法继续前进，马克思主义也会失去生命力、说服力。”② 一方面，要立足现实需求，顺应形势。把思想政治工作和社会热点问题、社会发展目标、社会发展的现实需要结合起来，发挥思想政治教育在凝聚思想、团结力量方面的独特作用。另一方面，要紧抓有效时机，因时而进。面对复杂的社会形势，要敏锐地抓住每一个教育时机。不仅要讲清楚历史方位，消除思想困惑，还要展示光明前景，明晰奋斗目标，坚定奋斗信心，为迎接变革做好思想上的准备。

(三) 思想政治教育要重视人才队伍培养

马克思、恩格斯多次强调革命队伍和先进人才的培养对革命的影响。比如，1894 年 11 月 10 日，在致弗里德里希·阿道夫·左尔格的信中，恩格斯强调了人才队伍的重要性，他指出：“由于……缺乏能把这种本能变成自觉行动并在全国范围内把它联合起来的人，运动停滞在思想不明确和各地分散行动的早期阶段上。”③ 可见，人才是进行社会主义宣传鼓动的关键力量，是革命胜利的推动力。马克思、恩格斯的要求同样适用于当下，特别是面临历史

---

① 马克思，恩格斯．马克思恩格斯文集：第 4 卷．北京：人民出版社，2009：396.

② 习近平．习近平谈治国理政：第 4 卷．北京：外文出版社，2022：30.

③ 马克思，恩格斯．马克思恩格斯文集：第 10 卷．北京：人民出版社，2009：672.

性变革，我们要着力建设思想政治教育人才队伍。首先是要培养有坚定理想信念的人才。习近平强调："要让有信仰的人讲信仰。"[①] 要使受教育者坚定马克思主义信仰，教育者就必须要把马克思主义作为毕生信仰，做马克思主义理论的弘扬者、传播者，做党的路线方针政策的拥护者。其次是要培养有坚实理论功底的人才。教育者必须提升自身理论水平，练好"内功"。教育者要钻研经典、研读原著，切实做到对马克思主义理论真学、真信、真用，深入理解新时代中国特色社会主义理论的核心要义，同时要有广泛的国际国内视野，运用新时代中国特色社会主义的世界观和方法论来认识世界、改造世界。

① 习近平．思政课是落实立德树人根本任务的关键课程．北京：人民出版社，2020：12.

11 思想政治教育灌输本质的深刻阐明

——弗·伊·列宁《怎么办?》解读

思政金句

没有革命的理论，就不会有革命的运动。

——列宁．怎么办？//列宁．列宁全集：第6卷．2版增订版．北京：人民出版社，2013：23.

阶级政治意识只能从外面灌输给工人，即只能从经济斗争外面，从工人同厂主的关系范围外面灌输给工人。

——列宁．怎么办？//列宁．列宁全集：第6卷．2版增订版．北京：人民出版社，2013：76.

社会主义意识是一种从外面灌输（von auβen Hineingetragenes）到无产阶级的阶级斗争中去的东西，而不是一种从这个斗争中自发地（urwüchsig）产生出来的东西……社会民主党的任务就是把认清无产阶级的地位及其任务的这种意识灌输到无产阶级中去〈直译就是：充实无产阶级〉。

——列宁．怎么办？//列宁．列宁全集：第6卷．2版增订版．北京：人民出版社，2013：37.

列宁作为一个伟大的无产阶级革命家和马克思主义理论家，在一生的理论研究和实践工作中都十分重视思想政治教育。1902 年 3 月出版的《怎么办?》，是列宁为系统批判俄国工人运动中的改良主义和机会主义，在思想上、政治上、组织上建设一个马克思主义的工人阶级政党而撰写的一篇闪耀着马克思主义真理光辉的伟大著作。这部著作既在理论阐述中蕴含着丰富的思想政治教育思想，又在历史实践中发挥了重要的思想政治教育作用。重温这部马克思主义思想政治教育的经典文献，研究其中丰富的思想政治教育基础理论、严整的思想政治教育科学论断、重要的思想政治教育工作启示，对于推进思想政治教育理论和实践的科学化发展大有裨益。

一、丰富的思想政治教育思想

在《怎么办?》中，列宁彻底揭露了伯恩施坦修正主义的实质，深入剖析了俄国社会民主党内经济主义的根源，深刻批判了以《工人事业》杂志为代表的崇拜自发性的机会主义观点，全面论证了马克思主义理论斗争的意义和无产阶级政党对工人运动的领导作用，阐明了无产阶级政党的纲领、性质和任务，为在俄国建立马克思主义政党奠定了思想基础。这部著作思想深邃、影响广泛，在马克思主义发展史和无产阶级建党史上发挥了重大的作用。把《怎么办?》作为思想政治教育的经典文献来研读，就会发现其中蕴含着丰富的思想政治教育基础理论。

(一) 明确提出了思想政治教育的本质规定——“灌输”

什么是思想政治教育的本质？这是思想政治教育学科首先要回答的问题。但是，该学科创立至今，关于这一元问题，学界还是仁智相见，莫衷一是①。事实上，马克思主义经典作家对这一问题是有过精当论述的，列宁在《怎么办?》中提出的“灌输”思想就是对思想政治教育本质最好的揭示。

在第二章中，列宁在分析工人运动中的自发性与自觉性的相互关系时提出了“灌输”思想。经济派推崇工人运动中的自发性，认为社会主义意识可以自发地从工人运动本身产生并自发地在工人阶级中传播，反对给工人阶级“灌输”社会主义意识。列宁彻底地批判了经济派这种机会主义观点。他指出，自发的工人运动包含“自觉性的萌芽”。“这些罢工本身是工联主义的斗争，还不是社会民主主义的斗争；这些罢工标志着工人已经感觉到他们同厂主的对抗，但是工人还没有意识到而且也不可能意识到他们的利益同整个现代的政治制度和社会制度的不可调和的对立，也就是说，他们还没有而且也不可能有社会民主主义的意识。”② 科学的社会主义学说不是自发地产生的，而是在学识丰富的知识分子创造的哲学、历史和经济的理论中产生的。“各国的历史都证明：工人阶级单靠自己本身的力量，只能形成工联主义的意识”③。“阶级政治意识只能从外面灌输给工人，即只能从经济斗争外面，从工人同厂主的关系范围外面灌输给工人。”④ 为了说明这一点，列宁还引用了考茨基“十分正确而重要的话”：“社会主义意识是一种从外面灌输（von außen Hineingetragenes）到无产阶级的阶级斗争中去的东西，而不是一种从这个斗争中自发地（urwüchsig）产生出来的东西……社会民主党的任务就是把认清无产阶级的地位及其任务的这种意识灌输到无产阶级中去〈直译就是：

---

① 据陈秉公教授研究，自思想政治教育学科成立以来，学界关于思想政治教育本质的阐释有10种，它们是：意识形态论、价值主导论、人学目的论、人的社会化论、灌输论、掌握群众论、社会治理论、二重本质论、多重本质论、相对本质论。参见：陈秉公．思想政治教育本质研究现状及建议．思想教育研究，2014（6）：6-12.

②③ 列宁．列宁全集：第6卷．2版增订版．北京：人民出版社，2013：29.

④ 同②76.

充实无产阶级〉。”①

列宁的“灌输”思想之所以最恰切地揭示了思想政治教育本质，是因为回答了“为什么要进行思想政治教育，怎么样进行思想政治教育，谁来进行思想政治教育和对谁进行思想政治教育”等一系列基本问题。首先，“灌输”思想说明了思想政治教育的必要性和可行性问题，即意义问题。人的正确思想不会自发地产生，也不会自然地提高，而必须依靠外部的灌输、教化以及实践，才能形成一定社会、阶级和时代所需要的思想观念。人类历史上已有的各种社会形态、各个阶级群体的思想政治教育本质都是将其社会主导意识形态或阶级统治思想进行“灌输”的过程。共产主义理想、社会主义意识这种科学信仰和先进思想要被群众所认同、掌握和践履，是一刻也离不开思想政治教育的。马克思主义思想政治教育从根本上说就是一项通过“灌输”和教化实现马克思主义真理与群众实践相结合的活动。其次，“灌输”思想说明了思想政治教育的原则方法问题。在具体实践中的思想政治教育方法多种多样，但从宏观层面看，思想政治教育的方法可以归为两类：一类是自我教育法，一类是外部教育法。除自我教育法外，所有的外部教育法从根本上说就是一种理论联系实际的“灌输”法。由此也可以说“灌输”从根本上透视了思想政治教育诸种方法的实质。最后，“灌输”思想说明了思想政治教育的主客体及其矛盾关系问题，反映了马克思主义理论教育的一般规律。任何思想政治教育过程都有主体和客体。主体即教育者，一般是主导和掌握思想的一方；客体即受教育者，往往是需要和接受思想的一方。“灌输”思想说明了在思想政治教育过程中主体的主动性与客体的受动性的辩证统一。所谓思想政治教育过程就是主体向客体“灌输”的过程。当然，作为马克思主义思想政治教育本质的“灌输”绝对不是也坚决反对“强灌输”“硬灌输”，而是从工人阶级和广大群众的需要出发，以启发和引导为原则方法，以教会他们“自我认识和自我意识”② 并促进人的全面发展为目的的“灌输”。

---

① 列宁．列宁全集：第6卷．2版增订版．北京：人民出版社，2013：37.

② 列宁．列宁专题文集：论马克思主义．北京：人民出版社，2009：53.

理论界关于“灌输”是不是思想政治教育的本质的争论，既是历史上关于“灌输论”是不是“唯意志论”、会不会导致“教条主义”的争论的延续，也是现实中“灌输论”有没有“过时”的映射。我们认为，“灌输”深刻且准确地揭示了思想政治教育的本质，马克思主义思想政治教育的“灌输”只能被加强，不能被削弱。反对把“灌输”作为思想政治教育本质的主张，要么是有认识上的偏差，要么就是有政治上的不足。

（二）明确提出了思想政治教育的核心任务——“理论斗争”

在第一章中，列宁揭露了经济派轻视理论工作的机会主义面目，鲜明地提出了“理论斗争”的问题。列宁指出，1899 年，马克思主义受到了机会主义的全面修正，理论工作极为迫切。可是当时经济派《工人事业》杂志的“纲领”丝毫没有指出这个问题，根本不提理论工作及其在当时的迫切任务。而社会民主主义者在自己出版物的声明中指出了近年来轻视理论的倾向，号召大家“密切注意无产阶级革命运动的理论方面”。列宁用事实证明，经济派“所谓反对思想僵化等等的响亮词句”，只不过是用来掩饰他们“对理论思想发展的冷淡和无能”。他们鼓噪的“批评自由”“并不是用一种理论来代替另一种理论，而是自由地抛弃任何完整的和周密的理论，是折中主义和无原则性”。他们的做法使党的“理论水平有了某种程度的降低”，还使“不少理论修养很差甚至毫无理论修养的人”混入了工人运动①。接着，列宁揭露了《工人事业》杂志在理论混乱时期“假借马克思的名义来竭力贬低理论的意义”的错乱行径，重申了马克思提出的“决不能拿原则来做交易，决不要作理论上的‘让步’”② 的重要原则。在此基础上，列宁引证了恩格斯关于社会民主主义运动中理论斗争意义的论述：“恩格斯认为，社会民主党的伟大斗争并不是有两种形式（政治的和经济的），像在我国通常认为的那样，而是有三种形式，同这两种斗争并列的还有理论的斗争。”③ 列宁认为，恩格斯的论述

① 列宁．列宁全集：第 6 卷．2 版增订版．北京：人民出版社，2013：22.

② 同①23.

③ 同①24.

对俄国无产阶级具有重大的现实意义。俄国无产阶级的“任务是要战胜资本家的一切反抗，不仅是军事上和政治上的反抗，而且是最深刻、最强烈的思想上的反抗”①，就斗争的方法而言，尤其是要“用思想的方法、教育的方法同资产阶级进行斗争”②。

在马克思主义的视阈中，理论斗争是与政治斗争、经济斗争同等重要的无产阶级斗争手段。马克思主义之所以重视理论斗争，是因为通过理论斗争能够唤醒无产阶级的阶级意识，推动社会革命的发展进步。那么，怎样进行理论斗争呢？答案应该是肯定的，那就是思想政治教育。所以我们说，列宁关于理论斗争重要性的论述实际上指明了马克思主义思想政治教育的一个核心使命和任务，即开展“向心的攻击”的“理论斗争”。人类社会没有发展到共产主义社会之前，必然存在着社会主义意识形态和资本主义意识形态的斗争，马克思主义思想政治教育的一个重要任务就是与资产阶级的意识形态进行持久的理论斗争。在马克思主义发展史上，我们看到马克思、恩格斯一直都在进行着艰苦卓绝的理论斗争，从早期与青年黑格尔派在哲学上的斗争，到与魏特林和格律恩在社会主义学说上的斗争，再到与布朗基主义、蒲鲁东主义、巴枯宁主义、拉萨尔主义、杜林主义的斗争等。正是马克思、恩格斯，也包括后来的列宁、毛泽东等马克思主义者在这样的理论斗争中，既博采众长地发展了马克思主义理论，又旗帜鲜明地指导了无产阶级解放运动。敢于开展理论斗争，善于进行理论斗争，是马克思主义思想政治教育的重大使命和核心任务，也是一条长期实践积累的宝贵经验。作为一个面向未来的开放的理论体系，马克思主义在今天仍然面临怎样与时俱进，怎样进一步增强解释力、说服力、影响力的重大课题。对于思想政治教育而言，马克思主义的发展没有终点，其与形形色色非马克思主义的理论斗争也就没有终点。面对新时代纷繁的思潮、混杂的舆论，思想政治教育只有做好进行长期艰苦理论斗争的准备，才能保证共产主义理想和社会主义信念不动摇，保证实现人的

① 列宁．列宁专题文集：论社会主义．北京：人民出版社，2009：176.

② 同①171.

全面发展和人类彻底解放的“人间正道”不偏移。

（三）明确提出了思想政治教育的组织队伍——“职业革命家”

在第四章中，列宁在批判经济派迷恋组织工作中的手工业方式，反对建立革命家组织的机会主义观点时，提出了建立“革命家组织”，培养“职业革命家”的重要思想。他明确指出，“任何革命运动，如果没有一种稳定的和能够保持继承性的领导者组织，就不能持久”[①]。“无产阶级的自发斗争如果没有坚强的革命家组织的领导，就不能成为无产阶级的真正的‘阶级斗争’。”[②]对于俄国革命来说，列宁认为：“我们首要的最迫切的实际任务是要建立一个能使政治斗争具有力量、具有稳定性和继承性的革命家组织。”[③]“我们如果从扎扎实实建立坚强的革命家组织开始，我们就能保证整个运动的稳定性，就既能实现社会民主主义的目的，又能实现纯粹工联主义的目的。”[④]可见，无产阶级在追求自己的目标时，如果缺乏坚强的政治性组织和有效的理论表达，那么它就不可能作为一个真正的阶级而存在，就不可能领导革命运动的有序稳定前进。所谓“职业革命家”主要是指那些“以革命活动为职业的人”[⑤]。在列宁看来，这个组织队伍应该具有坚定不移的革命信念、不怕牺牲的革命精神、无私奉献的革命决心、脚踏实地的苦干劲头、渊博厚重的理论素养、出类拔萃的组织能力和密切联系群众的人民情怀。列宁认为，“职业革命家”是工人运动的酵母，是新型无产阶级政党的核心。“给我们一个革命家组织，我们就能把俄国翻转过来！”[⑥]

列宁在进行革命斗争、夺取政权阶段提出的培养“职业革命家”的思想，在巩固政权、开展社会主义建设中仍然具有重要意义。苏维埃政权建立后，列宁还曾使用“职业革命家”的提法，他称那些党务、政务活动家为“职业

---

① 列宁．列宁全集：第 6 卷．2 版增订版．北京：人民出版社，2013：118.

② 同①128.

③ 同①100.

④ 同①114.

⑤ 同①106.

⑥ 同①121.

革命家”。不论是社会主义革命时期还是建设时期，“职业革命家”实际上都是一支思想政治教育的组织队伍。在社会主义革命时期，“他们的热烈的宣传能够获得自发觉醒起来的群众的响应”，“他们的沸腾的毅力能够得到革命阶级的毅力的响应和支持”[①]，他们“处处都走在大家的前面，在一切阶级中间激发政治上的不满，唤醒沉睡者，鼓励落后者，提供各方面的材料来提高无产阶级的政治意识和政治积极性”[②]；在社会主义建设时期，他们“具有清醒头脑和实际才干”，“既忠实于社会主义，又善于不声不响地（而且能排除各种纷扰和喧嚷）使很多人在苏维埃组织范围内坚定地、同心协力地工作”[③]。在长期的革命、建设、改革和新时代实践中，中国共产党建设了一个坚强的“革命家组织”，培养了一大批可靠的“职业革命家”。他们既是社会主义革命和建设事业的坚强领导者，也是进行马克思主义思想政治教育的核心组织队伍。历史告诉我们，建设一支职业化、专业化、正规化的思想政治教育队伍是加强和改进思想政治教育的组织保证。在中国特色社会主义进入新时代后，思想政治教育队伍的结构如何、素质怎样，直接决定着思想政治教育的质量高低、成效好坏。列宁关于“职业革命家”的思想是新时代建设思想政治教育人才队伍的重要指引。

（四）明确提出了思想政治教育的重要载体——“党报”

在第五章中，针对经济派和恐怖主义者攻击全俄政治报“计划”的观点，列宁论证了创办全俄政治报，即党报的重要意义。根据俄国的历史条件和现实情况，列宁认为建党应该从创办党报入手。党报（全俄政治报）是培植强有力的政治组织、开展生动的政治鼓动工作、培养政治斗争的领导者、建立无产阶级政党、组织全民武装起义的重要手段和途径。为了形象生动地说明创办党报（全俄政治报）的重要意义，列宁用了三个比喻：第一个是“基线”之喻，即把党报比喻为石匠建造巨大建筑物拉的找准石头位置、指引工程最

① 列宁．列宁全集：第6卷．2版增订版．北京：人民出版社，2013：101.

② 同①93－94.

③ 列宁．列宁专题文集：论社会主义．北京：人民出版社，2009：101.

终目标的基线，创办全俄政治报应当是我们使这个组织得以不断发展、加深和扩大的一条基线[①]。第二个是“脚手架”之喻，“报纸不仅是集体的宣传员和集体的鼓动员，而且是集体的组织者。就后一点来说，可以把报纸比做脚手架”[②]，党报要像“脚手架”一样，发挥“集合”作用、组织作用。第三个是“鼓风机”之喻，党报可以“成为巨大的鼓风机的一部分，这个鼓风机能够使阶级斗争和人民义愤的每一点星星之火，燃成熊熊大火”[③]。可见，列宁眼里的党报（全俄政治报）是使党的组织得以不断发展、加深和扩大的一条“基线”，是党的建设的“脚手架”，是推动党的工作前进的“鼓风机”。党报（全俄政治报）的创办，能使战斗的马克思主义者巩固起来，也能使无产阶级政党变得坚强和壮大。

党报是马克思主义思想政治教育战线上不可或缺的战略资源，是思想舆论的主控台、理论宣传的主阵地、信息传播的主渠道，是马克思主义者一贯高度重视的思想政治教育载体。马克思、恩格斯在指导欧洲工人运动时就特别重视党报党刊阐发和捍卫理论、教育和引导工人的作用。恩格斯曾指出：“党刊的任务是什么呢？首先是组织讨论，论证、阐发和捍卫党的要求，驳斥和推翻敌对党的妄想和论断。”[④] 列宁更是重视党报的作用，他在十月革命前就独自创办或参与创办了一大批被称为党的“重要的公开喉舌”的报纸，如《火星报》《前进报》《新生活报》等。他在创办《火星报》时明确提出，“我们不打算把我们的机关报变成一个形形色色的观点简单堆砌的场所。相反，我们将严格按照一定的方针办报。一言以蔽之，这个方针就是马克思主义”[⑤]。中国共产党自成立以来，一直注重运用党报传播真理、组织群众、推动工作，并且提出党报要坚持党性、群众性、战斗性和组织性的原则。中国共产党的党报在革命、建设、改革和新时代的实践中都发挥了“中流砥柱”和“定海神针”的作用。习近平在2016年考察《人民日报》时指出：全党全

---

① 列宁．列宁全集：第6卷．2版增订版．北京：人民出版社，2013：155.

② 同①156.

③ 同①162.

④ 马克思，恩格斯．马克思恩格斯全集：第4卷．北京：人民出版社，1958：300.

⑤ 列宁．列宁专题文集：论无产阶级政党．北京：人民出版社，2009：49.

国人民都从《人民日报》里寻找精神力量和“定盘星”[①]。通过党报，党的重要思想得以传播，党的方针政策得以宣传，党的建设工作得以推动。做好新时代的思想政治教育要充分利用好、创新建设好党报这一利器，使它成为新时代发展的“推进器”、民意的“晴雨表”、社会的“黏合剂”和道德的“风向标”。

二、精辟的思想政治教育论断

《怎么办?》除了包含丰富的思想政治教育基础理论外，还有一些直接关涉思想政治教育的论断，这些论断说理清晰、意蕴丰富，对思想政治教育理论研究和实践工作有着直接的指导价值。

（一）论断一：没有革命的理论，就不会有革命的运动

针对俄国工人运动中经济派主张“自发论”，否认先进理论对革命运动的指导作用，反对用先进理论来武装工人阶级的观点，列宁明确提出了“没有革命的理论，就不会有革命的运动”[②] 的著名论断。这一论断内涵深刻、被广为传诵，包括斯大林、毛泽东、刘少奇、周恩来、朱德、陈云、邓小平、江泽民等马克思主义者都引用或重申过这一重要论断。为什么说没有革命的理论，就不会有革命的运动呢? 列宁认为，“在醉心于最狭隘的实际活动的偏向同时髦的机会主义说教结合在一起的情况下”[③]，主要有四个原因：一是要使无产阶级由“自在阶级”变为“自为阶级”，要使无产阶级革命由自发的经济斗争变为自觉的政治斗争，革命的理论起着决定性作用。二是要建立一个无产阶级革命政党，就必须以马克思主义作为党的指导思想。马克思主义是革命的科学，它正确地揭示了社会发展的规律，指出了实现共产主义的方法和途径。“只有以先进理论为指南的党，才能实现先进战士的作用。”[④] 三是

---

① 牢记中央嘱托　不负职责使命：习近平总书记重要讲话和调研指导在人民日报社引起热烈反响. 人民日报，2016-02-20 (4).

②③ 列宁. 列宁全集：第6卷. 2版增订版. 北京：人民出版社，2013：23.

④ 同②24.

革命的理论是各国革命斗争的科学总结和正确运用别国革命斗争经验的重要武器。四是革命的理论是辨别真假马克思主义，反对机会主义、修正主义的锐利武器。

列宁的这一重要论断是思想政治教育的一条至理名言，历经 100 多年依然掷地有声、深具教益。理论是概念、原理、观点的体系，是人们把感性认识材料进行加工改造而达到的思维成果。革命的理论也即科学的理论，是客观事物的本质及其规律性的正确反映，是在社会实践的基础上产生并经过社会实践检验和证明的理论，它来源于实践，又服务于实践。革命的理论一旦产生，就能发挥巨大的能动作用，就能成为指导工人阶级及其政党认识世界、改造世界的强大的思想武器。正如斯大林评述列宁这一论断时所指出的："因为理论，而且只有理论，才能使运动具有信心，使它有确定方针的能力，使它能了解周围事变的内部联系；因为理论，而且只有理论，才能使实践不仅了解各阶级在目前如何行进和向哪里行进，而且了解这些阶级在最近的将来会如何行进和向哪里行进。"① 科学的理论是无产阶级革命航船的灯塔，进行革命、建设、改革和新时代事业一刻也离不开科学的理论指引。中国共产党是高度重视理论建设和理论指导的马克思主义政党，始终把发展着的马克思主义理论作为实践指南，紧密结合中国发展的实践，丰富和发展马克思主义，形成了毛泽东思想、中国特色社会主义理论体系、习近平新时代中国特色社会主义思想。思想政治教育是思想立党、理论强国、精神育人的重要抓手。新时代坚持和发展中国特色社会主义，必须高度重视思想政治教育的作用，坚持用马克思主义科学真理及创新成果武装全党、教育群众，努力使马克思主义成为党员干部和人民群众的看家本领和思想基础。

（二）论断二：对社会主义意识形态的任何轻视和任何脱离，都意味着资产阶级意识形态的加强

针对崇拜自发性的经济派所持的"纯粹工人运动本身就能够创造出而且

① 斯大林．斯大林选集：上．北京：人民出版社，1979：200.

一定会创造出一种独立的意识形态”观点，列宁尖锐批判这是“为了替自己的立场辩护”，“这是极大的错误”①，明确指出：“工人运动的自发的发展，恰恰导致运动受资产阶级意识形态的支配……意味着工人受资产阶级的思想奴役。”② 他还进一步提出了社会主义意识形态与资产阶级意识形态对立关系的论断。列宁认为，人类社会意识形态只有两种：“或者是资产阶级的意识形态，或者是社会主义的意识形态。这里中间的东西是没有的（因为人类没有创造过任何‘第三种’意识形态，而且在为阶级矛盾所分裂的社会中，任何时候也不可能有非阶级的或超阶级的意识形态）。”③ 工人运动要么是主动灌输社会主义意识形态，要么就是被动倒灌资产阶级意识形态。“对社会主义意识形态的任何轻视和任何脱离，都意味着资产阶级意识形态的加强。”④ 同时，列宁还回答了为什么资产阶级意识形态比社会主义意识形态更有吸引力和控制力的问题，他指出是因为：“资产阶级意识形态的渊源比社会主义意识形态久远得多，它经过了更加全面的加工，它拥有的传播工具也多得不能相比。”⑤

思想政治教育学科是一门与意识形态紧密相关的科学。意识形态不仅是思想政治教育学科生成和发展的前提背景，也是思想政治教育学科的重要对象、视野和参照。列宁的这一论断对当下的思想政治教育有着重要的现实意义。众所周知，意识形态领域始终存在谁占领谁主导的问题，社会主义意识形态不占领，资产阶级意识形态就会占领。任何轻视和模糊社会主义意识形态的行为，都是给资产阶级意识形态让步和投降的表现。社会主义意识形态是无产阶级政党的思想旗帜，是指导无产阶级政党推进社会革命和自我革命的强大武器。坚决同一切资产阶级意识形态做斗争本身就是无产阶级革命的重要组成部分，甚至是最终目的。在社会主义中国进行社会主义意识形态斗争有着独特的优势。正如毛泽东在《关于正确处理人民内部矛盾的问题》中所说的：“现在社会主义在意识形态的斗争中，具有优胜的条件。政权的基本

① 列宁．列宁全集：第6卷．2版增订版．北京：人民出版社，2013：36.

②③④ 同①38.

⑤ 同①40.

力量是在无产阶级领导下的劳动人民手里。共产党有强大的力量和很高的威信。”① 中国共产党的思想政治教育是有灌输和教化社会主义意识形态的高度自信和威信的。面对当下意识形态领域新自由主义、宪政民主主义、历史虚无主义等错误思潮的挑战，思想政治教育应在阶级关系、物质利益关系、权力地位关系中历史地考察和辨析各种意识形态的本质，充分发挥意识形态的凝聚、辩护和整合功用，不懈批驳资产阶级意识形态，牢牢把握意识形态领域的主导权和话语权，主动占领和创新建设意识形态阵地，积极维护新时代中国特色社会主义的意识形态安全。

（三）论断三：积极地对工人阶级进行政治教育，发展工人阶级的政治意识

列宁在批判经济派所谓“政治鼓动应当服从于经济鼓动”“赋予经济斗争本身以政治性质”是把社会主义民主政治降低为工联主义政治时，提出“我们应当积极地对工人阶级进行政治教育，发展工人阶级的政治意识”② 的重要论断。通过政治教育来发展工人阶级的政治意识、提高工人阶级的革命积极性是无产阶级革命顺利进行的前提。在列宁看来，政治是一门科学，工人阶级单靠自己工厂方面的经验和“经济方面的”经验永远不能知道政治知识。工人阶级的社会主义政治意识和革命积极性的培养必须越出经济斗争的狭小范围，工人阶级需要“从政治鼓动和政治揭露中获得全面的政治教育”③，“全面的政治揭露，是培养群众革命积极性的必要条件和基本条件”④。对工人阶级进行政治教育重点是要教育和引导工人做到两个“善于辨别”，即“善于辨别每个阶级和每个阶层用来掩饰它自私的企图和真正的‘心意’的流行词句和种种诡辩”“善于辨别哪些制度和法律反映和怎样反映哪些人的利益”⑤。同时，列宁还指出，进行和参与革命斗争的工人阶级最需要全面的和

① 中共中央文献研究室．毛泽东文集：第 7 卷．北京：人民出版社，1999：231.

② 列宁．列宁全集：第 6 卷．2 版增订版．北京：人民出版社，2013：54.

③ 同②86.

④⑤ 同②67.

生动的政治知识，知识分子应多讲些政治知识，“少讲些‘提高工人群众的积极性’的空话”[①]。

列宁关于政治教育和政治意识的论断为思想政治教育中的政治教育内容奠定了基础、指明了方向。政治教育是指一定社会或阶级有意识地灌输和教化参与政治过程所需要的知识、价值、态度和技能的教育实践活动。它是涵养政治意识、训练政治素养、促进政治认同、塑造政治行为的必由之路，其主要目标在于使受教育者形成一定社会或阶级所需要的政治意识、政治品质和政治行为。其中，作为人们对政治生活与政治活动的心理反映和精神现象的政治意识，最能直接、集中反映一定社会阶级结构和阶级利益，对人们的政治选择和政治行为有着指导性和规约性。不同阶级有不同的政治意识，社会生活中阶级利益的抗争，首先表现为政治意识的冲突和斗争，阶级性是政治意识最为本质的属性。历史上出现的各种政治意识都带有浓厚的阶级色彩和烙印，任何政治意识都可以通过阶级分析方法予以剖析和说明。以马克思主义为指导的政治教育旨在通过马克思主义理论的灌输和教化，教育和引导人们确立社会主义政治意识，增强人们对社会主义信念、理论、制度、道路和文化的政治认同。近年来，一些人有意淡化思想政治教育的“政治教育”部分，过度强调“心理教育”“道德教育”“价值教育”等，这是不合理的。新时代建设中国特色社会主义政治文明、培养担当民族复兴大任的时代新人，都迫切需要加强政治教育，发展人们的政治意识。特别是党员干部的政治教育更是任重道远。思想政治教育有责任也有义务促使广大党员干部不断净化政治本色，强化政治意识，加强政治训练，形成政治觉悟，提高政治敏锐性，养成政治素质，坚定政治态度。

（四）论断四：我们应当既以理论家的身份，又以宣传员的身份，既以鼓动员的身份，又以组织者的身份“到居民的一切阶级中去”

如前所述，列宁不仅明确了马克思主义思想政治教育的本质是灌输，而

---

① 列宁．列宁全集：第6卷．2版增订版．北京：人民出版社，2013：71.

且进一步阐释了思想政治教育在灌输过程中出现的一些具体问题。列宁在论述进行最广泛的政治鼓动、组织最全面的政治揭露，从外面给工人灌输阶级政治意识时，提出："我们应当既以理论家的身份，又以宣传员的身份，既以鼓动员的身份，又以组织者的身份'到居民的一切阶级中去'。"①

这一论断有着丰富的思想政治教育意蕴。一方面，它讲清楚了作为"灌输"执行者的思想政治教育者应该是"理论家""宣传员""鼓动员""组织者"的统一体。作为一个理论家，要政治坚定、思想敏锐、学识渊博、联系实际，不仅能够坚持和运用马克思主义，而且能够创新和发展马克思主义，勇于和善于同教条主义者、机会主义者和修正主义者做理论斗争。作为一个宣传员，应当用马克思主义的立场、观点和方法解释类似资本主义本质和无产阶级革命任务这类深层问题，"应当提供'许多观念'，多到只有少数人（相对地讲）才能一下子全部领会，完全领会"。作为一个鼓动员，要能够直接生活在群众之中，及时把握群众思想脉搏、回应群众思想困惑，特别是能够"举出全体听众最熟悉和最明显的例子"来传播革命思想，竭力激起群众的情绪和行动。"宣传员的活动主要是动笔，鼓动员的活动则主要是动口。"②作为一个组织者，要能够密切联系和紧密团结群众、有效组织和协调群众性的政治活动，特别是组织全面的政治鼓动和政治揭露。列宁这里提出的四种"身份"的要求，从根本上讲是对思想政治教育工作者能力素养的要求，即一个合格的、可靠的马克思主义思想政治教育者应该同时具备理论家、宣传员、鼓动员和组织者的素质和能力。

另一方面，它讲清楚了向谁灌输或者说是给谁做思想政治教育的问题。列宁指出："为了向工人灌输政治知识，社会民主党人应当到居民的一切阶级中去，应当派出自己的队伍分赴各个方面。"③"到居民的一切阶级中去"指明了思想政治教育的方向和目标，不是只对工人阶级，而是面向"一切阶级"做思想政治教育。马克思主义的科学真理只有被群众掌握，才能够变成强大

① 列宁．列宁全集：第6卷．2版增订版．北京：人民出版社，2013：79.

② 同①64.

③ 同①76.

的物质力量；群众只有掌握了马克思主义，才能获得认识世界和改造世界的武器。因此，实现马克思主义的本土化和大众化就成为思想政治教育的一个重要目标。新时代的思想政治教育不仅要抓好党员干部这一“关键少数”，更要走进“绝大多数”的群众之中，让一切阶级阶层、一切社会成员接受马克思主义理论的教育，使其懂大局、明大势、知大事，进而增强和坚定进行伟大社会革命的自觉性和自信心。

三、重要的思想政治教育启示

《怎么办?》作为一部论战性著作，其中不仅蕴含着丰富的思想政治教育基础理论、包含着严整的思想政治教育科学论断，而且就整部著作的历史作用、理论重点和论战风格而言，其对新时代的思想政治教育实践工作有着重要的启示意义。

（一）思想政治教育要旗帜鲜明坚持党性原则

党性原则是思想政治教育的灵魂和基石。所谓党性，是指一个政党的政治本性和特性，是其阶级性的最高和最集中的体现。由于不同阶级及其政党的党性内涵、表现和要求各异，不同阶级及其政党的思想政治教育目的、性质和形态也各异。与资产阶级及其政党为了掩盖其政治目的、利益诉求和阶级属性而宣称的“非党性”、“无党性”、“超党性”和“全民性”的思想政治教育不同，无产阶级及其政党的思想政治教育从一开始就公开表明自己的党性，明确表示自己是为了灌输和教化社会主义意识，培育和塑造社会主义新人，服从和服务于全人类解放事业，“一分钟也不隐瞒自己的社会主义信念”[①]。在《怎么办?》中，列宁批判的经济派机会主义一伙的问题，从根本上讲就是背离了社会民主党的党性原则。经济派在“批评自由”这种无党性、超党性的时髦口号遮掩下修正了马克思主义，结果却是“把资产阶级思想和资产阶级因素

① 列宁．列宁全集：第 6 卷．2 版增订版．北京：人民出版社，2013：79.

灌输到社会主义运动中”[①]，这种缺乏党性的思想政治教育是极其有害的。

列宁从思想上粉碎经济主义的一个重要启示就是马克思主义思想政治教育要旗帜鲜明坚持党性原则，要把党性贯穿于思想政治教育理论研究和实践工作中。思想政治教育要旗帜鲜明坚持党性原则主要有以下几个原因：首先，党性原则是思想政治教育的立身之本。思想政治教育作为党的工作的一条重要战线，是因党的思想建设和理论建设需要而产生的，又是服从党的领导和服务党的事业的实践活动。其次，党性原则是思想政治教育的根本品质。作为思想政治教育理论基石的马克思主义理论是有着鲜明党性的理论，它从不避讳自己强烈的阶级性和革命性，马克思主义经典作家更是反复告诫无产阶级要坚持理论的党性，发展严格的党性。列宁就曾提出“非党性是资产阶级思想”“党性是社会主义思想”[②] 的观点。失去党性原则，就等于抹杀了马克思主义思想政治教育与资产阶级思想政治教育的重大差别。最后，党性原则是思想政治教育的发展之基。党性本质上代表着一种价值取向，它是检验理论和实践的试金石，也是指引理论和实践的指南针。新时代思想政治教育要因事而化、因时而进、因势而新，很重要的一条就是要坚持党性原则不能丢、不能忘，对其不能有丝毫含糊、偏离和动摇。

（二）思想政治教育要遵循正面教育为主的方针

正面教育是鼓舞人、激励人、教育人的有效方法。以正面教育为主是马克思主义思想政治教育一直坚持和长期遵循的一个重要方针。为什么要坚持和遵循这个方针呢？列宁在《怎么办?》中的论述给了很好的回答和启迪。坚持正面宣传为主，首先是由思想政治教育的“灌输”本质决定的。群众的社会主义意识不能自发产生，只能通过持续不断的灌输才能形成，在灌输的过程中只有遵循正面教育的方针，向群众传导主旋律、输送正能量，才能提高人们的思想觉悟，抵制错误思想的影响。其次是由思想政治教育的目的决定

① 列宁．列宁全集：第 6 卷．2 版增订版．北京：人民出版社，2013：8.

② 列宁．列宁选集：第 1 卷．3 版修订版．北京：人民出版社，2012：676.

的。开展思想政治教育是为了团结群众、鼓动群众、教育群众、培育新人，要达到这一目的需要讲清理论、树立榜样、抓好典型，进行正面教育，多宣传光明面、先进面和积极面，进而激发群众的革命积极性和主动性。否则，经常宣传一些阴暗的、落后的、消极的事例，就会动摇群众的信念、消磨群众的意志、涣散人心。再次是由思想政治教育对象的特点决定的。一方面，群众的政治知识、政治意识觉悟比较欠缺，政治上不坚定，思想上不成熟，对资本主义的社会制度和政治制度、无产阶级革命的命运和前途等重大问题缺乏清醒的认知和判断，这就决定了必须以正面教育为主，少做反面教育；另一方面，实行正面教育的方针表明了相信群众有向往真理、向往革命和向往光明的基本觉悟，能够进行自我教育、自我革新和自我确证。又次是由思想政治教育所处的时代决定的。马克思主义思想政治教育诞生于资本主义的发达时代，资产阶级意识形态的发展历史和传播机构都远远比社会主义意识形态要久远和强大。即便当下，社会主义在低潮中奋进并取得了伟大成就，但是仍处于劣势。如列宁所说，“某一个国家中的社会主义运动愈年轻，也就应当愈积极地同一切巩固非社会主义意识形态的企图作斗争”①。这种时代境遇决定了思想政治教育必须以正面教育为主，多宣传马克思主义理论的科学内涵和时代价值，多颂扬无产阶级政党领导人民群众的伟大实践创造，多宣扬社会主义事业的巨大成就和无限前途。最后是由思想政治教育经验教训的科学总结决定的。进行社会主义革命和建设是一项前无古人的伟大事业，一些无产阶级政党包括政党领袖在探索过程中犯过错误或出现了问题。马克思主义思想政治教育一直以来都是遵循正面教育的方针，不刻意回避错误，不大肆宣扬问题，总结前进中的曲折坎坷，肯定发展中的主流方向，这才确保了马克思主义理论的威信和社会主义事业的声望。

（三）思想政治教育要始终保持巨大的自觉性

纵观历史，思想政治教育并不是源于自发性的活动，它的产生应该讲是人类自觉性提升的结果，是一定的社会和阶级有意识、有目的、有计划实施

① 列宁．列宁全集：第6卷．2版增订版．北京：人民出版社，2013：40.

的思想、政治、道德、法纪等教育的自觉活动。思想政治教育的自觉性有低级和高级之别。所谓低级自觉性的思想政治教育是指人们较少认识思想政治教育的规律，仅仅是为了实现和维护少部分人的利益或剥削阶级的统治而进行的思想政治教育活动；所谓高级自觉性的思想政治教育是指人们在科学掌握思想政治教育规律的基础上，为了实现绝大多数人的利益，促进人的全面发展和社会的全面进步而进行的思想政治教育活动。马克思主义思想政治教育的诞生是人类思想政治教育史上的里程碑，它使思想政治教育这一实践活动体现了高级自觉性和历史正义性。但是，这种活动内在的自觉性不能够直接转变为具体实践中的自觉性。马克思主义思想政治教育要真正发挥其自身的自觉性和正义性，关键是要有高度的理论自觉性和实践自觉性。

俄国处于“一个暴风雨的时代”下，为了引导工人运动走上反对沙皇制度和资本主义的政治斗争的道路，以科学社会主义思想武装工人运动，同“模糊不清、缺乏明确性、可是却比较顽固并能在各种形式下复活起来的”①经济派做坚决斗争，列宁的《怎么办?》这部论战性著作既在理论上阐明了马克思主义革命理论的重要性，又在实践中广为流传，在指导建立新型无产阶级政党上发挥了很大作用。这本身就充分体现了马克思主义理论战线工作者巨大的理论自觉性和高度的实践自觉性。同时，列宁还指出：“群众的自发高潮愈增长，运动愈扩大，对于社会民主党在理论工作、政治工作和组织工作方面表现巨大的自觉性的要求也就愈无比迅速地增长起来。”② “当前运动的力量在于群众（主要是工业无产阶级）的觉醒，而它的弱点却在于身为领导者的革命家缺乏自觉性和首创精神。”③ 也就是说，群众运动的自发性和群众的觉醒都要求思想政治教育要保持巨大的自觉性和首创精神。这样的要求实际上在新时代的思想政治教育中也是非常必要的。思想政治教育要有实效，就应自觉走在意识形态最前沿，走进群众实践最深处，在大是大非问题上，敢于举旗亮剑、激浊扬清，善于运用马克思主义的科学力量、真理力量和逻辑力量，回应和解答群众的关切和困惑。

---

① 列宁．列宁全集：第 6 卷．2 版增订版．北京：人民出版社，2013：2.
② 同①50.
③ 同①27.

12 思想政治教育重要内容的时代升华

——弗·伊·列宁《国家与革命》解读

思政金句

马克思主义教育工人的党，也就是教育无产阶级的先锋队，使它能够夺取政权并引导全体人民走向社会主义，指导并组织新制度，成为所有被剥削劳动者在不要资产阶级并反对资产阶级而建设自己社会生活的事业中的导师、领导者和领袖。

——列宁．国家与革命//列宁．列宁选集：第3卷．3版修订版．北京：人民出版社，2012：131-132.

《国家与革命》是列宁为回应国际无产阶级革命的需要和驳斥第二国际机会主义思潮的需要，在十月革命前夕撰写的一部经典著作，列宁在其中详尽地阐明了马克思主义国家学说，特别是无产阶级革命和无产阶级专政理论的学说，论述了无产阶级必须通过暴力革命打碎资产阶级国家机器，建立无产阶级专政国家和国家消亡条件等重要问题，对全世界无产阶级建立和巩固自己的政权具有极其重要的指导意义。这部堪称科学社会主义“百科全书”的著作，既在理论阐述中蕴含着丰富的思想政治教育思想，又在历史实践中发挥了重要的思想政治教育作用。重温这部马克思主义思想政治教育的经典文献，研究其中丰富的思想政治教育基础理论、严整的思想政治教育科学论断、重要的思想政治教育工作启示，对提升马克思主义思想政治教育理论和实践大有裨益。

一、丰富的思想政治教育思想

在《国家与革命》中，列宁彻底揭露了机会主义和无政府主义的实质，恢复并系统阐述了马克思主义国家学说，论述了无产阶级革命思想，发展了无产阶级专政学说，科学划分了共产主义发展阶段。从思想政治教育视角来看，这些核心理论在内容层面推进了马克思主义思想政治教育基础理论的守正创新。

（一）阐明了马克思主义国家观教育的重要内容

《国家与革命》作为系统论述马克思主义国家学说的著作，在重申马克思、恩格斯关于国家问题的基本观点和批判机会主义歪曲的国家观中，具体阐明了国家的本质理论、无产阶级专政理论、共产主义发展阶段理论以及国家消亡理论。在国家的起源上，"国家是阶级矛盾不可调和的产物和表现"①。在国家的本质上，"国家是阶级统治的机关，是一个阶级压迫另一个阶级的机关，是建立一种'秩序'来抑制阶级冲突，使这种压迫合法化、固定化"②。在国家的特征上，国家与氏族组织不同之处在于，国家按地区来划分国民和设立公共权力。在国家的职能上，国家有阶级压迫职能和社会职能，前者决定后者，后者服从于前者，两者都为统治阶级利益服务。在国家形态的发展趋势上，国家是一定社会发展到一定阶级的历史产物，这一历史产物具有暴力统治的职能，它随着社会的进一步发展必然自行消亡。在国家与共产主义的关系上，"从资本主义向共产主义过渡，当然不能不产生非常丰富和多样的政治形式，但本质必然是一样的：都是无产阶级专政"③。"国家完全消亡的经济基础就是共产主义的高度发展"④。

列宁关于国家的重要论述，阐明了马克思主义国家观教育的核心内容。第一，国家意识教育。列宁对国家的起源、本质、特征、职能、消亡等问题的梳理与见解，厘清了作为实体存在的"国家"的来龙去脉，是国家意识教育的绝佳素材，能为破除"国家崇拜"的迷信，树立马克思主义国家观，形成正确的爱国主义观念奠定思想前提。第二，国体意识教育，即以教育的方式，树立和深化人民群众对国家性质的理解与认同。列宁通过对比资本主义国家和社会主义国家在阶级关系、民主政体、民族关系等问题上的差异，逐步明晰社会主义国家不同于资本主义国家的特质，如"自觉的、民主的、无

---

①② 列宁．列宁选集：第3卷．3版修订版．北京：人民出版社，2012：114.

③ 同①140.

④ 同①197.

产阶级的集中制”①。这些内容为引导人民群众正确认识社会主义国家的国体，增强其对社会主义国家的认同提供了指导。第三，国情意识教育，即以教育的方式，使人民群众明确本国的实际情况。列宁对俄国国情的分析入木三分，尤其体现为他剖析的 1905—1907 年俄国资产阶级革命和 1917 年俄国革命前半段，他发现这些革命不同于以往的资产阶级革命，而是“在另一个环境和另一种条件下继续着公社的事业”②。这些分析运用历史唯物主义揭示了彼时俄国革命的实质，指明了革命斗争的方向，为发动十月革命以及建设无产阶级政权奠定了基调。列宁的论述指明了思想政治教育中国情教育的重要性和必要性，在国家观教育中加强国情教育对于人民群众树立正确的国家观、时代观和爱国观有着重要意义。

（二）揭示了马克思主义革命观教育的重要内容

在《国家与革命》中，列宁在揭示国家本质的基础上阐发了暴力革命学说和革命转变思想。一是暴力革命学说。列宁指出：“被压迫阶级要求得解放，不仅非进行暴力革命不可，而且非消灭统治阶级所建立的、体现这种‘异化’的国家政权机构不可。”③ 他根据马克思主义关于资产阶级国家机器的产生和演变过程的论述，指出打碎旧的国家机器，首先必须消灭资产阶级的常备军和官吏。“官吏和常备军是资产阶级社会身上的‘寄生物’，是使这个社会分裂的内部矛盾所产生的寄生物，而且正是‘堵塞’生命的毛孔的寄生物。”④ 无产阶级在革命中一定要集中力量打碎旧的军事官僚机构。二是革命转变思想。列宁指出：“马克思和恩格斯关于暴力革命不可避免的学说是针对资产阶级国家说的。”⑤ 资产阶级国家由无产阶级国家代替，“不能通过‘自行消亡’，根据一般规律，只能通过暴力革命”⑥，而无产阶级国家的消

---

① 列宁．列宁选集：第 3 卷．3 版修订版．北京：人民出版社，2012：158.
② 同①160.
③ 同①115.
④ 同①135.
⑤⑥ 同①127.

灭，“只能通过‘自行消亡’”①。

列宁关于革命的重要论述，为马克思主义革命观教育提供了理论指导。当代中国正处于列宁所指明的共产主义第一阶段——社会主义阶段，向共产主义高级阶段发展不经过暴力革命的过程，但马克思主义革命观教育仍然是不可或缺的。首先，要引导人民群众正确认识暴力革命的历史必然性，即要说明国家新旧转换、社会的根本变革和旧文化观念体系的摧毁必须通过暴力革命完成。纵观人类历史，暴力作为一种具有鲜明强制性的力量，普遍存在于人类生活中。马克思指出：“在真正的历史上，征服、奴役、劫掠、杀戮，总之，暴力起着巨大的作用。”② 暴力在历史发展中发挥了巨大的作用，包括新社会的助产婆、促进或阻碍经济发展等。暴力革命是无产阶级解放的基本方式，统治阶级的反动暴力是革命暴力的最终根源。其次，要引导人民群众正确认识社会革命在社会主义阶段的必要性，即要认识到革命的长期性和渐进性。中国从新民主主义革命时期、社会主义革命和建设时期、改革开放和社会主义建设新时期到新时代，所进行的社会革命对象、任务和具体目标各有不同，但这些都承前启后地推动着社会主义事业向前奋进。如今，中国的发展欲入新境界，必须要在新时代继续坚持和发展中国特色社会主义。再次，要引导人民群众正确认识革命的和平调整属性，即要说明在我国社会主义初级阶段，改革是我国的第二次革命。“改革开放是党在新的历史条件下领导人民进行的新的伟大革命，是决定当代中国命运的关键抉择。中国特色社会主义之所以具有蓬勃生命力，就在于是实行改革开放的社会主义。”③ 最后，要引导人民群众正确认识无产阶级政党在社会革命中的领导地位，即要认识到无产阶级专政下以自我革命推动社会革命完成的必然性。建立一个没有阶级剥削和阶级压迫的新社会，最终实现人类的解放——被马克思、恩格斯称为人类社会发展史上最深刻、最彻底、最伟大的社会革命。中国共产党作为一个马克思主义政党，不仅要进行伟大社会革命，而且要进行伟大自我革命，

---

① 列宁．列宁选集：第3卷．3版修订版．北京：人民出版社，2012：128.

② 马克思．资本论：第1卷．2版．北京：人民出版社，2004：821.

③ 中共中央文献研究室．习近平关于全面深化改革论述摘编．北京：中央文献出版社，2014：1.

发挥伟大自我革命引领和保障伟大社会革命的历史作用。

（三）阐述了马克思主义民主观教育的重要内容

在《国家与革命》第五章第二节中，列宁系统论述了资产阶级民主、无产阶级民主和共产主义民主的内涵与实质，强调了无产阶级民主的先进性，即“无产阶级专政，向共产主义过渡的时期，将第一次提供人民享受的、大多数人享受的民主，只有共产主义才能提供真正完全的民主”①。在资本主义社会中，民主是“一种残缺不全的、贫乏的和虚伪的民主”②，是一种排斥穷人的、狭隘的、彻头彻尾虚伪骗人的”③ “只供富人、只供少数人享受的民主”④，这是资产阶级所鼓吹的“民主”的真实面目。资本主义社会的民主制度是富人享受的民主，是极少数人享受的民主，即使在对无产阶级最有利的民主共和制下，无产阶级也摆脱不了当雇佣奴隶的命运。在社会主义社会中，“只是从社会主义实现时起，社会生活和个人生活的各个领域才会开始出现迅速的、真正的、确实是群众性的即有大多数居民参加然后有全体居民参加的前进运动”⑤，并且只有在共产主义社会中才能进一步从形式的平等前进到完全的事实平等。

列宁关于民主的重要论述，指明了马克思主义民主观教育的重要内容，有助于思想政治教育揭露资产阶级民主的虚假性，阐明无产阶级民主的先进性，展现人民民主的科学性，增强人民群众对中国特色社会主义民主道路的信心。第一，不存在“超阶级”的“普世”民主。民主是具体的、历史的、有条件的，是在特定的经济基础之上服务于特定阶级，是一种“国家形式”“国家形态”。实现民主的方式不可能千篇一律，用单一标尺衡量世界丰富多彩的政治制度，用单调眼光审视人类五彩缤纷的政治文明，本身就是不民主

① 列宁．列宁选集：第3卷．3版修订版．北京：人民出版社，2012：191-192.

② 同①191.

③ 同①190.

④ 同①191.

⑤ 同①201.

的[①]。第二，资产阶级民主是虚幻形式的民主。民主不是西方国家的专利，不能仅由西方国家来定义。民主的本义是人民当家作主。资产阶级看似民主的措施，如议会制、三权分立，虽然具有自由平等的外衣，但实质上具有剥削本质，是资本支配的选举，是资本集团的游戏，是将大多数人排斥在社会政治生活之外，是有钱人的民主，不是真民主。第三，无产阶级民主是比资产阶级民主更高的民主。“民主不是装饰品，不是用来做摆设的，而是要用来解决人民需要解决的问题的。”[②] 无产阶级民主能够实现形式与内容相统一，民主与专政相统一，民主与集中相统一，保障民主权利的真实性和广泛性。全过程人民民主正是无产阶级民主的现实样态。第四，民主的发展趋势是资产阶级民主必然转向无产阶级民主，随着国家的消亡而最终消亡。民主是全人类的共同价值，是中国共产党和中国人民坚持的重要理念[③]。中国共产党从成立起，就始终高举人民民主的旗帜，就不断从国内外政治发展得失中深刻认识到，中国的政治文明和政治制度必须扎根中国社会土壤，照抄照搬行不通，甚至会葬送国家前途命运。“人民民主是社会主义的生命，是全面建设社会主义现代化国家的应有之义。全过程人民民主是社会主义民主政治的本质属性，是最广泛、最真实、最管用的民主。”[④] 立足新时代，深入开展民主教育是发展全过程人民民主的题中应有之义，全过程人民民主的具体实践和最终实现不仅取决于生产资料公有制的保障力度，还取决于人民的民主素养，即贯彻民主制度、参与民主实践所必需的知识储备和意识观念。民主素养带有代代相承的民主文化“烙印”，需要民主教育的有序推进。

（四）发展了马克思主义共产主义理想信念教育的重要内容

列宁在《国家与革命》中关于坚定共产主义理想信念的论述，集中体现为他对共产主义阶段论的阐发。在第五章中，他将共产主义社会的国家制度

---

① 习近平．习近平谈治国理政：第 4 卷．北京：外文出版社，2022：259.

②③ 同①258.

④ 习近平．高举中国特色社会主义伟大旗帜　为全面建设社会主义现代化国家而团结奋斗：在中国共产党第二十次全国代表大会上的报告．北京：人民出版社，2022：37.

变革分为三个阶段：其一，从资本主义到共产主义的过渡阶段。这一过渡时期的国家“只能是无产阶级的革命专政”[①]。其二，共产主义社会的第一阶段，即社会主义阶段。这一阶段已经实现生产资料公有制，但资产阶级权利“只是在同生产资料的关系上取消”[②]，并没有完全在分配领域取消，需要有武装工人的国家来保卫生产资料公有制、劳动平等和分配平等。国家形态没有且无须消亡，所有的民主建设都是通向共产主义下一阶段的实践。其三，共产主义社会的高级阶段。这一阶段的国家已经消亡，社会是自由人联合体，实现了“‘各尽所能，按需分配’的原则”[③]，达到了生产资料公有制下真正的劳动平等和分配平等。分工已被打破，脑力劳动和体力劳动的对立关系已经消失，劳动回归为人的第一需要，人类的本质得以复归。

列宁首次将共产主义社会划分为两个阶段，即第一阶段和高级阶段，并进一步描绘了这两个阶段的蓝图愿景，丰富了马克思主义共产主义理想信念教育的基础理论。深化共产主义理想信念教育，我们可以从列宁关于共产主义阶段的论述中汲取思想智慧。一是要树立对共产主义的基本认知。认知是信念的前提和基础。要使人民群众树立共产主义的理想信念，就要从理论上阐明“两个必然”“两个决不会”的历史趋势；就要阐明在总趋势下共产主义社会的第一阶段和高级阶段在政治、经济、文化、社会、生态文明各领域的可能形态；就要突出说明现实所处过渡时期的历史方位和历史使命，使人民群众在深刻理解历史规律的基础上，生发出对共产主义的向往追求，明晰实现共产主义的长期性、阶段性和渐进性。二是要坚定对共产主义事业的追求。要以事实感人，以人民群众可触可感、可见可闻的客观事实展现历史规律，以中国革命、建设、改革以及新时代各个时期的英雄模范事迹展现个体在各个时代、各个阶段面对机遇与挑战踔厉奋发、笃行不怠的精神，增强人民群众对于实现共产主义的信心和信念。三是要推动共产主义理想信念的知行转化。共产主义各阶段的转变离不开人民群众的奋斗，要将实践要求贯穿于理

① 列宁．列宁选集：第3卷．3版修订版．北京：人民出版社，2012：188.

② 同①196.

③ 同①198.

论教育中，为人民群众指明其所处历史方位的实践目的，指明其所属身份的实践路向，推动人民群众将个体实践融入实现共产主义的群体实践中。

二、精辟的思想政治教育论断

《国家与革命》不仅蕴含着丰富的马克思主义思想政治教育内容，还包含着有关思想政治教育的精辟论断，可以为思想政治教育创新发展提供理论指引。

（一）论断一：马克思主义教育工人的党

在《国家与革命》的第二章中，列宁在阐明无产阶级需要政权的基础上，强调："马克思主义教育工人的党，也就是教育无产阶级的先锋队，使它能够夺取政权并引导全体人民走向社会主义，指导并组织新制度，成为所有被剥削劳动者在不要资产阶级并反对资产阶级而建设自己社会生活的事业中的导师、领导者和领袖。"① 该论断回答了关于"工人的党"的三个重要问题。一是指出"工人的党"的性质。"工人的党"是无产阶级的先锋队，是引导全体人民、为了所有被剥削劳动者的政党，是反对资产阶级的政党，是无产阶级事业的领导核心。二是强调"工人的党"需要接受教育。"工人的党"要具备斗争能力和领导能力，需要经过教育，特别是马克思主义教育。三是蕴含马克思主义教育"工人的党"的目的。马克思主义这一理论武器被"工人的党"所掌握，是为了让"工人的党"真正成为"导师、领导者和领袖"，在无产阶级事业中进行有效领导，将马克思主义的理论力量转化为改造世界的物质力量，并且在领导过程中始终保持政党自身的先进性和纯洁性。

该论断揭示出马克思主义思想政治教育的一项重要内容——无产阶级政党的自身教育，主要是思想建党、理论强党，这为无产阶级政党的党内教育提供了重要遵循。注重思想建党、理论强党，是我们党的鲜明特色和光荣传统②。

---

① 列宁．列宁选集：第3卷．3版修订版．北京：人民出版社，2012：131-132.

② 习近平．论党的宣传思想工作．北京：中央文献出版社，2020：413.

新中国成立前，延安整风运动开创了党内集中教育活动的先河；新中国成立后，我们党陆续开展了多次集中教育活动，这些活动虽有不同的内容和形式，但重点始终是加强党员干部党性修养和理论素养。正如习近平总书记所强调："共产党人的初心，不仅来自于对人民的朴素感情、对真理的执着追求，更建立在马克思主义的科学理论之上。只有坚持思想建党、理论强党，不忘初心才能更加自觉，担当使命才能更加坚定。"[①] 思想建党、理论强党没有完成时，只有进行时，在持续推进、久久为功中需始终铭记党"是什么、要干什么"，筑牢无产阶级政党长期执政的能力根基。第一，要始终铭记无产阶级政党的性质，即无产阶级政党是工人阶级的先锋队，面对百年未有之大变局，全体党员干部需要想在前头、干在前头，坚定理想信念，淬炼过硬本领，善于从危机中育先机，从变局中开新局。第二，要始终铭记无产阶级政党的使命宗旨，即全心全意为人民服务，面对各领域中形态各异的社会主要矛盾，面对层出不穷的新问题、新挑战，全体党员干部需要不忘初心、牢记使命，始终坚持人民至上，解决人民群众急难愁盼的问题。第三，要始终铭记无产阶级政党开展自我革命的必要性和长期性，面对新形势下"四风"之害的新形态，全体党员干部要勤于进行批评与自我批评，在建设中国特色社会主义的长期奋斗中，廉洁勤政，不唯书、不唯上、只唯实，激励全体党员干部以自我革命推进社会革命的积极性和主动性。

（二）论断二：必须系统地教育群众这样来认识而且正是这样来认识暴力革命，这就是马克思和恩格斯全部学说的基础

在《国家与革命》的第一章中，列宁强调："必须系统地教育群众这样来认识而且正是这样来认识暴力革命，这就是马克思和恩格斯全部学说的基础。"[②] 该论断强调了马克思、恩格斯暴力革命思想的内容科学性和对群众开展系统教育的必要性。第一，马克思、恩格斯的暴力革命思想符合客观实际。

---

① 习近平．论党的宣传思想工作．北京：中央文献出版社，2020：413.

② 列宁．列宁选集：第 3 卷．3 版修订版．北京：人民出版社，2012：128.

马克思、恩格斯认为“暴力革命不可避免”①，这是对社会历史规律的深刻把握。恩格斯在《反杜林论》中，也从历史上对暴力革命的作用进行了评述和颂扬。第二，暴力革命思想与国家消亡理论是一个整体。列宁重申了无产阶级国家代替资产阶级国家非通过暴力革命不可，而无产阶级国家的消灭，只能通过“自行消亡”的观点。第三，现代社会党削剪式的解读方式，对马克思主义仅仅进行有利于资产阶级的歪曲。社会党只片面强调国家是“自行消亡”的，不指明国家在消亡过程中的阶段和方式，给人民群众留下一个模糊观念，即似乎国家消亡是平缓渐进的，没有飞跃和风暴，没有革命，这就回避和否定了革命在国家消亡进程中的作用，走向小资产阶级的机会主义一端。列宁认为无产阶级政党对于人民群众的鼓动宣传工作不能忽视暴力革命学说这一重要内容，而让人民群众认识到这一学说的科学性需要通过系统的教育，从而深刻阐发了要以系统的思想教育让人民群众掌握马克思主义的暴力革命学说的必要性。

中国共产党在新民主主义革命时期的革命理念和实践，正是对这一论断的现实诠释。例如，秋收起义是中国共产党对马列主义“暴力革命方针”“暴力革命道路”的中国化，逐渐开辟了“农村包围城市，武装夺取政权”的中国革命道路。又如，在关于暴力革命思想的理论阐发上，《国家与革命》是我们党开展宣传鼓动的理论宝库。毛泽东在第六届农民运动讲习所对农民开展系统的理论教育时，运用《国家与革命》中的暴力革命学说来分析和说明当时中国的革命问题。毛泽东强调当时的革命任务：一是发动革命，夺取国家政权，“改革一切”旧的国家制度，建立革命政府；二是“用专制的手段”或者“残暴的手段”，压迫反革命者，巩固革命政府②。再如，在关于暴力革命的系统教育实践上，我们党通过开办工人补习学校、农民讲习所，对工农群众进行较为系统的理论教育；通过组建工人协会、农民协会，发动工人运动、农民运动，对工农群众进行较为系统的实践教育。这些系统教育，成功锻炼

① 列宁．列宁选集：第3卷．3版修订版．北京：人民出版社，2012：127.

② 胡兵．列宁《国家与革命》研究读本．北京：中央编译出版社，2016：78.

出一批善于发动群众的先进党员，锻炼出一批敢于斗争、善于斗争的工农群众，最终赢得了战争的胜利。当今时代，对人民群众的系统教育既不能忘却马克思主义的暴力革命学说，也不能把暴力的作用绝对化。无论暴力是革命的还是反革命的，无论它能发挥多大的历史作用，终究不能违背决定社会发展方向和进程的历史规律，迷信暴力的作用，幻想暴力能够解决所有问题，不恰当地使用暴力，必将受到历史的惩罚。

（三）论断三：只有新的一代才有能力把这国家废物全部抛掉

在《国家与革命》第四章中，列宁在总结恩格斯观点的基础上，提出一个发人深省的问题："为什么只有新的一代才有能力把这国家废物全部抛掉呢?"[①] 为了回答这一问题，列宁运用辩证唯物主义发展观进行分析并指出，在社会主义发展为共产主义的过程中，暴力和服从将逐渐消失，"新的一代"在新的自由的社会条件下，将逐渐"习惯于遵守公共生活的起码规则，而不需要暴力和服从"[②]，"国家废物"将被"新的一代"全部抛掉。当消除了"群众受剥削和群众贫困"——违反公共生活规则这一极端行为产生的根本社会原因，国家也随之消亡。列宁以人民群众在社会主义社会下独立参加投票、选举和轮流管理为例证，推演出人们"很快就会习惯于不要任何人来管理"[③]。

这一论断及其阐发具有两层思想政治教育意蕴：第一层为表层意蕴，即对"新的一代"的肯定，蕴含着列宁对新生力量的信心，指向思想政治教育的育人目标。"新的一代"承载着国家未来，要使"新的一代"能担重任、能成大器、不辱使命，需要发挥思想政治教育引导个体社会化、培育个体思想政治素质、促进人的全面发展的个体价值，培养一代又一代德智体美劳全面发展的社会主义建设者和接班人。第二层为深层意蕴，即对"抛掉国家废物"过程的阐发，体现了人与环境之间的相互作用，指向环境的隐性教育功能。"抛掉国家废物"实现共产主义，离不开代际努力。每一代人的努力都将为下

① 列宁．列宁选集：第3卷．3版修订版．北京：人民出版社，2012：182.

② 同①185.

③ 同①217.

一代人除陋立新，创设新的社会条件，使“新的一代”在新的环境中形成新的习惯。当国家职能逐渐被人民代代更迭的习惯所取代时，国家存在的合法性将逐渐消失，国家实体将逐渐消亡。环境潜移默化地影响着人的价值取向、行为规范和道德风貌。因此，要“抛掉国家废物”即迈向共产主义社会的高级阶段，就要深入推进“大思政”工作格局，发挥要素、人才的协同效应，实现全员全程全方位育人，为“新的一代”创造自觉遵循社会公共秩序的机会和环境；就要培育“新的一代”奉献社会、服务人民的人生观和价值观，培养一批又一批堪当民族复兴重任的时代新人，培育源源不断的社会主义事业合格建设者和可靠接班人。

三、重要的思想政治教育启示

《国家与革命》作为一部回答时代之问的论战性著作，对推进新时代马克思主义思想政治教育理论创新和实践创造有着重要启示。

（一）思想政治教育要切实发挥好社会动员作用

《国家与革命》产生于无产阶级革命的现实需要。1917 年，“七月事变”使俄国二月革命夺得的政权完全落入资产阶级临时政府手中，残酷的事实证明：妥协投降的调和主义走不通，武装夺取政权才能捍卫革命果实。因此，列宁在《国家与革命》第一版序言末鲜明指出：“无产阶级社会主义革命对国家的态度问题不仅具有政治实践的意义，而且具有最迫切的意义，这个问题是要向群众说明，为了使自己从资本的枷锁下解放出来，他们在最近的将来应当做些什么。”[①] 这表明《国家与革命》是一部向理论找思路、向现实找答案的实践性著作，并且其本身就是一种思想政治教育方式，用以动员人民群众参与革命斗争，汇聚革命力量。

为实现中心任务而统一思想、凝聚力量是思想政治教育发挥好社会动员

① 列宁．列宁选集：第 3 卷．3 版修订版．北京：人民出版社，2012：110.

作用的题中之义。社会动员是指一定群体引导、发动和组织社会成员实现一定社会目标的活动。切实发挥好新时代思想政治教育社会动员作用，一要坚持正确的政治方向。坚持以马克思主义、中国化时代化的马克思主义为指导思想，坚定思想政治教育理论研究与实践活动的社会主义属性。二要树立现实的目标导向。要坚持以促进人的自由全面发展为最终目的，以培养社会主义事业的建设者和接班人为现实目标，培养堪当民族复兴重任的时代新人，培养有理想、敢担当、能吃苦、肯奋斗的新时代好青年。三要明确务实的行为方向。思想是行为的先导，思想政治教育要实现对全社会的广泛动员，需要在系统教育中阐明社会成员的行为方向，在思想政治利益与物质利益相结合中调动社会成员的行为积极性，在实践活动中调控和锻炼社会成员的行为能力。

（二）思想政治教育要坚持建设性和批判性相统一

在批判中建构，既是《国家与革命》产生的理论需要，也是列宁发展马克思主义国家观的理论路径之一。列宁对错误思潮毫不留情的反击，不仅体现在第六章“马克思主义被机会主义庸俗化”的集中批判中，还体现在各章节对各种错误国家学说和时代思潮的对比批判中。列宁通过揭穿机会主义和无政府主义是对马克思主义的歪曲、对国家问题的实质性回避，分析了错误思潮的阶级本质和社会作用，划清了马克思主义思想与形形色色社会思潮的界限，阐明了马克思主义国家学说、暴力革命学说和无产阶级专政理论，为无产阶级革命斗争指明了方向，尤其是无产阶级掌握国家政权后如何建设政权的方向，有效遏制了机会主义思潮在西欧和俄国工人运动中的泛滥。

新时代思想政治教育要坚持建设性和批判性相统一的原则。进入新时代，意识形态领域的斗争日趋激烈。在国际上，资本主义和社会主义在意识形态领域的较量从未停止、甚嚣尘上；在国内，反马克思主义、新自由主义、民粹主义、宪政民主、“普世价值”等错误思潮日益活跃、交锋频繁。面对如此局势，马克思主义思想政治教育者要像列宁一样，敢于发声、善于批驳、勇于挑战。一要从客观实际出发，用马克思主义的立场、观点和方法对错误社会思潮进行合理科学的分析，揭开错误社会思潮的神秘面纱，引导人民群众自觉提升识别错误社会思潮的能力，以理服人、赢得人心。二要明确划分斗争对象，同那些以宗教先知和救世主自居，以传教的方式和口吻向群众说话的人物进行斗争；同那些以社会主义者自居，以"加工"马克思主义学说来吓唬工人和征服群众的人物进行斗争；同那些重激情、轻理性，甚至向工人进行蛊惑式宣传鼓动的人物进行斗争。三要推进马克思主义中国化时代化，通过实践基础上的理论创新和与时俱进的理论教育，让马克思主义成为人民群众真学、真懂、真信、真用的理论，成为人民群众发自内心的信仰，成为真正厚植于中华大地的主义。

（三）思想政治教育要树立大历史观

大历史观是一种以空间为横坐标、以时间为纵坐标展开的"全面的历史的方法"，体现的是一种融通古今中外的整体性思维，其理论源头是历史唯物主义。习近平指出，要"树立大历史观，从历史长河、时代大潮、全球风云中分析演变机理、探究历史规律"①。列宁在《国家与革命》中的理论阐述鞭辟入里，离不开他对历史唯物主义的运用。其一，列宁以纵向为主线，采取完整引用式恢复、解读马克思和恩格斯在不同时期关于国家理论的论述；以横向为拓展，在辩证引用中恢复前人学说，在对比和驳斥各类片面解读马克思主义的学说中正本清源。其二，列宁在《国家与革命》中分析暴力革命、无产阶级专政、无产阶级国家、无产阶级民主、民族与宗教等一系列问题时，都将问题对应到资产阶级革命和无产阶级革命的历史现实中进行论证，对应到其所处的资产阶级历史和共产主义历史大趋势下进行推演，有力说明了国家形态演变过程中的关键问题，有力回答了无产阶级社会主义革命对国家的态度问题。

历史唯物主义是思想政治教育的理论基础，大历史观是新时代下对历史唯物主义的运用和发展。为了将马克思主义讲准讲深讲活，新时代思想政治

① 习近平．习近平谈治国理政：第4卷．北京：外文出版社，2022：511.

教育要树立大历史观的思维方式和实践指向。一要善于追根溯源，在悠长深厚的文明演进与思潮变迁的脉络之中讲清思想政治教育的基本内容。从党史、新中国史、改革开放史、社会主义发展史、中华民族发展史出发，揭示世界观、政治观、人生观、道德观、法治观的历史演进过程，让受教育者对所学内容蕴含的深刻道理看得更清、追得更远、思得更明、悟得更透。二要善于在历史的主题主线主流本质中进行思想政治教育叙事。在描述分析社会事件和社会问题时，如列宁在《国家与革命》中一样，在大历史观的主线中进行综合比较，打通古今中外的思想与现实，沿着社会历史的主题主线主流本质进行叙事话语的选择，在或宏大或个体的叙事中展现大历史观的叙事逻辑，防止视角的片面化、极端化。三要善于在历史长河中选取能够反映总体史的鲜活素材，用具体形象的历史事实讲活抽象严肃的道理。大历史观体现的是整体思维，建立整体思维的前提是对历史材料的充分占有和深刻把握，运用整体思维的要求是能恰如其分地呈现历史材料。思想政治教育要在史论结合中讲准讲深讲活道理，所挑选的历史材料和典型案例就要能够反映历史发展的总体趋向，而非偏废一方的细枝末节，这样才能更具说服力和感染力。

13 思想政治教育策略艺术的科学阐释

——弗·伊·列宁《共产主义运动中的“左派”幼稚病》解读

思政金句

哪里有群众，就一定到哪里去工作。

——列宁．共产主义运动中的“左派”幼稚病//列宁．列宁选集：第4卷．3版修订版．北京：人民出版社，2012：163.

把无产阶级先锋队争取到共产主义运动方面来，因而宣传工作就提到了第一位。

——列宁．共产主义运动中的“左派”幼稚病//列宁．列宁选集：第4卷．3版修订版．北京：人民出版社，2012：201.

《共产主义运动中的“左派”幼稚病》(简称《“左派”幼稚病》),是列宁于1920年4—5月写作的一部关于马克思主义战略和策略的经典著作。针对当时一些国家中年轻的共产党不善于在两条战线上开展反对“左”右两种倾向斗争的“左派”幼稚病,列宁在书中总结了俄国三次革命和苏维埃国家成立初期的经验,进一步发展了无产阶级革命和无产阶级专政的理论,阐明了马克思主义的战略和策略,指出了布尔什维克党革命经验的国际意义,阐述了领袖、政党、阶级、群众间的相互关系。这部著作是理论与实践相结合的产物,不仅用新的革命实践经验丰富和发展了马克思主义,同时问世之后很快传播于全世界,还对国际共产主义运动的健康发展,包括中国革命的成功实践,发挥了重要的指导和推动作用。在思想政治教育视阈中重读这一文本,可以发现《“左派”幼稚病》是一部既包含丰富的思想政治教育基础理论和战略策略,又实际地发挥了重大思想政治教育作用的经典著作。

一、丰富的思想政治教育思想

《“左派”幼稚病》是由当时整个历史形势和国际共产主义运动面临的任务促成的,列宁在其中不仅深刻批判了“左派”共产党人的错误,而且精辟地阐发了无产阶级政党的理论、战略和策略问题,为无产阶级运动的健康发展提供了强大的思想武器。我们将其作为思想政治教育的文献来研究,其中确凿地包含着丰富的思想政治教育基础理论。

(一) 阐明了马克思主义思想政治教育的一项重要内容——党的纪律教育

在第二章“布尔什维克成功的基本条件之一”中，针对各国“左派”共产党人否定党的领导、否定党的纪律的通病，列宁首先从无产阶级夺取和巩固政权的高度阐述了无产阶级政党实行高度集中制和铁的纪律的重大意义。“无产阶级实现无条件的集中和极严格的纪律，是战胜资产阶级的基本条件之一。”① 其次，列宁特别提出了维持、检验和加强党的纪律的三个必要条件：一是“靠无产阶级先锋队的觉悟和它对革命的忠诚，是靠它的坚韧不拔、自我牺牲和英雄气概”；二是“靠它善于同最广大的劳动群众，首先是同无产阶级劳动群众，但同样也同非无产阶级劳动群众联系、接近，甚至可以说在某种程度上同他们打成一片”；三是“靠这个先锋队所实行的政治领导正确，靠它的政治战略和策略正确，而最广大的群众根据切身经验也确信其正确”②。当然，这些条件的形成绝不是自然而然的，也不是一蹴而就的，需要正确的理论即马克思主义理论来支撑，需要丰富的斗争实践即无产阶级革命运动来锻炼和强化。

严格的纪律是无产阶级政党区别于资产阶级政党的主要特点之一，不能脱离思想问题来解决纪律问题，重视和加强纪律教育是马克思主义思想政治教育的应有之义。列宁关于无产阶级政党纪律的论述为正确开展纪律教育提供了指引。首先，纪律教育要注重提高党员的思想政治觉悟。无产阶级政党的纪律是建立在自觉的基础上，与反动派的纪律有本质的不同。无产阶级政党要教育其成员忠于党的事业、革命事业和人民事业，要有坚强的意志力、自我牺牲的崇高精神以及大无畏的英雄气概。其次，纪律教育要注重培养党员联系群众的意识和能力。纪律教育的开展要求党员深入群众，与群众融为一体，从而为维持和加强无产阶级政党的纪律奠定可靠的群众基础。最后，纪律教育要注重提高党员的思想政治理论素养，教育和引导党员加强对“正

① 列宁．列宁选集：第4卷．3版修订版．北京：人民出版社，2012：135.

② 同①136.

确的革命理论”——马克思主义的学习。中国共产党一贯重视纪律和纪律教育，组织严密、纪律严明是中国共产党的优良传统和政治优势。毛泽东曾多次阅读《“左派”幼稚病》并强调要重视其中关于纪律的论述，抓好党的纪律建设。党的十八大以来，习近平把加强纪律建设作为全面从严治党的治本之策。在新时代党的思想政治教育中，要特别加强纪律教育，旗帜鲜明讲党的性质宗旨和作风纪律，不断强化和铸牢党员干部纪律意识、法治信仰，使铁的纪律转化为党员干部的日常习惯和自觉遵循。

（二）提出了马克思主义思想政治教育的一条重要原则——坚持原则的坚定性和策略的灵活性相结合

在第八章中，针对十月革命后，欧美一些共产党和“左派”组织成员无视形势的发展变化和斗争的复杂性，违背马克思主义的辩证法，笼统否定一切妥协的幼稚病，列宁特别指出，应当分清两种不同性质的妥协：一种是基于对客观条件的科学分析而做出的必要的妥协，另一种是叛徒的妥协。他强调，“应当把对共产主义思想的无限忠诚同善于进行一切必要的实际的妥协、机动、通融、迂回、退却等等的才干结合起来”[①]。也就是说，为了战胜强大的敌人，无产阶级政党必须审时度势、权衡利弊，在恪守基本原则、坚持革命方向的前提下，可以对其他政党包括资产阶级政党实行必要的通融和妥协。“一切国家的一切共产党人要普遍而彻底地认识到必须使自己的策略具有最大的灵活性。”[②] 在强大的敌人和严酷的困难面前，列宁成功运用了退却和妥协的斗争策略，从而保住了革命成果，推动了社会主义事业的前进。这也给马克思主义思想政治教育提出了一条富有辩证性的重要原则——坚持原则的坚定性和策略的灵活性相结合。

马克思主义思想政治教育与过去一切阶级的思想政治教育有着根本的不同，它始终坚持无产阶级的政治立场，维护劳动人民的根本利益，具有鲜明的政治性和先进性。因此，思想政治教育要坚持党性原则和方向性原则，坚

---

① 列宁．列宁选集：第 4 卷．3 版修订版．北京：人民出版社，2012：203.

② 同①209.

持正确的政治方向不动摇。但是，实际生活是极其复杂的，革命的道路是曲折的，思想政治教育不可能有一个固定模式和统一策略。面对在知识水平、思想认识、自我监督和控制能力、自我完善和自我发展的要求等各方面有巨大差异的受教育者，思想政治教育者必须因事而化、因时而进、因势而新，灵活采取各种教育方式方法，提高受教者的思想觉悟，升华受教者的精神世界。此外，马克思主义思想政治教育一定要注意妥协的“度”的问题。思想政治教育中的妥协，目的是寻求共识，弥合冲突，进而壮大力量，利于事业发展。策略的灵活性或者说妥协是有前提的，要坚持马克思主义的立场观点，要坚守社会主义核心价值观的目标导向，既要坚定信念，不拿原则做交易，又要善于迂回作战，后发制人，灵活地进行理论斗争。

（三）指出了马克思主义思想政治教育的一个重要组织——工会

在第六章中，针对德国“左派”共产党人强调工会在资本主义条件下存在某种反动性，拒绝在工会里工作，脱离了群众的轻率、幼稚的做法，列宁高度肯定了工会的重要性和工会工作的必要性，并旗帜鲜明地指出：“党直接依靠工会来进行自己的工作。”① “除了通过工会，通过工会同工人阶级政党的协同动作，无产阶级在世界上任何地方从来没有而且也不能有别的发展道路。”② 工会是巩固无产阶级专政、密切联系群众的重要手段。在此基础上，列宁进一步指出，“工会现在仍然是、将来在一个长时期内也还会是一所必要的‘共产主义学校’和无产者实现其专政的预备学校”③。在工会中进行共产主义的宣传教育工作和无产阶级的鼓动工作是十分必要的，因为经过工会这个“学校”，可以“教育、训练和培养出全面发展的和受到全面训练的人，即会做一切工作的人”④。同时，列宁还指出，只通过工会联系和教育群众是不够的，还要在革命进程中实践创造一些新的组织和机构。

工会是马克思主义思想政治教育的主体力量和重要组织。马克思、恩格

① 列宁．列宁选集：第4卷．3版修订版．北京：人民出版社，2012：157.

②③ 同①160.

④ 同①159.

斯都非常重视工会，将其视为反抗资本家剥削的经常性联盟，以及组织和教育工人阶级、支持其彻底解放的政治活动组织。列宁进一步发展了马克思、恩格斯关于工会的思想，提出工会是“一个教育的组织，是吸引和训练的组织”，是“一所学校”“共产主义的学校”[①]。中国工会在中国共产党的坚强领导下，在革命、建设、改革和新时代各个时期都发挥了重要的思想政治教育作用。工会是无产阶级政党与工人群众的连接桥梁和纽带，与人民群众联系紧密是其开展思想政治教育的天然优势。思想政治教育也一直是工会的一项基础性、经常性工作，工会具有增强团结教育、维护权益、服务职工的独特功能。为适应新形势新任务，我们的各级各类工会组织要着力抓好引领职工思想、加强和创新职工思想政治教育的工作，多做组织群众、宣传群众、教育群众、引导群众的工作，多做统一思想、凝聚人心、化解矛盾、增进感情、激发动力的工作，努力团结动员亿万职工积极建功新时代。

（四）重申了马克思主义思想政治教育的独特方法——批评与自我批评教育法

在第七章中，列宁批判了德国“左派”拒绝参加资产阶级议会的错误观点，在论述这一问题时，列宁指出：“一个政党对自己的错误所抱的态度，是衡量这个党是否郑重，是否真正履行它对本阶级和劳动群众所负义务的一个最重要最可靠的尺度。公开承认错误，揭露犯错误的原因，分析产生错误的环境，仔细讨论改正错误的方法——这才是一个郑重的党的标志，这才是党履行自己的义务，这才是教育和训练阶级，进而又教育和训练群众。”[②] 在这里，列宁实际上是指出了马克思主义思想政治教育中批评与自我批评教育法。批评与自我批评，是马克思主义认识论、实践论的具体体现，是马克思主义政党党内政治生活的一个基本原则。有无严肃认真的批评与自我批评，能否开展积极健康的思想斗争，是马克思主义政党区别于其他政党的鲜明标志和显著特征。马克思主义政党，代表最广大人民的根本利益，没有任何自己的

① 列宁．列宁选集：第4卷．3版修订版．北京：人民出版社，2012：368.

② 同①167.

私利，从来不惧怕批评与自我批评，敢于公开承认、修正自己的缺点和错误，能够依靠自身力量解决自身存在的不足。

批评与自我批评是中国共产党思想政治教育的重要内容和有效方式，是中国共产党不断改造自己、提升自己的有力武器。回顾中国共产党百年历史，中国共产党就是在批评与自我批评中发展壮大的。从诞生之日起，中国共产党就自觉地开展批评与自我批评，特别是在一些重大历史关头，总是敢于拿起这一武器，排除各种错误思想的影响，保持正确的前进方向，凝聚强大的奋进力量。毛泽东说："有无认真的自我批评，也是我们和其他政党互相区别的显著的标志之一。"[①] 有了批评与自我批评这个武器，我们就能去掉不良作风，保持优良作风。批评与自我批评，是对错误思想的匡正、对错误做法的纠正。开展批评与自我批评，就是为了防范、清除各种政治灰尘和政治微生物侵袭，及时发现和纠正自身存在的缺点，促进党的组织健康发展和党员干部健康成长，可以说是我们党加强自身建设的重要法宝。中国共产党始终保持旺盛的生命力和强大的战斗力，一个重要因素就是在思想政治教育中非常善于运用批评与自我批评的锐利武器，不断提升自我净化、自我完善、自我革新、自我提高的能力。在新时代新征程中，加强党的思想政治建设，批评与自我批评这个优良传统决不能忘，坚持真理、修正错误的科学态度决不能变，自我净化、自我完善、自我革新、自我提高的决心和勇气决不能丢。

二、精辟的思想政治教育论断

《"左派"幼稚病》除了包含丰富的思想政治教育基础理论外，还有一些与思想政治教育直接相关的论断，这些论断对思想政治教育的理论研究和实践工作具有直接的指导价值。

① 毛泽东．毛泽东选集：第 3 卷．2 版．北京：人民出版社，1991：1096.

（一）论断一：政治是一门科学，是一种艺术，它不是从天上掉下来的，不费力是掌握不了的

列宁在《“左派”幼稚病》第九章中批判了英国“左派”共产主义者在对待妥协、对是否参加议会和加入工党等问题上存在的错误观点，谈到关于是否参加议会时，列宁提出，“政治是一门科学，是一种艺术，它不是从天上掉下来的，不费力是掌握不了的”[①]。在马克思主义的视阈中，政治是一种社会现象，它的发生、发展、变化乃至消失不是偶然的、任意的和盲目的，而是受社会物质生产的制约，也就是说受一定的客观规律的支配。人们可以用科学的方法研究和掌握政治，找出其规律性，从这个意义上讲，政治是一门科学。人们只有以科学的态度对待它，深刻认识政治的本质，把握其规律，才能在实际生活中运用好它，进而推动社会的发展和进步。但是，政治又具有很强的实践性。现实政治生活是极其错综复杂的，政治科学只能提供政治活动的普遍规律和基本原则，而在千变万化的现实政治中，必须具体地、现实地、灵活地把握和解决政治问题，根据历史传统、时代特征、实际情况，在遵循规律的基础上灵活地运用政治手段和技术，制定战略策略，从这个意义上讲，政治又是一种艺术。政治是一门科学、一种艺术，这就意味着可以根据社会运动的客观规律来认识它在社会经济生活中的地位和作用，把握政治活动的基本原则和方法，找出处理政治问题的基本政策和策略手段，从而实现无产阶级的政治目的[②]。

从这一论断出发理解和把握思想政治教育，应该看到思想政治教育也是一门科学、一种艺术。思想政治教育是一项社会活动，有科学的理论基础，有科学的思想方法，因其工作过程具有逻辑性，因而它是一项科学性活动。但因此认为思想政治教育只是严格按照既定规则和惯常方法开展工作，是不全面的。思想政治教育对象的层次性及其思想的多变性、思想政治教育任务的宏大性、思想政治教育环境的复杂性等都要求思想政治教育工作者要审时

---

① 列宁．列宁选集：第 4 卷．3 版修订版．北京：人民出版社，2012：189.

② 王沪宁．政治的逻辑：马克思主义政治学原理．上海：上海人民出版社，2016：359.

度势、娴熟地运用各种方法和技巧去开展工作，这就决定了思想政治教育的艺术性。因此，可以讲，思想政治教育不仅是一项科学性活动，也是一项艺术性活动。不具备科学性的思想政治教育是难以成功的，没有艺术性的思想政治教育是不高明的，成功的思想政治教育总是科学性与艺术性相统一的。在思想政治教育过程中，思想政治教育工作者不仅要强调科学性，也要讲究艺术性。一方面，要以科学的态度理解政治，深刻认识思想政治教育的本质和规律，特别把握好思想政治教育的政治性或意识形态性，具备高度的政治意识、丰富的政治智慧和高超的政治能力；另一方面，由于政治要求因时而异、因地而易、因人而别，社会政治的环境也并非一成不变的，思想政治教育必须因事而化、因时而进、因势而新，不断提高开展思想政治教育的智慧谋略和能力技巧。

（二）论断二：哪里有群众，就一定到哪里去工作

针对德国“左派”共产党人主张的共产党人不应该在反动工会里工作，应该退出这样的工会，另外创立一种崭新的“工人联合会”的观点，列宁进行了尖锐的批驳，说这一论调不过是幼稚可笑的胡说，并提出了“哪里有群众，就一定到哪里去工作”① 的论断。列宁认为，工会在资本主义初期是工人阶级由散漫无力到初步联合的一个巨大进步，但是，当无产阶级的革命政党开始成长的时候，工会就不可避免地暴露出某些反动色彩，例如某些行会的狭隘性、某些不问政治的倾向以及因循守旧的积习等等。在这种情况下，如果拒绝在那里工作，就是把那些不十分成熟的或落后的工人群众委弃在反动领袖、资产阶级代理人、工人贵族或“资产阶级化了的工人”的影响之下，这十分不利于我们对群众的教育和改造。“应该善于作出一切牺牲，克服极大的障碍，在一切有无产阶级群众或半无产阶级群众的机关、社团和协会（哪怕这些组织是最反动不过的）里有步骤地、顽强地、坚定地、耐心地进行宣传和鼓动。”②

---

①② 列宁．列宁选集：第 4 卷．3 版修订版．北京：人民出版社，2012：163.

这一论断内涵深刻，为我们指明了马克思主义思想政治教育的起点和归宿。思想政治工作从根本上说是做人的工作，人是思想政治教育的出发点和落脚点。以人为本是思想政治教育的根本所在，思想政治教育的目的既是培养人、关心人、发展人，也是教育人、引导人、启发人。在新时代开展思想政治教育工作，首先，要围绕人的思想和行为，运用科学的理论滋养人的精神，启迪人的思想，丰富人的精神世界，引导人们形成正确的思想，帮助人们解决思想和行为相脱节的矛盾，使人们在社会实践过程中按照社会要求实现思想和行为的统一。其次，要观照人的需要和利益。利益特别是物质利益是人类生存的基础，是保证我们生存、生活的最基本条件。思想政治教育工作必须时刻关注教育对象的利益需求，这是发挥思想政治教育功能最有效的途径。最后，要服务于人的发展和解放。马克思主义思想政治教育的主题要始终围绕人的发展和解放，实现这一主题的重要手段和必要途径是教育与生产劳动相结合，我们要在思想政治教育的过程中紧密结合实践活动，让受教育者在实践过程中身体力行，接受锻炼，磨砺意志，提升思想。

（三）论断三：把无产阶级先锋队争取到共产主义运动方面来，因而宣传工作就提到了第一位

列宁在第十章中论述共产主义政党的历史任务时提出了“把无产阶级先锋队争取到共产主义运动方面来，因而宣传工作就提到了第一位”[①] 的论断。无产阶级先锋队中的一些成员不能自发地形成共产主义的理论认识，因此必须要加强宣传工作。“共产党人的全部任务，就是要善于说服落后分子，善于在他们中间进行工作”[②]，从而更好地提升他们的思想水平，推进共产主义运动的发展。舆论历来是影响社会发展的重要力量。重视宣传思想工作是马克思主义经典作家一贯强调的无产阶级政党的重要工作。历史和现实都已昭示，舆论力量不能小觑，宣传工作意义重大。舆论导向正确是党和人民之福，舆论导向错误是党和人民之祸。特别是在多种意识形态较量和斗争中，无论是

---

① 列宁．列宁选集：第 4 卷．3 版修订版．北京：人民出版社，2012：201.

② 同①164.

被动地防御，还是主动地进攻，其中惊心动魄、你死我活的思想交锋丝毫不亚于战场上的硝烟弥漫、刀光剑影，意识形态领域是一场真实的战斗。“主义之争、意识形态冲突，从来就不是纯粹的思想观念之争，而是由谁执政、为谁执政、如何执政的制度选择，是领导权之争。”① 无论是在夺取政权的斗争中，还是在巩固社会主义政权，推动社会革命的过程中，宣传工作都是无产阶级政党一项极为重要的工作。

这一论断有着重要的思想政治教育意蕴，既揭示了宣传工作的重要性，也指明了思想政治教育的重要性和必要性。宣传工作与思想政治教育在一定意义上是等同的，在无产阶级革命运动中，宣传工作是第一位的，思想政治教育是生命线。宣传工作在共产主义运动中居于首要地位，不仅能传递共产主义科学理论、指引人民群众前进方向，还能引导人民群众进行共产主义革命和社会主义实践。无产阶级政党要成为无产阶级的思想领导者，要把群众争取到共产主义运动中来，必须将理论工作与实际的宣传鼓动工作相融合。思想宣传教育工作要深入各条战线，开展广泛持久、细致耐心的工作，要把握一切可以感召群众、教育群众、提升群众的机会。中国共产党历来高度重视对宣传战线的领导，高度重视发挥宣传思想领域工作部门和思想政治教育工作队伍的作用。中国共产党百余年历史实践表明，无论是革命、建设、改革开放，还是新时代实现中华民族伟大复兴中国梦，都离不开党的宣传思想工作，都要不断加强和改进思想政治教育，最大范围、最大可能地凝聚人心，汇聚民力。

三、重要的思想政治教育启示

《“左派”幼稚病》不仅是一部重要的有关无产阶级革命战略和策略的经典之作，而且蕴含着深刻的马克思主义思想政治教育实践启示。

（一）思想政治教育要坚决批判“左”倾和右倾错误思潮

在《“左派”幼稚病》中，列宁用深刻的政治智慧总结了俄国革命自身斗

① 侯惠勤．马克思的意识形态批判与当代中国．北京：中国社会科学出版社，2010：5.

争的丰富经验，在唯物史观的基础上对共产主义运动内部涌现出的“左”倾机会主义思潮进行了科学的批判，分析了这一极端思潮的巨大危险，为各国共产主义政党制定政策策略提供了指引。列宁说布尔什维主义“首先是而且主要是在反对机会主义的斗争中”[①] 成长、壮大和得到锻炼的。此外，布尔什维主义在工人运动内部还有另一个敌人，“布尔什维主义是在同小资产阶级革命性作长期斗争中成长、成熟和得到锻炼的”[②]。这里的小资产阶级革命性就是“左”倾机会主义思潮。这启示我们首先要坚持反倾向斗争问题上的唯物主义，从客观实际出发，善于辨别当时的主要错误是“左”还是右，并且紧紧抓住不放松；其次还要坚持反倾向斗争问题上的辩证法，做到在着重反对一种错误倾向时注意可能被掩盖着的处在潜在或萌芽状态的另一种错误倾向。我国的革命和建设曾不同程度地受到“左”倾思潮的干扰，“左”倾的工作指导方针曾给我们的革命和建设事业带来了巨大的损失。新时代，我们必须要警惕“左”倾思潮的回潮反复，马克思主义思想政治教育者需要提高防范意识，增强责任意识，善于发现错误思潮的萌芽，并且敢于批判错误思潮。一方面，要坚持马克思主义的立场、观点和方法，通过彻底分析和批判错误思潮的负面观点或错误主张，厘清问题所在，为群众正确认识和评价这些错误思潮提供帮助，从而为群众理解和接受马克思主义扫清障碍、开辟道路。另一方面，要敢于回应社会思潮对主流价值观的挑战，维护意识形态安全。合法性的争夺从来就是不进则退，马克思主义思想政治教育者必须要同错误思潮进行斗争，以此来锻炼自己，发展自己，扩大自己的阵地。

（二）思想政治教育要坚持层次性原则

层次性原则是指思想政治教育应从实际出发，承认差异，根据教育对象不同的思想情况，因材施教，分层次进行教育。层次性原则是马克思主义思想政治教育一贯坚持和长期遵循的一个重要原则。关于为什么要坚持和遵循这个原则问题，列宁在《“左派”幼稚病》中给予了很好的回答。列宁认为，

①② 列宁．列宁选集：第 4 卷．3 版修订版．北京：人民出版社，2012：142.

无产阶级不仅被介于无产者和半无产者之间、半无产者和小农之间、小农和中农之间等中间类型包围，其自身也分为比较成熟的和比较不成熟的阶层，有乡土、职业、宗教等的区分。这就要求共产党人“必须而且绝对必须对无产者的各种集团，对工人和小业主的各种政党采取机动、通融、妥协的办法。全部问题在于要善于运用这个策略，来提高无产阶级的觉悟性、革命性、斗争能力和致胜能力的总的水平”①。马克思主义思想政治教育对象的情况错综复杂、千差万别，在选择教育方法时，要因时制宜，因地制宜，因人利导，不能千篇一律，这样才能提高整个无产阶级的思想水平。思想政治教育要始终坚持层次性原则，使思想政治教育更加符合社会发展的要求，充分切合人们的思想实际，更具针对性、有效性和实用性，更加入耳、入脑、入情、入理，以此来提高马克思主义思想政治教育的效能，培养创新性人才。首先，要深入实际，加强调查研究，准确了解把握教育对象的思想特点，区分教育对象的思想类型和层次，科学地确定思想政治教育的目标。其次，要整体规划，统筹安排，按教育对象的特点，正确选择教育内容和方式方法。对于党员干部，要以主流教育为主；对于普通民众，要融教育于服务之中；对于少年儿童，要循循善诱，抓好重点对象的教育。最后，要创造良好的条件，营造适宜的氛围，满足不同层次教育对象发展的需要。新时代的马克思主义思想政治教育必须针对人的不同需要和不同人的需要来开展工作，真正做到鼓励先进、照顾多数，把先进性的要求与广泛性的要求结合起来，从而促使不同层次和不同起点的人都能经过努力达到各自的思想政治教育目标，都能在各自原有的基础上不断进步。

（三）思想政治教育要善于运用语言修辞艺术

在思想政治教育中，好的语言运用，与思想政治教育目的的有效实现密切相关。思想政治教育者的语言艺术是教育艺术的重要部分，是搞好思想政治教育工作的重要因素。在《“左派”幼稚病》中，列宁指出，共产党人必须

---

① 列宁．列宁选集：第 4 卷．3 版修订版．北京：人民出版社，2012：183.

注意不用学者口吻跟人民说话[①]，以此来启发思想，发动群众。也就是说思想政治教育者要注意语言的通俗化、大众化，要用喜闻乐见的语言使群众产生共鸣。作为国际无产阶级革命的伟大导师和精神领袖，列宁的语言简短明快、含意深刻、深入浅出、通俗易懂。在《“左派”幼稚病》中，列宁把荷兰和德国的“左派”关于苏维埃政权比资产阶级民主议会优越的说法称为“熊的帮忙”，把种种背叛社会主义的行为比作“奥吉亚斯的牛圈”，此外还引用俄国伟大的社会主义者车尔尼雪夫斯基的“政治活动并不是涅瓦大街的人行道”[②] 这句话来说明共产主义运动的大路并不是笔直平坦的，进而批判“左派”共产党人拒绝任何妥协，主张径直走向共产主义革命的错误观点。由此我们可以看出，列宁将典故、谚语运用得灵活多变，使它们具有了强烈的战斗性、高度的精确性和鲜明的形象性，进而运用这个有力武器，无情地揭露敌人，打击敌人，极大地鼓动了群众，教育了群众。在新时代，马克思主义思想政治教育要注重语言艺术的运用，使思想政治教育过程不再是枯燥乏味的，而是言之有理、言之有情、言之有物的。思想政治教育者要学会打比方和讲故事，善于运用大白话和俗文俚语，以及传统经典和诗词古句，使思想政治教育话语贴近群众、朴实无华、浅出深入，从而增进人民群众的理解。

（四）思想政治教育要绵绵用力，久久为功

《“左派”幼稚病》通篇包含着丰富的策略思想。在第五章中论述如何消灭小商品生产者时，列宁指出：“改造他们，重新教育他们，这只有通过很长期、很缓慢、很谨慎的组织工作才能做到。”[③] 在第六章中论述如何在反动工会中做工作的时候，列宁指出：“应该善于作出一切牺牲，克服极大的障碍，在一切有无产阶级群众或半无产阶级群众的机关、社团和协会（哪怕这些组织是最反动不过的）里有步骤地、顽强地、坚定地、耐心地进行宣传和鼓

---

① 列宁．列宁选集：第 4 卷．3 版修订版．北京：人民出版社，2012：206.

② 同①180.

③ 同①154.

动。”① 仔细品味列宁的这些话语，我们可以获得一个重要启示：马克思主义思想政治教育要绵绵用力，久久为功。马克思主义思想政治教育作为一项培养人的思想品德的社会实践活动，既是一个长期的过程，又是一个复杂的过程。思想政治教育的长期性和复杂性要求我们必须细致地、巧妙地进行思想政治教育，在新时代下必须要将思想政治教育融入人们的日常生活中，通过形成一个齐抓共管的思想政治教育格局对受教育者实施全方位的潜移默化的影响。只有通过持之以恒、锲而不舍的长期努力，循序渐进，才能更好地发挥思想政治教育的作用，切实提升马克思主义思想政治教育的效果。思想政治教育者要根据不断出现的新情况、新变化，反复组织教育活动，绵绵用力，久久为功，以此来不断提高受教育者的思想品德和政治素质。

① 列宁．列宁选集：第 4 卷．3 版修订版．北京：人民出版社，2012：163.

14 思想政治教育重点对象的教化方略

——弗·伊·列宁《青年团的任务》解读

思政金句

青年团和所有想走向共产主义的青年都应该学习共产主义。

——列宁．青年团的任务//列宁．列宁选集：第4卷．3版修订版．北京：人民出版社，2012：282.

全体青年的任务，尤其是共产主义青年团及其他一切组织的任务，可以用一句话来表达：就是要学习。

——列宁．青年团的任务//列宁．列宁选集：第4卷．3版修订版．北京：人民出版社，2012：281.

《青年团的任务》是列宁于1920年10月2日在俄国共产主义青年团第三次代表大会上的著名演说。1920年冬，苏维埃俄国在经历三年艰苦的国内战争之后，面临医治战争创伤，恢复国民经济，发展生产的繁重任务。为了适应当时的形势，给青年进行共产主义教育，培养共产主义新人，列宁发表了《青年团的任务》。列宁的这篇讲话成为布尔什维克培养年轻一代共产主义建设者的纲领性文件，它充分运用马克思主义立场观点方法，阐明对青年进行共产主义教育的任务和原则、共青团性质和基本任务，是指导青年学习和斗争的光辉文献，是对青年进行共产主义教育，培养和造就共产主义新人的伟大纲领，也是开展青年思想政治教育工作的实践指南。重温这一经典文献，研究其中丰富的思想政治教育基础理论、严整的思想政治教育科学论断、重要的思想政治教育工作启示，对于推进思想政治教育理论和实践的科学化发展大有裨益。

一、丰富的思想政治教育思想

1920年，苏维埃俄国粉碎了外国武装干涉，击溃了国内反革命叛乱，正处于恢复国民经济、探索社会主义建设的新时期。在新时期，“无产阶级文化派”的极左言论对青年造成了错误引导和严重危害，使青年在“学习什么和怎样学习”的主要问题上产生困惑、缺乏正确认识。针对这一现象，列宁在《青年团的任务》中对广大青年寄予厚望，系统阐述了青年应该学习共产主义的观点，提出了青年团的基本性质和基本任务，从根本上阐明了对青年进行共产主义教育的目标、内容、途径和方法，蕴含着重要的青年思想政治教育思想。

（一）提出青年思想政治教育的具体目标

列宁在《青年团的任务》开篇中就提出了演说的核心问题：为适应苏维埃俄国的新时期，完成建设社会主义的伟大目标，“共产主义青年团的基本任务是什么，以及社会主义共和国内青年组织应当是怎样的组织”①？这个问题本质上涉及对青年进行共产主义教育的主要目标，如果没有清晰明确、符合实际的教育目标，共产主义教育就不可能取得预期效果。在列宁看来，推翻资本主义制度、建立社会主义政权之后，“愈向前发展就愈要提出——一个更重要的任务，即从积极方面来说建设共产主义，创造新的经济关系，建立新社会”②。而要完成这一任务，需要在新的历史条件下成长起来的新一代人勇担历史使命、积极参加工作、自觉成长为合格接班人。“只有把青年的训练、组织和培养这一事业加以根本改造，我们才能做到：青年一代努力的结果将建立一个与旧社会完全不同的社会，即共产主义社会。”③ 从这个意义上讲，及时对青年开展思想政治教育，破除旧社会、旧学校和错误思潮对他们的影响，引导他们自觉学习共产主义，成为深谙共产主义本质和要求、了解当前社会发展和形势、掌握社会建设的现代知识和技能的带头人和建设者，是符合实际而又紧迫的一项任务。因此，培养“建设共产主义社会的新一代人”，成为苏维埃俄国青年教育工作的新目标。这一目标的明确提出，从现实的教育过程方面，具体化了思想政治教育的目标。马克思主义思想政治教育作为一项做人的思想工作的实践活动，从其产生发展至今，根本目标始终是促进人的自由全面发展。但在不同的发展阶段，针对思想政治教育任务、矛盾和环境的特殊性，这一根本目标也会以具体性指标和阶段性要求的形式呈现出

---

① 列宁．列宁选集：第4卷．3版修订版．北京：人民出版社，2012：281.

② 列宁．列宁专题文集：论社会主义．北京：人民出版社，2009：144.

③ 同①282.

来。列宁提出的培养建设共产主义社会的时代新人，就是针对当时苏维埃俄国的具体阶段、发展要求和建设使命，对思想政治教育根本目标的科学具体化。我们在开展思想政治教育工作时，要创造性地将思想政治教育根本目标与具体目标有机统一起来。

（二）阐明青年思想政治教育的主要内容

列宁在《青年团的任务》中提出了“我们应当教给青年什么”的问题，并从一般知识的吸取、学习风险的规避、学习任务的理解等角度入手，详细阐述了如何教育引导青年系统、科学、规范地学习共产主义，丰富了思想政治教育的主要内容。一是要开展系统的共产主义理论学习。科学理论的学习是思想政治教育的首要内容，列宁指出，广大青年“理所当然”地应该学习共产主义，并能够做到融会贯通。“单从书本上来领会关于共产主义的论述，是极不正确的”，“只求领会共产主义的口号，那就更危险了”①。只有系统地开展共产主义的理论教育和理论学习，才能确保青年真正理解共产主义并按其要求参加社会建设。二是要开展科学技术知识学习。列宁指出，青年面临振兴全国经济的任务，要使农业、工业和国民经济建设得到真正改造和恢复，青年就必须要学习现代科学技术，接受现代教育，善于在批判旧学校的同时，从中“吸取我们实行真正共产主义教育所必需的东西”②。三是要开展共产主义道德教育。列宁首先否定了共产主义没有道德的指责，在批判资产阶级道德虚假性的基础上，提出“应该使培养、教育和训练现代青年的全部事业，成为培养青年的共产主义道德的事业”③ 的主张，强调对青年开展共产主义道德教育，使他们具有积极参与公共事业的道德品格、责任意识和担当精神。列宁关于青年教育主要内容的论述与教育目标高度匹配，既符合当时苏维埃俄国的实情，又符合青年思想政治教育的需要，这充分证明了教育内容是为教育目标服务的，要针对具体的现实的教育目标，及时调整、补充和完善教

①② 列宁．列宁选集：第4卷．3版修订版．北京：人民出版社，2012：283.

③ 同①288.

育内容。

（三）指明青年思想政治教育的重要途径

针对苏维埃俄国的客观实际和发展形势，列宁认为，“根据书本争论社会主义纲领的时代也已经过去了”[①]，“现在一切都在于实践”[②]。他在《青年团的任务》中强调要结合火热的生产和沸腾的实际生活对青年开展共产主义教育，这实际上指明了增强思想政治教育实效性的一个重要途径，就是思想政治教育必须在具体实践中开展、深化和提升。一是坚持学校教育与实践教育相结合。列宁批判了旧学校死读书、死记硬背的陋习，主张学校教育要与“全体劳动者反对剥削者的斗争密切联系起来”[③]，只有将理论学习与批判性思考、社会性实践紧密联系，将学校教育与社会主义实践充分结合，才能“用对一切事实的了解”掌握现代知识、丰富自己头脑，成为合格的共产主义者。二是坚持理论教育与劳动锻炼相结合。学习共产主义，仅仅掌握各种知识是不够的，理论的魅力只有在参与劳动并解决劳动问题的过程中才能得到充分展现。广大青年“必须把自己的教育、训练和培养同工农的劳动结合起来”，走出学校、走出书本，“在与工农的共同劳动中，才能成为真正的共产主义者”[④]。三是坚持榜样引领与纪律教育相结合。列宁提出，青年共产主义者要争做“有教养和守纪律的榜样”，在学习共产主义、参加劳动锻炼、自觉遵守纪律和积极参与共产主义事业方面发挥模范和示范作用，不仅要自己学会和践行共产主义，还要教会其他劳动青年。同时，与旧学校强迫纪律相区别，“共产主义青年团要使大家从小就在自觉的有纪律的劳动中受教育”[⑤]，成长为具有同资产阶级做斗争、建设共产主义社会的自觉纪律的人。列宁关于实践是重要教育途径的观点，赋予了思想政治教育生动的内涵，启发我们在开展思想政治教育时，要将知识教育、理论教育、道德教育与实践教育有

---

① 列宁．列宁全集：第 34 卷．2 版增订版．北京：人民出版社，2017：466.

② 列宁．列宁全集：第 33 卷．2 版增订版．北京：人民出版社，2017：212.

③ 列宁．列宁选集：第 4 卷．3 版修订版．北京：人民出版社，2012：294.

④ 同③295.

⑤ 同③296.

机统一、紧密结合。只有在鲜活的具体的社会实践过程中，青年才能深化对思想政治教育内容的理解和体验，将其真正内化为坚定的理想和信仰。

(四) 创新青年思想政治教育的方式方法

列宁在全面论证青年"学习什么和怎样学习"的过程中，充分展现了一个成熟的马克思主义理论家是如何娴熟地运用马克思主义立场观点和方法提出问题、剖析问题、解决问题的。在向广大青年提出任务和要求、解析理论与现实的过程中，列宁创新了对青年进行思想政治教育的一系列方法。一是历史分析与阶级分析相统一的方法。面对青年要学习共产主义这一宏大主题，列宁既从历史唯物主义的视角，分析了苏维埃俄国当前所处历史阶段和重大任务，指出"将来要建设共产主义社会的新一代人的训练、培养和教育"[①]的问题，明确了完成共产主义社会建设的主角是广大青年的论断，从而深入论证学习共产主义的重要性；又从阶级分析的视角，阐述了"阶级斗争还在继续，只是改变了形式"[②] 的当前局势，指出面对旧学校遗留下来的负面影响、资产阶级对共产主义道德的污蔑、消灭阶级和建设共产主义的艰巨挑战，新一代人的任务更加复杂，从而深刻阐释系统学习共产主义的必要性。二是宏观叙事与微观叙事相配合的方法。如何引导青年学习共产主义，一方面，列宁在宏观叙事中将历史的画卷徐徐展开，在回顾过去、总结成就、分析当下、指向未来的过程中，指出青年一代既能看到共产主义社会，也将亲手建设共产主义社会，"他们终身的全部任务就是建设这个社会"[③]，激发广大青年学习共产主义、建设共产主义的热情。另一方面，列宁在生产生活的细微层面展现共产主义事业的涓涓细流，从恢复工业农业、扫除文盲工作、城郊菜园工作、星期六义务劳动等具体事例的阐发过程中，向青年揭示了学习共产主义不能脱离具体的实践活动，激发广大青年投身共产主义实践的积极性。三是理论灌输与实践教育相结合的方法。为详细阐明学习共产主义的系统性

---

① 列宁．列宁选集：第 4 卷．3 版修订版．北京：人民出版社，2012：281－282.

② 同①290.

③ 同①296.

与完整性，列宁在演说中将具体问题与马克思主义学说、无产阶级文化、共产主义道德、阶级斗争、共产主义者等基础理论知识相结合进行讲解和阐释，在不动声色中进行着马克思主义的理论灌输。同时，在解答每一个重要问题时，列宁都在不断强调将理论付诸实践、纲领付诸实际、知识付诸工作、责任付诸斗争的重要性，实现共产主义学习融入日常生活、达致融会贯通的效果。

二、精辟的思想政治教育论断

《青年团的任务》在阐发青年共产主义教育观点和批驳错误思潮的过程中，提出了一些观点鲜明、思想深刻的思想政治教育论断。把握这些散发着马克思主义理论魅力的论断有助于推进新时代思想政治教育的守正创新。

（一）论断一：青年都应该学习共产主义

针对青年在学习问题上的困惑和错误认识，列宁号召："全体青年的任务，尤其是共产主义青年团及其他一切组织的任务，可以用一句话来表达：就是要学习。"① 在明确学习是全体青年最重要任务的基础上，列宁提出了"青年团和所有想走向共产主义的青年都应该学习共产主义"② 的重要论断。作为承担建设共产主义社会工作的青年，学习共产主义是"主要的""首先的""理所当然的""最本质的"任务，也是思想政治教育的核心任务。如果没有系统学习和深刻理解共产主义，就不可能成为真正的共产主义者，也就不可能产生坚定的理想信念。列宁认为，学习共产主义，既要避免仅从教科书、小册子、书本上领会相关论述以致成为"书呆子"，又要避免单从口号、结论等方面领会共产主义以致成为"吹牛家"，更要避免生活与实践完全脱节以致成为令人厌恶的"空招牌"。只有系统深入学、跟进时代学、结合实践学，才能真正掌握共产主义的精髓，才能把背得烂熟的共产主义的现成公式、

① 列宁．列宁选集：第4卷．3版修订版．北京：人民出版社，2012：281.

② 同①282.

意见、方案和纲领变成实际工作的指针。科学理论不会在青年的头脑中自发产生，坚定的理想信念首先要在学习的过程中接受科学理论的洗礼。列宁关于学习共产主义的论断，明确指出了青年思想政治教育的首要任务和核心内容，就是要让青年系统学习共产主义和马克思主义理论，要教育引导广大青年学习共产主义原理、领悟马克思主义精髓，为树牢理想信念夯实理论根基，进而使其成长为担当共产主义建设事业大任的时代新人。

(二) 论断二：要用人类全部知识来丰富头脑

学习共产主义的直接目的就是要成为共产主义者，在批判了客观存在的共产主义“书呆子”“吹牛家”“空招牌”之后，列宁提出了“只有了解人类创造的一切财富以丰富自己的头脑，才能成为共产主义者”[①] 的重要论断。推翻资本主义、摧毁旧东西、建立共产主义社会，并不意味着要与人类社会发展凝结的一切优秀文化和现代知识决裂。共产主义不是空中楼阁，不是天外飞峰，而是在继承、吸收和批判人类积累的知识基础上的超越和发展。列宁认为，马克思主义之所以是科学理论并具有世界历史性的意义，“是因为它并没有抛弃资产阶级时代最宝贵的成就，相反却吸收和改造了两千多年来人类思想和文化发展中一切有价值的东西”[②]。马克思以资本主义制度下人类所能获得的全部知识为研究基础，“凡是人类社会所创造的一切，他都有批判地重新加以探讨，任何一点也没有忽略过去。凡是人类思想所建树的一切，他都放在工人运动中检验过，重新加以探讨，加以批判”[③]。列宁以马克思主义这一典范为例，有力证明了共产主义是从人类知识的总和中产生出来的。这一重要论断深刻揭示了思想政治教育应有的学科视野，只有在坚持学科属性、政治属性为本的同时，以开放的态度吸纳、借鉴一切优秀文化成果和科学知识，在教育过程中实现理论深度和知识广度的有机统一，既坚守政治立场、坚定理想信念，又开拓知识视野、提高人文素养，才能真正培养自由全面发展的人。

---

① 列宁．列宁选集：第4卷．3版修订版．北京：人民出版社，2012：285.

② 列宁．列宁专题文集：论社会主义．北京：人民出版社，2009：167.

③ 同①284－285.

（三）论断三：道德是服从于无产阶级阶级斗争的利益的

在批判资产阶级对无产阶级道德的诋毁、揭露资产阶级道德虚假性的基础上，列宁提出了“超人类社会的道德是没有的；那是一种欺骗。在我们看来，道德是服从于无产阶级阶级斗争的利益的”[①] 著名论断。资产阶级从上帝的旨意中引申出的所谓超人类、超阶级的道德要求，实质上是唯心主义或半唯心主义的论调，是对人民群众的一种欺骗愚弄，是打着超越性道德旗号的道德禁锢，本质上是为资产阶级利益服务的。列宁明确指出：“在共产主义者看来，全部道德就在于这种团结一致的纪律和反对剥削者的自觉的群众斗争。我们不相信有永恒的道德，并且要揭穿一切关于道德的骗人的鬼话。道德是为人类社会上升到更高的水平，为人类社会摆脱对劳动的剥削服务的。”[②] 列宁从道德的本质上科学论证了道德的阶级性、发展性和功能性，即道德是阶级斗争的产物，并会伴随着阶级斗争的发展而发展，任何道德都是为捍卫本阶级的利益服务的。无产阶级不仅有道德，而且其道德是建立在阶级斗争基础上的真实性道德，是为推翻剥削者、摧毁旧社会、团结劳动者、创立共产主义新社会服务的更高一级的道德。这一著名论断深层次论证了在思想政治教育过程中开展道德教育的重要性和必要性，开展共产主义道德教育的目的在于提高青年的道德素养，更好地为人民服务、为建设共产主义服务。

（四）论断四：教育要与沸腾的实际生活相结合

针对旧学校的种种责难和否定，列宁一针见血地指出，“资本主义旧社会留给我们的最大祸害之一，就是书本与生活实践完全脱节”[③]，并在此基础上提出了“训练、培养和教育要是只限于学校以内，而与沸腾的实际生活脱离，那我们是不会信赖的”[④] 重要论断。对青年开展共产主义教育，必须坚持理

---

① 列宁．列宁选集：第 4 卷．3 版修订版．北京：人民出版社，2012：289.

② 同①292.

③ 同①282.

④ 同①292.

论与实践的有机结合，只有让理论接受实践的充分检验，才能使理论在青年的头脑中落地生根。“只有不可救药的书呆子，才会单靠引证马克思关于另一历史时代的某一论述，来解决当前发生的独特而复杂的问题。”① 学校训练、培养和教育青年时，必须要引导他们在学习期间就成为反对剥削者、铲除剥削者的伟大斗争的参加者，在斗争实践中深化理论认知、增强亲身体验、磨炼坚强意志、承担历史使命。这一重要论断科学指明了思想政治教育必须坚持的一个基本原则——理论教育与实践教育相结合。脱离实践的理论教育，往往由于架空时代背景、抽空实践载体而产生曲高和寡的现象，只有将理论的宣传教育与生活实践紧密结合，用理论指导实践，用实践验证理论，积极推进显性教育与隐性教育相统一，才能有二者叠加产生的育人效果。

三、重要的思想政治教育启示

作为一部系统阐述青年共产主义教育的经典著作，《青年团的任务》在丰富和发展了思想政治教育基础理论的同时，对于推进新时代思想政治教育的创新和发展也有着突出的启示。

（一）以培育时代新人为现实目标

《青年团的任务》重点阐述了将青年培养成建设共产主义社会的新一代人的教育目标，并号召广大青年积极、主动、系统地学习共产主义。“思想一旦掌握群众，就变成力量。”② 列宁深刻认识到青年是共产主义事业的建设主体，必须对其开展思想政治教育，只要使其充分掌握和理解共产主义原理、马克思主义理论和俄国建设实际，青年就能迸发出建设共产主义的强大精神力量和物质力量。正如毛泽东曾经指出的，“中国的命运一经操在人民自己的手里，中国就将如太阳升起在东方那样，以自己的辉煌的光焰普照大地”③。

① 列宁．列宁全集：第 3 卷．2 版增订版．北京：人民出版社，2013：13.
② 列宁．列宁选集：第 3 卷．3 版修订版．北京：人民出版社，2012：321.
③ 毛泽东．毛泽东选集：第 4 卷．2 版．北京：人民出版社，1991：1467.

中国特色社会主义进入新时代，实现伟大梦想的主体终将是青年一代。思想政治教育要勇担立德树人的根本任务，以青年思想政治教育为重点，以培养有理想、有本领、有担当的时代新人为现实目标，教育引导广大青年学习共产主义、学习马克思主义，学会运用马克思主义立场观点和方法观察社会、分析问题、推进工作，自觉做习近平新时代中国特色社会主义思想的坚定信仰者和忠实践行者，“积极投身新时代中国特色社会主义伟大事业，在实现中国梦的生动实践中放飞青春梦想”[①]，真正成长为德智体美劳全面发展的社会主义建设者和接班人。

（二）以涵养社会主义道德为重要内容

《青年团的任务》突出强调了对青年开展道德教育。列宁深刻揭示了资产阶级“关于道德的各种美丽动听的言词和准则”[②]，揭露资产阶级道德的虚假性和虚伪性，指明无产阶级道德的阶级性、真实性和先进性，并强调培养青年共产主义道德是引导青年建设共产主义事业的重要前提。“道德之于个人、之于社会，都具有基础性意义”[③]，尤其对于青年而言，加强思想道德建设、提高道德境界水平、锤炼道德素养素质，进而涵养社会主义道德，既是青年健康成长、建功立业的重要条件，又是党和国家事业长久发展、后继有人的重要保障。新时代思想政治教育要把加强社会主义道德教育作为重要内容。一方面，要积极应对当前道德领域出现的道德失范现象和道德失序行为，向青年讲清楚道德的本质、目的和功能，教育引寻青年理性客观认识拜金主义、享乐主义和极端个人主义的危害，自觉主动抵制见利忘义、失信欺诈和践踏道德底线的行为，提高是非分辨能力、善恶判断能力、美丑抉择能力；另一方面更为重要的是，要以社会主义核心价值观为引领，深入实施《新时代公民道德建设实施纲要》，教育引导青年坚持马克思主义道德观、社会主义道德

---

① 中共中央宣传部．习近平新时代中国特色社会主义思想学习纲要．北京：学习出版社，2019：258.

② 列宁．列宁选集：第4卷．3版修订版．北京：人民出版社，2012：292.

③ 习近平．习近平谈治国理政：第1卷．2版．北京：外文出版社，2018：172-173.

观，继承和弘扬中华传统美德，在具体的道德实践过程中坚定理想信念、坚守道德追求、坚持为人民服务，成长为合格的共产主义接班人和社会主义道德践行者。

（三）以融入日常生活为重要途径

列宁认为："教育工作者和共产党这个斗争的先锋队的基本任务，就是帮助培养和教育劳动群众，使他们克服旧制度遗留下来的旧习惯、旧风气，那些在群众中根深蒂固的私有者的习惯和风气。"① 习惯和风气是在长久的社会实践和日常生活中形成的，要以新习惯、好风气涤荡旧习惯、坏风气，就要深入人民群众的日常生活中，以日常生活中的具体领域、生活样态、生产交往、活动形式为载体，开展思想政治教育，进而产生日用而不知、践行而不显的教育效果。列宁在阐述如何学习共产主义的过程中，通过打比方、举例子的形式，采用唠家常、话琐事的语言，将发生在青年身边的学校教育、义务劳动、扫除文盲、城郊菜园、卫生工作、粮食分配等日常生活有机结合在一起，这既能在第一时间获得青年的心理认同，又能在阐述理论的过程中引发青年思考如何具体践行。新时代思想政治教育要敢于走出书本、走出课程，走向社会、走向实践，面对人民群众对美好生活的多元多样期盼，需要将理论教育融入日常生活。一方面深度解读美好生活，将理论教育有机融入美好生活的话语体系中，获得人民群众的心理认同和情感共鸣；另一方面积极捕捉日常生活的新变化、新形式，将承载理论教育的实践活动与崭新的日常生活充分融合，在潜移默化、春风化雨中达致教育目标。

（四）以创新方式方法为主要手段

列宁在阐述理论、论证观点、提出要求的过程中，为了贴近青年心理、贴近青年实际、贴近青年生活，采用了历史分析与阶级分析相统一、宏观叙事与微观叙事相配合、理论灌输与实践教育相结合的方法，采取了通俗灵活

---

① 列宁．列宁选集：第4卷．3版修订版．北京：人民出版社，2012：303.

的表达方式，运用了青年喜闻乐见的语言风格，列举了生动形象的案例，既不失理论教育的内容和实质，又充满春风扑面的韵味和惬意，展现了思想政治教育方式方法的丰富多样性。新时代思想政治教育面对的青年更加多样、更加活泼、更加理性，要切实提高思想政治教育的针对性和实效性，要以创新方式方法为主要手段。一是通俗演绎的理论教育法。理论教育的目的不是实现理论的硬灌、乱灌和漫灌，而是针对新时代青年的生活、学习和表达习惯，用通俗化的语言讲透理论、用演绎化的形式展现理论、用生活化的方式承载理论，充分发挥科学理论分析问题、指导生活、推进工作的内在魅力。二是贴合实际的实践教育法。实践教育只有贴合青年实际才能发挥应有的作用，要在充分掌握新时代青年心理特点和实践需求的基础上，有效整合社会实践、调研考察、基地实习、创新创业、网络互动等多种实践资源，能够对标关注点、找准切入点、激发兴奋点。三是形象生动的举例示范法。举例示范如果过于严肃、宏大、抽象，则会失去吸引力和说服力，思想政治教育要挖掘青年新形象、新榜样、新故事，学会用身边人讲身边事、于细微处做大文章，将科学理论渗透在青年可知、可感、可思、可赞的人、事和物中。四是气势磅礴的批判论战法。思想政治教育面对错误思潮时，要敢于理直气壮地发声亮剑，善于旗帜鲜明地批驳批判，以宏大的历史叙事击溃各种歪曲误解，以科学的理论批判击退各种恶意攻击，以严谨的规律阐发击垮各种谎言谣言，形成对错误思潮一击即溃的论战局面。

15 加强改进思想政治教育的庄严号召

——弗·伊·列宁《论战斗唯物主义的意义》解读

思政金句

任何自然科学，任何唯物主义，如果没有坚实的哲学论据，是无法对资产阶级思想的侵袭和资产阶级世界观的复辟坚持斗争的。

——列宁．论战斗唯物主义的意义//列宁．列宁选集：第4卷．3版修订版．北京：人民出版社，2012：651-652.

《论战斗唯物主义的意义》是列宁在 1922 年为党的理论刊物《在马克思主义旗帜下》撰写的一篇指导性文章，是列宁晚年理论遗嘱的最后一篇哲学论著。列宁在文中指明了党在哲学战线的工作方向，提出了马克思主义哲学家的任务，强调共产党人应该始终不渝地捍卫马克思主义哲学，同各种唯心主义思潮做不调和的斗争，应该积极宣传无神论，帮助人民群众摆脱愚昧无知。他还对党的思想理论战线如何坚定正确地同各种唯心主义开展斗争，捍卫唯物主义和马克思主义提出了富有价值的思想和策略。从思想政治教育的视角审视这一经典文献，就会发现其蕴含着丰富的思想政治教育思想，阐明了思想政治教育必须重点把握的对象、使命、内容和态度，提出了精辟的思想政治教育论断，其中包含的真理价值和理论精粹对思想政治教育的创新发展具有极大启发。

一、丰富的思想政治教育思想

1922 年，苏维埃俄国国内战争刚刚结束，不仅要摆脱农业和工业落后的现状，还要抵制外部意识形态的入侵。在这样的背景下，列宁撰写了《论战斗唯物主义的意义》。这部著作既深刻揭露了反动派以宗教之名开展反动破坏活动的实质，又明确指出了社会主义内部存在的唯心主义倾向，并有针对性地提出了具体对策，其中蕴含着重要的思想政治教育思想。

（一）明确提出了思想政治教育的对象——全体群众

在《论战斗唯物主义的意义》的开篇，列宁就指出了创办《在马克思主义旗帜下》杂志的目标：将全体群众作为教育对象开展思想工作。“先锋队只有当它不脱离自己领导的群众并真正引导全体群众前进时，才能完成其先锋队的任务。”① 共产党员和革命家的力量只是引导性的，真正具有改变世界磅礴伟力的是广大群众，因为“历史不外是各个世代的依次交替”②，而群众始终是推动社会历史不断演进的真正主体。列宁强调，认为仅靠党员的力量就能满足革命事业的各项需要，是极其错误且危险的，因为脱离群众的革命实质上处于一种孤立无援的状态，不仅无法得到源源不断的滋养而壮大，而且会在持续的消耗中逐步走向消亡。

群众是历史创造者，是改变世界的主体力量，只有广大群众自觉转向追求自我解放的现实实践，通过阶级斗争消除人与人之间的不平等，人类社会才会真正走向更高阶段的社会。列宁认为，与全体群众保持密切联系是共产主义事业永葆生机与活力的关键，只有广泛引导群众、教育群众、发动群众，才能深刻激发群众主动参与改造世界的历史自觉。马克思主义思想政治教育承担的重要任务就是坚持用党的指导思想、创新理论广泛团结引导群众，以马克思主义的科学理论涵养群众的思想意识、政治觉悟和理想信念。通过长期的思想解放、理论引导、精神凝聚将广大群众团结在党的周围，带领群众积极运用理论指导实践，通过实践升华理论，发挥马克思主义在改造主客观世界过程中的实践价值，发挥群众伟大创造力量，向实现共产主义远大理想迈进。

（二）明确提出了思想政治教育的重要使命——捍卫唯物主义和马克思主义

列宁在《论战斗唯物主义的意义》中旗帜鲜明地指出了《在马克思主义

---

① 列宁．列宁选集：第4卷．3版修订版．北京：人民出版社，2012：646.
② 马克思，恩格斯．马克思恩格斯文集：第1卷．北京：人民出版社，2009：540.

旗帜下》杂志所肩负的职责和使命是“捍卫唯物主义和马克思主义的工作”[①]。马克思主义坚持唯物主义的方向原则，代表最广大无产阶级的根本利益，以人的全面解放为理论归宿。马克思主义的理论和阶级立场超越了封建主义和资本主义的狭隘眼界，并与之完全对立，因而马克思主义在根本意义上是战斗性的。唯物主义和马克思主义是斗争的理论，只有保持理论的革命性并将其作为战斗的武器，向一切旧势力开展不妥协、不退让、不调和的斗争，才能在这场“神圣的围剿”中获得生存，进而捍卫自身的权威。“对社会主义意识形态的任何轻视和任何脱离，都意味着资产阶级意识形态的加强。”[②] 唯物主义和马克思主义与其他理论冲突的本质是阶级利益间的冲突，因而捍卫唯物主义和马克思主义就是捍卫无产阶级政党本身，也是捍卫最广大无产阶级的根本利益。

思想政治教育是开展意识形态领域斗争的重要方式，是要运用马克思主义向一切错误落后思想展开批判，在批判亮剑中坚决捍卫唯物主义和马克思主义的真理权威。马克思主义之所以具备长期不变的真理性价值，是因为它同时具备科学与发展二重属性。一方面，马克思主义科学揭示了人类历史发展规律以及资本主义生产方式的运动规律，为人类社会的发展指明了前进方向，是无产阶级认识和改造世界的强大思想武器。另一方面，马克思主义在世界各地的革命实践中被不断继承和发展，特别是在与中国的具体实际、与中华优秀传统文化相结合后，绽放出更加持久、更加灿烂的真理光芒。思想政治教育既是传递和彰显马克思主义真理性、科学性、彻底性的重要方式，又是批驳和驱散错误社会思潮、使广大人民群众感悟马克思主义的关键途径，更是捍卫马克思主义的必要实践。思想政治教育要广泛宣传普及马克思主义，深入开展马克思主义教育，在捍卫马克思主义、运用马克思主义的具体实践中，不断实现马克思主义的中国化时代化，巩固和加强马克思主义在意识形态领域的指导地位。

---

① 列宁．列宁选集：第 4 卷．3 版修订版．北京：人民出版社，2012：646.

② 列宁．列宁选集：第 1 卷．3 版修订版．北京：人民出版社，2012：327.

（三）明确提出了思想政治教育的重要内容——科学无神论的宣传教育

以无神论宣传教育，反对宗教和批判唯心主义是列宁在《论战斗唯物主义的意义》中提出的重要理论创举。《在马克思主义旗帜下》杂志是苏维埃俄国为开展战斗唯物主义和无神论宣传而创办的哲学和社会经济学杂志，列宁明确指出："这个杂志应该是一个战斗的无神论的刊物。"① 战斗的无神论即要孜孜不倦地运用科学无神论进行思想宣传和理论斗争，从而根除一切宗教偏见和消极影响。一方面，无神论教育要彻底地揭露和清算宗教偏见。"宗教是人民的鸦片。"② 在列宁看来，宗教使人放弃了身而为人的一切尊严，进而沦落为虚无和压迫者的悲惨奴仆，所以，"要坚定不移地揭露和追击当今一切'僧侣主义的有学位的奴仆'"③。另一方面，无神论教育要开展生动的科学教育。权威说理性质的政论所能起到的效果非常有限，而那"泼辣的、生动的、有才华的"选取适当事实并加以论述的文本更加具有现实的启发效果。此外，开展科学无神论教育要与现实的革命运动及社会主义建设紧密结合，在具体的实践斗争中彰显科学无神论的真正价值，真正唤起人民群众对宗教自觉的批判。

马克思主义无神论站在历史唯物主义和辩证唯物主义的理论高度，是科学真理与人类实践的有机结合，是社会主义先进文化的重要组成部分。科学无神论的宣传教育关乎民族素质，关乎社会文明，关乎国家前途命运。思想意识种类和形态的多元化是人类文明进步的必然结果，面对愈发复杂的思想环境，科学无神论教育需要被不断深化和加强。一方面，坚持向全社会普及宣传科学无神论的常识知识，将马克思主义无神论与现实结合，真实揭示各类宗教唯心思想的虚幻本质，引导人民群众划清唯物论和唯心论、无神论和有神论、科学和迷信的界限，始终确保马克思主义无神论在社会意识中的主导地位。另一方面，坚持树立马克思主义的科学信仰，充分开展马克思主义

---

① 列宁．列宁选集：第4卷．3版修订版．北京：人民出版社，2012：648.

② 马克思，恩格斯．马克思恩格斯文集：第1卷．北京：人民出版社，2009：4.

③ 同①647-648.

科学内涵和真理特质的宣传教育，从根本意义上凸显马克思主义信仰与其他一切非科学信仰的本质区别，提升全社会对马克思主义信仰的认知认同，提高人民群众拥护马克思主义信仰的思想自觉和践行马克思主义信仰的行为自觉，使马克思主义信仰成为人民群众认识世界、改造世界的精神动力和行动指针。

（四）明确提出了思想政治教育的理论品格——斗争精神

列宁在《论战斗唯物主义的意义》中反复强调，应当使唯物主义成为战斗唯物主义，使《在马克思主义旗帜下》“成为战斗唯物主义刊物的杂志”①。斗争精神是马克思主义重要的理论品格，始终开展坚决的斗争是布尔什维主义革命与其他民主革命最大的区别。“社会民主党的伟大斗争并不是有两种形式（政治的和经济的），像在我国通常认为的那样，而是有三种形式，同这两种斗争并列的还有理论的斗争。”② 列宁继承了恩格斯关于斗争有三种形式的观点，并尤为重视理论斗争在革命事业中的必要价值。列宁认为，理论斗争是社会主义意识形态保持纯洁性和先进性的关键所在，这种斗争不仅面向于外，而且面向于内。对外的斗争表现为对敌人的有力打击，彻底地批判和揭示一切错误思想的荒谬不堪，用彻底理论和革命实践展现马克思主义的科学真理。对内的斗争表现为一种积极的自我扬弃，通过开展马克思主义教育驱散所有假借马克思主义真理外衣的投机活动，帮助党员干部及广大人民群众走出假马克思主义和修正主义的误区。

开展坚决的理论斗争是列宁在领导思想工作时表现出的根本态度，列宁始终将马克思主义作为“批判的武器”，在不断的斗争中彰显马克思主义的真理性、革命性和批评性。理论斗争是阶级斗争的衍生物，以马克思主义为最高价值统领的理论斗争，其实质是对无产阶级根本利益和社会主义现实事业的有力维护。“马克思主义产生和发展、社会主义国家诞生和发展的历程充满

① 列宁．列宁选集：第4卷．3版修订版．北京：人民出版社，2012：651.

② 列宁．列宁选集：第1卷．3版修订版．北京：人民出版社，2012：312-313.

着斗争的艰辛。”[①] 只有开展长期彻底的理论斗争，不断捍卫马克思主义思想理论权威，积极维护社会主义意识形态安全，才能保证共产主义这项解放全人类的伟大事业永葆初心、赓续前行。思想政治教育作为开展理论斗争的重要载体，应当发扬斗争精神，增强斗争本领，始终坚守马克思主义的原则立场，牢牢把握马克思主义的观点方法，运用“战斗的理论”夯实敢于斗争、善于斗争的思想根基，时刻保持理论上的清醒，政治上的坚定。面对矛盾冲突迎难而上，在有力的理论凝聚中缓和对立、塑造社会主义的发展共识；面对危机困难挺身而出，在鲜明的理论引导中化解迷茫、明晰共产主义的奋进方向；面对歪风邪气坚决斗争，在彻底的理论斗争中批驳各类思想意识谬误、坚持马克思主义真理。

二、精辟的思想政治教育论断

《论战斗唯物主义的意义》在阐明理论斗争的意义和原则，论述思想工作在实际开展过程中应当坚守的原则时，提出了一些观点鲜明、鞭辟入里、发人深省的重要论断。这些论断凝聚着马克思主义的理论要义和无产阶级思想宣传工作的宝贵经验，对思想政治教育的理论研讨和实践展开极具启发和借鉴价值。

（一）论断一：要善于唤起最落后的群众自觉地对待宗教问题，自觉地批判宗教

针对宗教势力和各类唯心主义思潮对社会精神生活的影响，列宁强调开展无神论教育的重要性和必要性，进而提出了“最重要的事情，也是我们那些貌似马克思主义、实则歪曲马克思主义的共产党员往往忽视的事情，就是要善于唤起最落后的群众自觉地对待宗教问题，自觉地批判宗教”[②] 的重要论断。在俄国，群众把宗教作为自己精神归宿的原因不仅是在虚幻世界中逃

① 习近平．习近平谈治国理政：第3卷．北京：外文出版社，2020：225.

② 列宁．列宁选集：第4卷．3版修订版．北京：人民出版社，2012：649.

避现实世界的苦难，还是群众本身的蒙昧状态，必须通过教育启发的方式帮助群众从根本层面走出宗教偏见的雾霭。对于群众意识形态的改造无法像开展社会革命那般直接激烈，应以无神论教育这种较为温和的方式持续推进。列宁捕捉到人民群众精神生活是质朴性的这一关键特征，制定出以多种方式开展无神论教育的现实对策，运用多种方式接近群众、启发群众和教育群众，以群众的现实生活作为教育的切入点，将群众的生活要素作为无神论教育开展的有机素材，灵活运用各类方法技巧启发群众觉悟，唤醒群众开展宗教批判的自觉。

恩格斯指出："在科学的推进下，一支又一支部队放下武器，一座又一座堡垒投降，直到最后，自然界无穷无尽的领域全都被科学征服，不再给造物主留下一点立足之地。"[①] 科学的理论是摧毁一切宗教和唯心主义的有力武器，列宁关于开展科学无神论教育的论断为思想政治教育中的世界观教育奠定了基础、指明了方向。世界观教育是塑造群众对整个世界以及自身与世界关系根本观点的教育活动。马克思主义的世界观教育正确揭示了自然、社会和思维发展的普遍规律，是指导无产阶级正确认识和改造世界的根本性教育。一方面，必须保持世界观教育内容的科学性。以科学无神论为基点，围绕马克思主义的哲学主线，树立科学的世界观、人生观、价值观、历史观、自然观，克服唯心主义和旧唯物主义的哲学缺陷，产生历史唯物主义和辩证唯物主义的哲学认同。另一方面，必须注重世界观教育形式的多样性。既要面向现实，走进客观世界，将历史唯物主义的世界观全面、立体、生动地建构在现实生活之上；又要与时俱进，跟进世界历史的发展大势、科学发展的前沿成果，不断拓展世界观建构的广度和深度。

（二）论断二：同样重要甚至更重要的是同现代自然科学家结成联盟

为更好地统一战线，广泛凝聚社会力量，建立坚强有力的社会主义革命联盟，列宁提出了"战斗唯物主义为了完成应当进行的工作，除了同没有加

---

① 马克思，恩格斯．马克思恩格斯文集：第9卷．北京：人民出版社，2009：462.

入共产党的彻底唯物主义者结成联盟以外，同样重要甚至更重要的是同现代自然科学家结成联盟”[①] 的著名论断。广泛团结一切可以团结的力量是列宁重要的战略决策，而与现代自然科学家结成联盟的迫切需求源于两点：其一，自然科学家是高级知识分子。“社会主义学说则是从有产阶级的有教养的人即知识分子创造的哲学理论、历史理论和经济理论中发展起来的。”[②] 他们拥有生成社会主义思想的内在条件，具备随时转向共产主义阵营的可能。其二，正如细胞学说、能量守恒和转化定律、达尔文进化论是马克思主义哲学诞生的重要科学基础，自然科学家在现实世界中的科研成果能成为唯物主义的有力支撑。诚如恩格斯所述，“科学和哲学结合的结果就是唯物主义”[③]。

与自然科学家结成联盟是列宁提出的伟大战略构想，运用马克思主义化解自然科学家头脑中的迷茫和困顿，进而以无产阶级意识形态对其进行教育引导，串联整合自然科学家所持有的自然知识资源，将其化为革命事业的重要力量。思想政治教育的重要功能是对人类社会历史发展规律进行阐释和传播，其学科属性处在社会科学的范畴之中。虽然社会科学研究社会现象能为人类社会实践提供世界观和方法论的指导，但仍需要以研究自然世界为主的自然科学知识体系作为必要支撑。因而只有认真观照现代自然科学的整体发展和最新突破，从中吸取新鲜养分，才能从本质层面确保思想政治教育的先进性和前瞻性。一方面，思想政治教育要充分吸收社会科学中的新理论、新动态，不断深化对自然演进和社会发展规律的认知和理解。在运用马克思主义指导现代自然科学发展的同时，以现代自然科学理论不断彰显马克思主义的真理意蕴，实现思想政治教育价值性和知识性的统一。另一方面，思想政治教育要重点引导、感召自然科学家，与自然科学家交友，推进自然科学家向马克思主义阵营积极靠拢，将自然科学家化为社会主义建设发展的稳固力量，提升马克思主义在科学领域的话语权威，实现思想政治教育科学性和政治性的统一。

---

① 列宁．列宁选集：第 4 卷．3 版修订版．北京：人民出版社，2012：651.

② 列宁．列宁选集：第 1 卷．3 版修订版．北京：人民出版社，2012：317－318.

③ 马克思，恩格斯．马克思恩格斯文集：第 1 卷．北京：人民出版社，2009：97.

（三）论断三：任何自然科学，任何唯物主义，如果没有坚实的哲学论据，是无法对资产阶级思想的侵袭和资产阶级世界观的复辟坚持斗争的

面对现代自然科学的快速发展和急剧变革，自然科学家及其成果理论展现出巨大的社会影响力，但大多自然科学家处在一种哲学的迷茫状态。对此，列宁提出了“任何自然科学，任何唯物主义，如果没有坚实的哲学论据，是无法对资产阶级思想的侵袭和资产阶级世界观的复辟坚持斗争的”① 著名论断。科学理论的本质是对客观规律的系统性再现，因而科学理论和自然一样本身不具备任何价值属性，科学理论的作用导向在于使用它的人。科学理论需要坚实的哲学论据，而这种哲学论据只能是马克思主义哲学，因为马克思主义哲学建立在现实的物质世界运动和社会实践活动规律之上，肯定每一个现实的人的主体地位和能动作用，只有马克思主义哲学才能将科学理论真正导向现实的世界，并使其成为全体人类的思想底色和普遍福祉。

哲学立场决定着科学理论及其实践属性和价值。列宁关于哲学的重要论断指明，接受马克思主义的哲学指导是思想政治教育能够保持科学性、人民性和先进性，发挥立德树人真实效用的根本条件。历史唯物主义和辩证唯物主义的世界观和方法论，是马克思主义最根本的理论特征和理论基石，思想政治教育只有始终坚持辩证唯物主义和历史唯物主义的思想立场、批判精神，才能真正成为一门具备理论价值和实践精神的哲学社会科学，才能真正成为一项涵养社会主义整体精神世界的现实事业。这需要从以下三点出发：一是遵循马克思主义哲学的实践逻辑。确保思想政治教育始终观照现实的世界、回归现实的人，坚持实事求是、理论与实践相结合，坚持逻辑和历史的统一、真理和价值的统一。二是保持马克思主义哲学的革命态度。在开展思想政治教育的具体实践中旗帜鲜明地批判一切唯心主义和旧唯物主义，坚定不移地开展马克思主义哲学的宣传教育。三是弘扬马克思主义哲学的科学精神。密切观照时代的发展和科学的进步，坚持问题导向，坚持守正创新，以强烈的历史感和责任感，学习和借鉴现代自然科学和社会科学的最新理论成果，创

---

① 列宁．列宁选集：第 4 卷．3 版修订版．北京：人民出版社，2012：651－652.

造性地丰富和发展思想政治教育理论基础。

三、重要的思想政治教育启示

《论战斗唯物主义的意义》曾在国际共产主义运动中起到重要的指导作用，其中蕴含的基本原则对新时代的思想政治教育创新发展具有重要的启示作用。

（一）坚持唯物主义的战斗性

战斗唯物主义是革命的哲学，对于唯物主义的战斗性，列宁指出："唯物主义缺少这一方面，就是不彻底的、片面的、毫无生气的唯物主义。"① 战斗性是马克思唯物主义的特有属性，是其区别于旧唯物主义哲学体系的关键特征。正如马克思所述："哲学家们只是用不同的方式解释世界，问题在于改变世界。"② 坚持唯物主义的战斗性，既要同现实世界积极战斗，将马克思唯物主义真正用于指导改变旧世界、建立新世界的实践活动中；又要与阶级敌人长期战斗，充分发挥马克思唯物主义的斗争和批判属性，在论战中捍卫马克思主义的理论权威；更要同自我战斗，坚持马克思唯物主义的自我革命精神，在扬弃反思中不断提升、超越自我。

真正的马克思主义是批判的，而不是抽象的原则或学说，它的目的是通过戳穿各种"左"或右意识形态的华丽辞藻来实现人的解放。思想政治教育作为传播马克思主义的重要方式，应当坚持唯物主义的战斗性，不断捍卫马克思主义的思想权威和实践伟力，巩固马克思主义在意识形态领域的指导地位。中国特色社会主义进入新时代，思想的进步、文明的开放、信息的多元、交往的密切带来了社会思想观念的多样化和复杂化，思想政治教育要发挥好维护社会主义意识形态的关键作用。要发起全面的"现实战斗"，将马克思主义融入现实，真正作用于引导中国特色社会主义事业的建设实践中；要开展

---

① 列宁．列宁选集：第2卷．3版修订版．北京：人民出版社，2012：443.

② 马克思，恩格斯．马克思恩格斯文集：第1卷．北京：人民出版社，2009：502.

坚决的“理论战斗”，以历史唯物主义和辩证唯物主义的科学理论旗帜鲜明地批判回击历史虚无主义、意识形态终结论、“普世价值论”等错误思潮；要进行彻底的“自我战斗”，以马克思主义阐发的人类社会规律深刻地审视思想政治教育的地位和价值。

（二）注重思想团结的广泛性

《论战斗唯物主义的意义》突出了广泛团结思想、以全体群众为思想政治教育对象的重要性。列宁认为：“要使任何一件重大的革命工作得到成功，就必须懂得，革命家只能起真正富有生命力的先进阶级的先锋队的作用，必须善于实现这一点。”① 共产党员的力量是有限的，实现共产主义事业必须凝聚起广大群众的力量。“人民是历史的创造者，群众是真正的英雄。”② 只有以全体群众作为思想政治教育对象，发挥好团结思想、统一战线的关键作用，在思想层面把广大群众团结联系起来，才能充分发挥共产党员的领导优势，引导群众释放改变世界的现实力量。

思想政治教育注重思想团结的广泛性是为了进一步强化思想政治教育举旗帜、聚民心、育新人、兴文化、展形象的治理效能，深入基层基础，不断巩固共同奋斗的思想基础，给新时代新事业提供坚强的思想保证和强大的精神力量。基层是党的执政之基、力量之源，是治党治国的末端，也是思想政治教育的重心。习近平总书记指出：“党的工作最坚实的力量支撑在基层，经济社会发展和民生最突出的矛盾和问题也在基层，必须把抓基层打基础作为长远之计和固本之策，丝毫不能放松。”③ 思想政治教育是基层社会治理的重要方式，它坚持以人民为中心，通过精神、价值和文化的有效治理，进而实现统一思想、凝聚力量、解疑释惑、化解矛盾的治理效果。较之于以权力、组织和制度为主的“硬治理”，思想政治工作在基层基础上有一种独特的“软

① 列宁．列宁选集：第4卷．3版修订版．北京：人民出版社，2012：646.

② 习近平．习近平谈治国理政：第1卷．2版．北京：外文出版社，2018：5.

③ 中共中央文献研究室．习近平关于社会主义社会建设论述摘编．北京：中央文献出版社，2017：131.

治理”优势，是维护好基层社会既充满活力又安定有序的良好局面的重要手段。新时代思想政治教育要坚持加强教育引导，增进政治共识，加强企业、农村、机关、学校、社区、网络和各类群体的思想政治引领，把广大群众团结凝聚在中国特色社会主义伟大旗帜下。

（三）增进理论教育的深刻性

学习理论是掌握理论、运用理论、发展理论的必要前提。对此，列宁指出，“《在马克思主义旗帜下》杂志的撰稿人就应该组织从唯物主义观点出发对黑格尔辩证法作系统研究，即研究马克思在他的《资本论》及各种历史和政治著作中实际运用的辩证法”①。坚持马克思主义的指导是思想政治教育与其他一切旧阶级意识形态教化活动的根本区别，因此只有全面把握马克思主义生成发展的总体理论，才能充分发挥马克思主义的现实指导价值。思想政治教育内容的知识性和价值性、思想性和政治性反映着当前思想政治教育的质量和水平。实现新时代思想政治教育的高质量、内涵式发展，必须提升教育内容的科学性和学理性，以完整鲜活的马克思主义作为理论基础，优化思想政治教育内容的系统建构。

增进理论教育的深刻性是为了不断增加思想政治教育的理论底蕴，以理论高度提升思想政治教育内容的整体格局，以理论深度丰富思想政治教育内容的具体细节，以理论广度拓展思想政治教育内容的适应场域。一是回归文献，深挖理论精粹。将马克思主义经典文献中的重要阐释、著名论断融入思想政治教育内容，提升思想政治教育内容的理论深度，深入挖掘文献中蕴含的核心思想和关键要义，在文献承载的观点论述、理论批驳、思想辩论中准确展现马克思主义的丰富内蕴。二是诉诸历史，把握思想脉搏。以马克思主义发展史作为思想政治教育内容的延伸主线，围绕马克思主义理论教育的历史进程，形成丰富、深刻的思想政治教育内容体系。三是守正创新，回应时代需求。将马克思主义的理论特质、理论品格与时代要求、人民思想实际相

① 列宁．列宁选集：第4卷．3版修订版．北京：人民出版社，2012：652.

结合，以新时代中国特色社会主义伟大实践涵养创新理论，以鲜活的时代故事深化对马克思主义的阐释和运用。

（四）改进教育方式的适配性

思想政治教育的本质是社会主导意识形态的灌输和教化，但思想理论灌输并不是思想政治教育引导群众的唯一方式。如何运用合理方法解放群众思想，列宁做出了深刻的反思："一个马克思主义者如果以为，被整个现代社会置于愚昧无知和囿于偏见这种境地的亿万人民群众（特别是农民和手工业者）只有通过纯粹马克思主义的教育这条直路，才能摆脱愚昧状态，那就是最大的而且是最坏的错误。"[①] 开展群众性的社会主义思想教育，必须注重方式方法的适配性，既要以马克思主义理论教育为主线，又要积极采取各类群众喜闻乐见的活动载体，用导向正确、形式多样、贴近群众的方式方法确保思想政治教育的实效性。

新时代思想政治教育的受教育者更加多样、愈发鲜活，要保证和提升思想政治教育的实效性和针对性，就必须灵活协同各类方式方法，有效延伸教育过程。一是要联动各类方式方法立体化地凝聚共识。以实践体验辅助理论灌输，合理开发公益劳动、志愿服务、田野调查等实践活动，用现实要素承载和阐发理论；以情感渲染结合价值塑造，充分调动受教育者的爱党深情、爱国热情、爱民温情，在良好的情绪氛围中进行价值引导，将一切积极情感上升为对马克思主义的理论认同、对党的领导认同、对中国特色社会主义的道路认同。二是要善用各类载体多面化地启发民智。充分利用广泛存在于社会层面的文化设施和宣传载体。加强爱国主义教育基地、民族团结教育基地、科普教育基地的建设使用，做好综合性文化服务中心的公益开放工作，特别是要持续推动各类具有思想政治教育价值的报刊、书籍等的批量制作和广泛发行，重视公益宣传平台传播工程的有效落地，同时发挥思想政治教育服务群众和提升群众的双重作用，打造思想政治教育大格局。

---

① 列宁．列宁选集：第 4 卷．3 版修订版．北京：人民出版社，2012：648－649.

参考文献

[1] 马克思，恩格斯．马克思恩格斯文集：第 1 卷．北京：人民出版社，2009.

[2] 马克思，恩格斯．马克思恩格斯文集：第 2 卷．北京：人民出版社，2009.

[3] 马克思，恩格斯．马克思恩格斯文集：第 3 卷．北京：人民出版社，2009.

[4] 马克思，恩格斯．马克思恩格斯文集：第 4 卷．北京：人民出版社，2009.

[5] 马克思，恩格斯．马克思恩格斯文集：第 5 卷．北京：人民出版社，2009.

[6] 马克思，恩格斯．马克思恩格斯文集：第 6 卷．北京：人民出版社，2009.

[7] 马克思，恩格斯．马克思恩格斯文集：第 7 卷．北京：人民出版社，2009.

[8] 马克思，恩格斯．马克思恩格斯文集：第 8 卷．北京：人民出版社，2009.

[9] 马克思，恩格斯．马克思恩格斯文集：第 9 卷．北京：人民出版

社，2009.

[10] 马克思，恩格斯．马克思恩格斯文集：第10卷．北京：人民出版社，2009.

[11] 列宁．列宁专题文集：论马克思主义．北京：人民出版社，2009.

[12] 列宁．列宁专题文集：论社会主义．北京：人民出版社，2009.

[13] 列宁．列宁专题文集：论无产阶级政党．北京：人民出版社，2009.

[14] 列宁．列宁专题文集：论辩证唯物主义和历史唯物主义．北京：人民出版社，2009.

[15] 毛泽东．毛泽东选集：第1卷．2版．北京：人民出版社，1991.

[16] 毛泽东．毛泽东选集：第2卷．2版．北京：人民出版社，1991.

[17] 毛泽东．毛泽东选集：第3卷．2版．北京：人民出版社，1991.

[18] 毛泽东．毛泽东选集：第4卷．2版．北京：人民出版社，1991.

[19] 邓小平．邓小平文选：第1卷．2版．北京：人民出版社，1994.

[20] 邓小平．邓小平文选：第2卷．2版．北京：人民出版社，1994.

[21] 邓小平．邓小平文选：第3卷．北京：人民出版社，1993.

[22] 习近平．习近平谈治国理政：第1卷．2版．北京：外文出版社，2018.

[23] 习近平．习近平谈治国理政：第2卷．北京：外文出版社，2017.

[24] 习近平．习近平谈治国理政：第3卷．北京：外文出版社，2020.

[25] 习近平．习近平谈治国理政：第4卷．北京：外文出版社，2022.

[26] 习近平．论党的宣传思想工作．北京：中央文献出版社，2020.

[27] 本书编写组．马克思主义发展史．2版．北京：高等教育出版社，2021.

[28] 本书编写组．马克思恩格斯列宁哲学经典著作导读．2版．北京：人民出版社，2020.

[29] 中共中央组织部，中共中央宣传部，中共中央编译局．马列主义经典著作选编：党员干部读本．北京：党建读物出版社，2011.

[30] 罗国杰，等．马克思主义思想政治教育理论基础．北京：高等教育出版社，2002.

[31] 刘德华．马克思主义思想政治教育著作导读．北京：高等教育出版社，2001.

[32] 本书编写组．思想政治教育学原理．2 版．北京：高等教育出版社，2018.

[33] 本书编写组．中国共产党思想政治教育史．2 版．北京：高等教育出版社，2018.

后　记

思想政治教育学科是最富有中国特色、中国风格、中国气派的一门学科。近40年来，几代学人躬耕实践探索、潜心理论建构，不断推进思想政治教育学科体系、学术体系、话语体系建设和创新，已基本上构建了中国自主的思想政治教育知识体系。但这并不意味着思想政治教育的理论体系和解释框架已经完备成型了。加强思想政治教育学科基础理论的研究是这些年学界反复提及和聚焦的研究论题，也是始终萦绕我心头的一个研究愿景。从哪里突破？从何处切入？我想我的导师刘建军教授为本书做的序里已阐明了我们的选择和行动，即从马克思主义经典出发。

恩格斯说过，任何新的学说，都“必须首先从已有的思想材料出发，虽然它的根子深深扎在经济的事实中”。建设和发展马克思主义思想政治教育学科理论也是如此，必须从已有的思想材料出发。马克思主义经典作家的著述是我们最基本的思想材料。重温和深耕马克思、恩格斯、列宁的经典篇章，以思想政治教育的视角解读马克思主义经典，事关思想政治教育的初心和本原、根据和方向。这些年，在中国人民大学重视马克思主义经典著作研究的优良传统和浓厚氛围中，在导师的躬身示范、精心指导下，我立足思想政治教育学科的研究对象、核心范畴与理论构架，努力尝试把经典文本理解和把握为思想政治教育的基本文献，考论蕴含其中的思想政治教育立场、观点和方法，为新时代思想政治教育创新发展提供理念、原则和方略。

本书共解读了15篇（部）马克思、恩格斯、列宁重要著作的思想政治教育意蕴，其中第1篇是中国人民大学刘建军教授撰写的，作为本书的开篇和导引；第9篇是华东师范大学马克思主义学院蒋雪莲博士撰写的；第14篇是兰州大学马克思主义学院李东坡副教授撰写的；其余的12篇由我撰写。在文本研读和文稿写作过程中，我的学生单晓涵、李金平、刘志铭、何超仪、梁志兵、崔甜田等勤于思考、精心创作，贡献了许多智慧。刘志铭在统稿时做了大量细致的工作。书稿的写作和出版承蒙中国人民大学出版社郭晓明副社长热情关怀、大力支持，徐小玲编辑、孟庆晓编辑、潘慧凡编辑精益求精、悉心编校。在此，一并致以深深的敬意、谢意。

思想政治教育是中国式现代化的生命线。马克思主义是思想政治教育的源头活水。只有植根马克思主义经典作家博大精深的思想学说，从中寻求智慧、汲取营养，慎思之，笃行之，才能不断开创中国式现代化进程中思想政治教育学科的新局面。我们不揣浅陋，谨以本书的探迹和思索为思想政治教育理论大厦夯基垒土，当然其中的不足之处在所难免，敬请读者批评指正。

于中国人民大学人文楼

2023年3月16日

图书在版编目（CIP）数据

马克思恩格斯列宁思想政治教育思想考论/张智等著. -- 北京：中国人民大学出版社，2023.5

ISBN 978-7-300-31652-9

Ⅰ.①马… Ⅱ.①张… Ⅲ.①马列著作-思想政治教育-研究 Ⅳ.①A564

中国国家版本馆 CIP 数据核字（2023）第 076744 号

马克思恩格斯列宁思想政治教育思想考论

张　智等　著

Makesi Engesi Liening Sixiang Zhengzhi Jiaoyu Sixiang Kaolun

出版发行	中国人民大学出版社		
社　　址	北京中关村大街 31 号	**邮政编码**	100080
电　　话	010－62511242（总编室）		010－62511770（质管部）
	010－82501766（邮购部）		010－62514148（门市部）
	010－62515195（发行公司）		010－62515275（盗版举报）
网　　址	http://www.crup.com.cn		
经　　销	新华书店		
印　　刷	北京昌联印刷有限公司		
开　　本	720 mm×1000 mm　1/16	**版　　次**	2023 年 5 月第 1 版
印　　张	15 插页 2	**印　　次**	2023 年 12 月第 2 次印刷
字　　数	217 000	**定　　价**	58.00 元